Sammlung Kilpper

Das Frühe Indien

von Heinz Mode

PHAIDON VERLAG

AKADEMISCHE/ATHENAION

SAMMLUNG KILPPER

Der Text dieser Ausgabe folgt ungekürzt der in den Jahren 1958 bis 1966 in mehreren Auflagen erschienenen Serie „Große Kulturen der Frühzeit". Der Bildteil wurde zum Großteil überarbeitet und von Band zu Band je nach Erfordernissen der neueren Ausgrabungen neu zusammengestellt. Die Bildhinweise im Text wurden angepaßt und zum Teil ergänzt. Die Bearbeitung besorgte Theophile Sauvageot.

Der Verlag

Herstellung/Lektorat/Gestaltung: SVS – Stuttgart
Druck/Bindung: Mohndruck Graphische Betriebe GmbH, Gütersloh
ISBN 3-88851-086-4

Inhalt

Einleitung

Es gibt einen bekannten Kriminalroman, bei dem die Aufdeckung eines Mordes davon abhängt, daß die Botschaft des ermordeten Vaters mißverstanden wurde. Nicht „einem meiner Söhne", sondern „keinem meiner Söhne" mußte die Botschaft richtig lauten. Ein verlorengegangener Anfangsbuchstabe gewinnt hier die entscheidende Bedeutung. Die Arbeit des Archäologen ist nicht selten mit der des Detektivs verglichen worden. Auch er muß Spuren der Toten deuten, muß aus Fragmenten das Ganze wieder auferstehen lassen. Wenn der Archäologe auch nicht Verbrecher einer strafenden Justiz zuführt, so bemüht er sich doch, einer ausgleichenden historischen Gerechtigkeit neues Material zu gewinnen und es zu interpretieren.

Auch die Geschichte Indiens hat im Blickpunkt der Forschung jahrhundertelang keinen Anfang besessen. Erst durch die Tätigkeit indischer und englischer Archäologen in den zwanziger Jahren wurde Indien endgültig aus seiner vermeintlichen Geschichtslosigkeit befreit. Die sensationellen Entdeckungen im Industal und im Pandschab ermöglichten die Einbeziehung Indiens in den schon längst bekannten altweltlichen Geschichts- und Kulturzusammenhang.

Obwohl diese Entdeckungen nunmehr schon über dreißig Jahre zurückliegen und seither viele weitere archäologische Funde die noch immer vorhandenen Lücken haben schließen helfen, besteht auch heute noch die Verpflichtung, die „neuen" Tatsachen hervorzuheben und damit den Bann jahrzehntelanger Gewöhnung zu brechen, ein durch Irrtümer und Unwissenheit geprägtes Bild der Geschichtslosigkeit in ein echtes lebendiges Geschichtsbewußtsein umzuformen. Viel zu oft wurde von Indien als einem Museum der Kultur gesprochen, in dem Typen und Formen aller Zeiten nebeneinander bestehen. Eine solche Auffassung ist jedoch veraltet. Sie entstand, solange mangelhafte Kenntnisse, ungenügende Beobachtung, geringe Neigung und wenig Mut zu geschichtlicher Deutung herrschten, und konnte sich nur dort erhalten, wo die Fortschritte der Wissenschaft mißachtet wurden und sich konservative Gesinnung mit nachlässiger Pflege paarten. Dem heutigen Inder ebenso wie den zahlreichen Freunden und Verehrern indischer Kunst und Kultur in aller Welt wird sich der volle Wert des ungeheuren angestauten Kulturerbes erst dann erschließen, wenn es geordnet und in seinem historischen Werden begriffen werden kann.

Niemand kann so vermessen sein, eine derartige Aufgabe auf Anhieb lösen zu wollen. Auch wird man nicht leugnen können, daß bereits zahlreiche verdienstvolle Bemühungen in dieser Richtung zu erkennen sind. Noch ist die Forschung längst nicht abgeschlossen. Jährlich bringen die archäologischen Grabungen neue Überraschungen, wird eine Lücke geschlossen oder müssen Irrtümer korrigiert werden. In dieser Situation kann leicht die Auffassung Boden gewinnen, daß abzuwarten sei, was da noch käme, daß man eher registrieren müsse als interpretieren. Die Erfahrung lehrt aber, daß selbst fehlerhafte Zusammenfassungen der Forschung nützlicher sind als abwartendes Schweigen. Der Versuch, die indische Geschichte und Kultur auf eine archäologische, d. h. quellenmäßig zuverlässige Grundlage zu stellen, muß demnach mehr als eine Art Programm, als eine Perspektive betrachtet werden, die erst der Vervollständigung und detaillierten Ausarbeitung bedarf.

Die Archäologie erfreut sich heutzutage größter Beliebtheit. Ihr Gegenstand ist das Altertum, und das Altertum ist weit entfernt vom gegenwärtigen, nicht immer erfreulichen Zeitgeschehen. Ihre Methode ist mit Reisen und Abenteuern, ihr Ertrag nicht selten mit sensationellen Goldfunden und kostbaren Kunstwerken verbunden. Auch dies erregt das Staunen und die Schaulust. Langwieriges Suchen und Forschen lassen der Neugier und Spekulation breiten Spielraum. Man kann also nicht sagen, daß die Archäologie an die besten Instinkte im Menschen appelliert. Es liegt eine hohe Verantwortung bei den Archäologen, dieses Interesse in richtige Bahnen zu lenken, die Verbindung des archäologischen Gegenstandes mit der Gegenwart aufzuzeigen, die Resultate seiner Forschung in den geschichtlichen Zusammenhang einzuordnen. Die Archäologie als Schlüssel zu den goldenen Schätzen der Vergangenheit ist seit der Öffnung der Goldgräber der Könige von Ur und des Pharao Tut-ench-amun allzu einseitig festgelegt worden. Das alte Sprichwort „es ist nicht alles Gold, was glänzt" bedarf gerade in der Handhabung der archäologischen Methode einer völligen Umkehrung. „Es glänzt nicht alles, was Gold ist", paßt viel besser zu den echten Werten, die die Archäologie zu erschließen vermag. Die Geschichte der Archäologie läßt erkennen, daß aufsehenerregende Entdeckungen zwar jederzeit möglich sind, daß aber erst die reife Entwicklung der wissenschaftlichen Methodik und die minutiöse Beobachtung unscheinbarster Details zu den Ergebnissen führten, die in den letzten Jahrzehnten die Geschichtswissenschaft zur besseren Kenntnis und zum Verstehen längst vergangener Epochen der Menschheit gelangen ließ. So sensationell die ersten Entdeckungen im Industal und im Pandschab auch waren, erst die sorgfältigen Untersuchungen zahlreicher Fundstätten, die kaum mehr als Scherben und Ziegel hervorbrachten, ermöglichten deren Auswertung, und zwar sowohl die historische Wertung als auch die Nutzbarmachung im schöpferischen geschichtlichen Prozeß der Gegenwart.

Die Gründung der *Asiatic Society* in Kalkutta im Jahre 1784 durch *William Jones* kann als Ausgangspunkt all der Forschungen betrachtet werden, die sich in neuerer Zeit, wie es in der Gründungsresolution heißt, mit „der Geschichte, den Altertümern, den Künsten, Wissenschaften und der Literatur Asiens" befassen. Erst in den letzten Jahren, nach der Befreiung des Landes, sind in Indien ausführliche Studien zur Geschichte der Archäologie erschienen, die bezeugen, daß der Wert der Wissenschaftsgeschichte für die weitere Forschung deutlich erkannt wird. *N. P. Chakravarti „The story of Indian Archaeology"* in *„Archaeology in India", Dehli 1950*, ist hier ebenso zu nennen wie *Sourindranath Roy „Indian Archaeology from Jones to Marshall 1784-1902"* und *A. Ghosh, „Firty Years of the Archaeological Survey of India"*, beides erschienen in *„Ancient India" Nr. 9, Dehli 1953.*

Achtzig Jahre waren seit der Gründung der *Asiatic Society* vergangen, als *Alexander Cunningham* von der Regierung als erster Archäologe in Indien eingesetzt wurde. Seine Aufgaben waren begrenzt auf „die gewissenhafte Beschreibung solcher Überreste, die Beachtung verdienen, die Aufzeichnung ihrer Geschichte, soweit sie aufzuspüren sei, und die Sammlung der Traditionen, die sich auf die Überreste beziehen". 1862 geschaffen, wurde dieser Posten schon im Jahre 1866 wieder aufgehoben, und noch einmal mußten vier Jahre vergehen, bevor *Alexander Cunningham* zum Generaldirektor des Indischen Archäologischen Dienstes ernannt wurde und ihm drei Assistenten beigegeben wurden. *Cunningham* und sein Nachfolger *James Burgess* sind die beiden Gelehrten, die sich um die Beschreibung und Erhaltung altindischer Bauten und Kulturdenkmäler verdient gemacht haben. Als Archäologen im heutigen Sinne des Wortes kann man sie schwerlich ansehen. Nach dem Rücktritt von *Burgess* im Jahre 1889 trat noch einmal ein schwerer Rückschlag ein. Der Posten des Generaldirektors blieb vakant und wurde erst auf energisches Betreiben des sehr kunstfreudigen Lord Curzon im Jahre 1902 durch *John Marshall* besetzt. Mit *Marshall* beginnt die eigentliche archäologische Arbeit in Indien, obwohl auch in der Folgezeit noch mancherlei Schwierigkeiten, sogar längere Arbeitspausen, eintreten sollten. Die archäologische Tätigkeit dieser vierzig Jahre ist neuerdings einer heftigen Kritik unterworfen worden, wohl mit Recht, soweit sie die Technik der Ausgrabungen betrifft. Andererseits darf nicht verkannt werden, daß *Marshalls* Name für immer mit jenen großen Entdeckungen der indischen Archäologie verbunden bleiben wird, deren leuchtendste Beispiele Sanchi und Taxila, Mohendscho Daro und Harappa sind. In bezug auf gründliche Planung und auf sorgfältige Grabungsbeobachtungen kann jedoch erst die archäologische Tätigkeit seit 1944, als *R. E. M. Wheeler* zum Generaldirektor des Archäologischen Dienstes in Indien berufen wurde, als einwandfreie wissenschaftliche Leistung angesehen werden.

Schon diese kurze Übersicht läßt erkennen, wie knapp die Spanne Zeit war, in der jene eingangs erwähnten Resultate der Forschung erreicht wurden, die uns erlauben, die alte Geschichte und Kultur Indiens in neuem Lichte zu sehen. Eine lange Etappe der Bestandsaufnahme, der vorläufigen Ordnung und lückenhafter, zum Teil längst überholter Theorien, eine erste Phase der Ausgrabungen mit überraschenden, aber nicht immer richtig gedeuteten, weil ungenau erschlossenen Resultaten und endlich eine noch in ihren Anfängen steckende, fünfzehnjährige systematische Tätigkeit auf dem Gebiete wissenschaftlich durchgeführter Grabungen, das ist der äußere Verlauf der uns hier interessierenden Forschungen. Fügt man hinzu, daß in der ersten Zeit die ganze Arbeit in diesem riesigen Lande von zwei bis drei Männern ausgeführt werden mußte, daß noch bis zum zweiten Weltkrieg nur verschwindend geringe Geldmittel hierfür zur Verfügung standen und erst der neue indische Staat genügend ausgebildete Kräfte und finanzielle Mittel zur Verfügung stellt, so wird man nicht wenig erstaunt sein, im folgenden nun die reichen Ergebnisse der jüngsten archäologischen Tätigkeit in Indien kennenzulernen. Sie sind ein Ruhmesblatt moderner archäologischer Forschung und eine Spitzenleistung indischer Wissenschaft.

Um diese Leistung noch besser würdigen zu können, ist auch ein kurzer Rückblick auf die Entwicklung und den Stand der indischen Geschichtswissenschaft angezeigt, insofern diese ja auch aus anderen Quellen, nämlich der schriftlichen Überlieferung und volkskundlichen Traditionen, gespeist wird. Halten wir uns an einige Geschichtsschreiber der neueren Zeit, und wählen wir solche Beispiele, die etwa den großen Zäsuren der soeben skizzierten Geschichte der Archäologie entsprechen. Als erster wäre da der Deutsche *Christian Lassen* zu nennen, dessen „*Indische Alterthumskunde*“ zunächst 1848, in zweiter Auflage 1868 erschien, also unmittelbar bevor *Alexander Cunningham* seine Tätigkeit in Indien aufnahm. *Lassen* teilt die indische Geschichte in zwei große Perioden. Die erste reicht von den ältesten Zeiten bis zum Ende des ersten Jahrtausends unserer Zeitrechnung und gilt ihm als die des freien, selbständigen Indiens, die zweite Periode reicht von da bis auf die Gegenwart, eine Periode der Fremdherrschaft. *Lassen* unterteilt die erste Periode noch in einen älteren Abschnitt, der mit dem Veda, und einen jüngeren, der mit dem Buddhismus beginnt. Uns mag dies genügen, denn wir erkennen bereits deutlich das Quellenmaterial, auf das sich *Lassen* stützt. Es ist das altindische Schrifttum, das hier nach seiner sprachlichen und inhaltlichen Ordnung als Geschichte vorgelegt und gegliedert wird. Dabei ist natürlich die Chronologie, soweit sie die älteren Abschnitte betrifft, noch völlig ungewiß. Erst spätere Forschungen ließen erkennen, daß man die sogenannte vedische Periode etwa um das Jahr 1500 v. u. Zt. beginnen lassen muß. Hervorzuheben ist bei *Lassen* die Unterscheidung in bezug auf Selbständigkeit und Fremdherrschaft. Sie war objektiv eine gewisse Rechtfertigung der englischen Fremdherrschaft, die ja nur eine Tradition fortsetzte. Zudem gab es fremde Herren im Lande bereits in jener Periode, der *Lassen* die Selbständigkeit zubilligt. Die arischen Einwanderer, Griechen und Perser, Saka und Kushana, unterschieden sich keineswegs prinzipiell von jenen Einwanderern aus den nordwestlichen Gebirgszonen, die eine islamische Kultur mit sich brachten. Sie alle beherrschen vorübergehend Teile des Landes, werden bald seßhaft und von der längst vorhandenen indischen Kultur aufgesogen. Ihnen allen gegenüber aber grenzen sich die europäischen Eroberer der Neuzeit schon dadurch ab, daß sie von außen her als Nichtinder das Land regieren. Vieles konnte *Lassen* allerdings noch nicht wissen, denn für ihn existierte ja kein geschichtliches Quellenmaterial in Indien, das als älter als die vedische Epoche angesprochen werden durfte, beziehungsweise außerhalb und unabhängig von dem überlieferten Schrifttum bestand.

Wählen wir als ein zweites Beispiel das Werk eines führenden englischen Indien-Historikers, *Vincent A. Smith,* dessen „*Early History of India*" in mehreren Auflagen in der Zeit unmittelbar vor und nach dem ersten Weltkrieg erschien. Während *Lassen* sein Werk auf die Auswertung der Literatur und ethnographischer Beobachtungen stützt, stehen *Smith* schon das reiche epigraphische Quellenmaterial und die Resultate der älteren archäologischen Forschung in Indien zur Verfügung. Dennoch will es uns als ein Rückschritt erscheinen, wenn *Smith* seine Geschichte erst mit der buddhistischen Zeit beginnen läßt, also in der zweiten Phase des älteren Abschnitts von *Lassen.* Hier zeigt sich ein kritischer Puritanismus des Historikers, der objektiv zur völligen Verzerrung des Geschichtsbildes führt. Mit der Behauptung, man könne Geschichte nur auf sichere Daten stützen, schließt *Smith* die ältere Phase als prähistorisch von seiner Darstellung der Geschichte aus. Mit dem Hinweis, daß die politische Geschichte für den orthodoxen Hindu etwa dreitausend Jahre vor der christlichen Ära, mit dem im Mahabharata geschilderten Krieg zwischen den Söhnen Kurus und den Söhnen Pandus, beginne – die vedische Literatur ignoriert er völlig als historische Quelle –, läßt er die damals bekannten ältesten Phasen als unhistorisch und glaubensbedingt erscheinen. Man sieht, wie hier die kritische Methode, an sich ein Fortschritt der Wissenschaft, zu großer Skepsis und stärkster Zurückhaltung geführt hat. Ein Beweis zugleich, wie wenig die älteren archäologischen Forschungen ein Vertrauen einflößendes Geschichtsbild zu formen imstande waren. Daß derartige Forschungen bereits vorlagen, bestätigt *Smith* jederzeit, nur schließt er sie für die Geschichtswissenschaft aus und erklärt sie bedeutsam allein in bezug auf Ethnologie, Philosophie und andere Wissenschaften.

Seit den zwanziger Jahren sind in zahlreichen Schriften zur indischen Geschichte diese oder jene Ergebnisse der archäologischen Forschung verarbeitet worden. Von einer wirklichen Beeinflussung oder Umformung der Geschichtsschreibung kann man jedoch nicht sprechen, dazu erweist sich die philosophische Tradition in Indien selbst als gar zu stark, gestützt noch durch traditionelle religiöse Grundanschauungen. So kommt es eher zu Einfügungen oder, für die ältesten Perioden, zu einer Art archäologischem Vorspann zur Geschichtsschreibung im alten Stile. Ein theoretisches Argument, einige der wichtigsten archäologischen Ergebnisse auszuklammern, konnte längere Zeit aufrechterhalten werden. Die geographische Lage der Fundplätze im äußersten Nordwesten wurde als peripherisch angesehen, die Zusammenhänge meist außerhalb der indischen Grenzen, nicht aber als Wesensbestandteil indischer Geschichte gedeutet. Auch diese Argumente, die ohnehin meist von der ausländischen Geschichtswissenschaft herkamen, sind heute durch die neueren Ausgrabungsresultate gründlich widerlegt worden. Es gibt heute keinen zwingenden historischen Beweis mehr, der es zulassen würde, die Geschichte des indischen Raumes im dritten und zweiten Jahrtausend v. u. Zt. aus der Geschichte Indiens herauszuhalten oder zu entfernen. Was für Kriterien auch immer man für die Begriffsbestimmung „Geschichte" anwenden mag, das Vorhandensein der Schrift, die Möglichkeit der chronologischen Festlegung, handele es sich um die relative oder um die absolute Chronologie (letztere allerdings nur in annähernden Zahlen, aber dies würde selbst *Smith* genügt haben), die territoriale Lage und der fundamentale Zusammenhang mit der späteren Entwicklung, alles dies ist durch die archäologischen Forschungen der letzten Jahrzehnte gesichert. Gesichertes Geschichtsmaterial aber darf man nicht zurückweisen, wenn man sich nicht der Quellenfälschung schuldig machen will.

Hat sich uns bereits das Geschichtsbild als bedingt erwiesen, so daß ältere Ansichten nach dem heutigen Wissensstand als falsch und irreführend erklärt werden müssen, so gilt dies mehr noch, wenn wir uns einzelnen Zweigen der Geschichtswissenschaft, besonders aber der durch sie bestimmten Kunstgeschichte zuwenden. Auch für die Geschichte der indischen Kunst ist nicht nur das Material umfangreicher geworden, sondern hat die Erschließung bisher unbekannter Bereiche eine prinzipielle Umorientierung, eine neue Perspektive der Betrachtung und vor allem auch der Wertung erforderlich gemacht. Wie in der Geschichtswissenschaft gibt es auch hier bereits genügend Ansätze, aber noch kaum eine zusammenhängende Umformung der alten Vorstellungen und Wertungen.

Die Urteile über die indische Kunst sind bekanntlich sehr unterschiedlich und keineswegs immer günstig ausgefallen. In der Zeit der frühen Reisen ist das Urteil *Niebuhrs* als wohlwollend hervorzuheben: „Kurz, man trifft bei Indern, einer der ältesten Nationen in der Welt, noch so viele prächtige Überbleibsel des Altertums an, daß sie wohl eine größere Aufmerksamkeit der europäischen Gelehrten verdienen, als man bisher darauf gehabt hat. Sie fallen zwar nicht so in die Augen wie die großen Pyramiden in Ägypten. Allein sie erforderten wohl nicht weniger Arbeit, und dagegen weit mehr Kunst.“ *Goethes* Abneigung gegen die indische Skulptur ist ebenso bekannt wie seine glühende Verehrung einzelner indischer Dichtungen. Sein Wort „Chinesische, indische, ägyptische Altertümer sind immer nur Kuriositäten; es ist sehr wohl getan, sich und die Welt damit bekannt zu machen, zu sittlicher und ästhetischer Bildung aber werden sie nur wenig fruchten“ wird heute nur noch von klassischen Archäologen zitiert. Ernst zu nehmen dagegen sind die Äußerungen des großen *Cunningham*, des ersten archäologischen Generaldirektors in Indien: „Es ist eine Tatsache, die täglich neue Beweise erhält, daß die Skulptur, jedenfalls die gute Skulptur, plötzlich in Indien auftauchte, zu einer Zeit, als die Griechen Herren des Kabul-Tales waren, daß sie ihre Überlegenheit bewahrte in der Zeit griechischer und halbgriechischer, indo-skythischer Herrschaft und daß sie in dem Maße zurückging, wie sie sich von der Griechenzeit entfernte, bis sie zuletzt in den hölzernen Hohlheiten und bestialischen Obszönitäten der brahmanischen Tempel ausartete.“ Wenn man *Goethe*, der die indische Kunst ja nur aus den verzerrenden Abbildungen seiner Epoche kannte, sein hartes Urteil gegenüber der indischen Skulptur verzeihen mag, so mutet uns dessen Wiederholung aus dem Munde eines Archäologen doch seltsam an. Ein Mann, der die Aufgabe übernommen hatte, die alte indische Kunst zu konservieren und zu pflegen, hätte sich wenigstens in der Öffentlichkeit zurückhaltender äußern müssen. Aber hier kommt ja noch der mißliche Umstand hinzu, daß Männer wie *Cunningham*, *Burgess* und *Marshall* Engländer im Dienste Englands waren und sich einem damals für sie nicht existierenden Indien gegenüber moralisch nicht zu verantworten hatten. Daß einem *Cunningham* europäische Archäologen, wie z. B. *Curtius*, einfach nachredeten, ist verständlich, zumal ja die Tendenz solcher Äußerungen die Überlegenheit der griechischen Kunst zu bezeugen hatte und daher einem klassischen Archäologen nur willkommen sein konnte.

Solche von höchster Autorität geschaffenen abfälligen Urteile über die indische Kunst beherrschten die ganze Epoche bis zum ersten Weltkrieg, und auch später noch hat sich mancher Forscher von ihnen einschüchtern lassen. Die Folge war, daß die indische Kunst, verglichen etwa mit der ägyptischen oder ostasiatischen, von der sumerischen Kunst war ja noch kaum etwas bekannt, nur wenig Liebhaber außerhalb Indiens fand. Als *William Cohn* 1920 sein Buch über die indische Plastik erscheinen ließ, mußte er sich im Vorwort erst noch dafür entschuldigen, daß er die indische Kunst als Kunst und nicht als Objekt der Völkerkunde oder Religionsgeschichte behandle. Selbst *Waldschmidt* in seiner Neuausgabe von *Grünwedels „Buddhistischer Kunst in Indien"* fand es 1932 ratsam, darauf hinzuweisen, daß die Goetheschen Urteile für die frühindische Kunst keine Geltung besäßen, daß jedoch der indischen mittelalterlichen Kunst der Vorwurf der Maßlosigkeit und zügelloser Phantastik nicht erspart bleiben dürfe.

Diese wenigen Beispiele mögen uns gezeigt haben, daß die Geschichte der indischen Kunst vom Blickpunkt der klassischen Antike geschrieben und bewertet wurde. Auch das ist heute nicht mehr statthaft. Die Ausgrabungen in Indien haben die enge Verbindung Indiens mit der vorantiken orientalischen Welt erwiesen und stellen damit Indien in einen weit älteren Zusammenhang, aus dem heraus Indien in bezug auf seine Kunst und Kultur nicht als Ableger der Antike, sondern gemeinsam mit den altorientalischen Kulturen als ihr Ahne anzusehen ist. Was vielfach als Maßlosigkeit und zügellose Phantastik bezeichnet wurde, ist in Wahrheit ein unterschiedlicher Weg in der Entwicklung, ein Weg, der rückschreitend zu uralten Kunsttypen führt, auf die so manches in der antiken Kunst, ganz zu schweigen von den stark orientalisch bestimmten Typen des europäischen Mittelalters und der Romantik, zurückgeht.

Nach all diesen unerläßlichen Vorbemerkungen ist es nunmehr an der Zeit, die so häufig erwähnten Entdeckungen im nordwestlichen Indien genauer kennenzulernen, zunächst, indem wir einen Blick auf die Abfolge der Ausgrabungen werfen. Auch hier gibt es eine Vorgeschichte, die nicht ohne Interesse ist.

Schon im 19. Jahrhundert hatte man in der Nähe des alten Flußbettes des Ravi im Pandschab merkwürdige Ziegelsteine gefunden, die, mit Tierbild und Inschrift versehen, eigentlich von vornherein die Aufmerksamkeit der Archäologen hätten erwecken müssen, da sie ja von allen damals bekannten Denkmälern deutlich abstachen. *Cunningham* veröffentlichte 1877 ein solches Siegel, datierte jedoch seine Entstehung in das 5. Jahrhundert v. u. Zt. und erklärte die Buchstaben als Schriftzeichen des 3. Jahrhunderts. Der Fundplatz dieser Siegel, Harappa am Ravi, diente der Bevölkerung als unerschöpfliche Quelle für den Raub sorgfältig gebrannter Tonziegel, die nicht nur für den Bau neuer Häuser, sondern auch als Material beim Bau einer Eisenbahnstrecke benutzt wurden.

In einem viel gelesenen Werk des 19. Jahrhunderts, dem 1881 in Freiburg erschienen *„Jus primae noctis"*, bringt der Verfasser, *Dr. Karl Schmidt*, einige Ausführungen über die indische Stadt „Harappa". Er hatte bei *Bastian „Rechtsverhältnisse bei verschiedenen Völkern der Erde", 1872*, Hinweise auf bestimmte Eheverhältnisse in Harappa gefunden, ohne daß dort die Quellen angegeben waren, und bemühte sich nun selbst um den Quellennachweis. Er fand ihn in den Reisebeschreibungen *Sir Alexander Burnes,* die bereits 1834 in London veröffentlicht worden waren, und übersetzte nun aus diesem Werk eine längere Stelle, die sich auf Harappa bezieht und die hier, wenigstens auszugsweise, wiederholt werden mag, da sie zeigt, daß das heute so weithin bekannte Harappa schon längst die volle Aufmerksamkeit der Forschung verdient hätte. „Ungefähr fünfzig englische Meilen von Toolumba", heißt es bei *Burnes*, „ging ich fünf Meilen landeinwärts, um die Ruinen einer alten Stadt, namens Harappa, zu untersuchen. Die Überreste sind ausgedehnt, und der Ort, der von Backsteinen erbaut war, hat ungefähr drei Meilen im Umfang. Dort sieht man eine zerstörte Zitadelle an der Uferseite der Stadt; sonst ist Harappa ein vollständiges Chaos, ohne ein ganzes Gebäude; die Backsteine sind zum Bau eines kleinen Ortes mit dem alten Namen, dicht bei den Ruinen, verwendet worden. Die Überlieferung setzt den Untergang von Harappa in dasselbe Zeitalter wie den von Shorkote (vor 1300 Jahren), und das Volk erklärt die Zerstörung der Stadt durch eine Rache Gottes über Harappa, und zwar über dessen Beherrscher, der gewisse Vorrechte bei jeder Heirat in seiner Stadt beanspruchte und in Verfolg seiner Ausschweifungen sich der Blutschande schuldig machte. Zu einer späteren Zeit wurde Harappa eine mohammedanische Stadt; und dort ist das Grab eines Heiligen der Gläubigen, 18 Fuß lang, in der angeblichen, aber fabelhaften Größe des Verstorbenen. Ein großer Stein von Ringform und eine große schwarze Platte von ovaler Gestalt, die neben dem Grabe liegen, sollen den Ring und den Edelstein im Ring dieses Riesen darstellen und von wertvollerem Stoff gewesen sein als dem gegenwärtigen unedelen. Wo solche Fabeln geglaubt werden, müssen wir aufhören, auf verständige Dichtung zu hoffen. Ich fand einige persische und Hindu-Münzen in diesen Ruinen; aber ich kann das Zeitalter von keiner derselben bestimmen."

Diese höchst interessante Stelle bei *Burnes* aus dem Jahre 1834 weist nicht nur auf die allgemeine Bedeutung und Größe dieser alten Stadt, sondern auch auf archäologische Einzelheiten hin, z. B. die Zitadelle an der Flußseite und den großen Steinring, Dinge also, die bei den späteren Entdeckungen eine wichtige Rolle spielen sollten. Auch *Burnes'* Bemerkung über die Unerklärbarkeit der „Münzen" mag sich sehr wohl auf die Indussiegel beziehen. Hätte nicht die Massenzerstörung, der Bau einer Eisenbahnstrecke aus Harappa-Material, verhindert werden können? Es mußte jedoch noch beinahe ein Jahrhundert vergehen, bis es zu einer Neuentdekkung der alten Kulturen kam. Wer hat sich um den zweiten genannten Ort, um Shorkota (Shorkot), gekümmert? Aber es gibt noch eine weitere überraschende Übereinstimmung. Von Mohendscho Daro, dem zweiten bedeutenden Fundplatz des frühgeschichtlichen Indien, fast 400 Meilen von Harappa entfernt am Indus gelegen, wird eine merkwürdige Geschichte berichtet. Der Name dieses Ortes soll von einem Herrscher, dem Raja Mohan, stammen, von dem nun fast genau die gleiche Geschichte berichtet wird wie von jenem sündhaften Beherrscher Harappas. Ein reicher fremder Kaufmann entführte ihm die Königin, und er rächte sich an den Frauen, indem er das *jus primae noctis* für sich in Anspruch nahm. Als er die Tochter seiner eigenen Schwester verführen wollte, wandte diese sich an den Flußgott, der ihr versprach, den bösen Herrscher und die ganze Stadt mit seinen Wassern zu vernichten. Die Bevölkerung wurde gewarnt, der Herrscher und die Stadt aber gingen unter.

Sind diese so bezeichnenden Übereinstimmungen, von denen die eine wenigstens lange vor der Ausgrabung bekannt war, nur zufälliger Art? Inhaltlich sind sie mit dem Schicksal beider Städte, ja der ganzen frühindischen Kultur so eng verbunden, daß es sich lohnen würde, den Quellen und Parallelen nachzugehen. Doch wir müssen uns mit diesem kurzen Hinweis auf die Vorgeschichte der Entdeckungen begnügen. Im Jahre 1921 begann der indische Archäologe *Daya Ram Sahni* mit Ausgrabungen in Harappa, die sehr bald derartige Resultate zeitigten, daß auch der damalige Generaldirektor *John Marshall* sie nicht mehr übersehen konnte. Der Zufall wollte es, daß fast zu gleicher Zeit ein anderer indischer Archäologe, *R. D. Banerji*, Überreste der gleichen Art an ganz anderer Stelle entdeckte. *Banerji* grub etwa 400 km südlich von Larkana am Indus einen buddhistischen Stupa sowie die dazugehörigen Klosterbauten aus und war erstaunt, feststellen zu müssen, daß auch hier, im 2. Jahrhundert v. u. Zt., bereits älteres Ziegelmaterial wieder verwendet worden war. Gründliche Nachforschungen ergaben bald, daß es ich um einen ganz außerordentlichen wichtigen Fundplatz handelte. Im Jahre 1922 schaltete sich *Marshall* ein und übernahm selbst die Weiterführung der Grabungen am Indus. Beide Fundorte haben ihre Namen nach den vorhandenen Ortsbezeichnungen erhalten, und so tragen zwei der größten Städte des gesamten Altertums, da wir ihre ursprünglichen Namen nicht kennen, die modernen Namen Harappa am Ravi und Mohendscho Daro am Indus.

Die Ausgrabungen konzentrieren sich zunächst völlig auf Mohendscho Daro. *Marshall* setzte seinen verfügbaren Stab ein, *H. Hargreaves, K. N. Dikshit* und *M. S. Vats*, alles Männer, die sich später auch andernorts große Verdienste um die Erschließung des indischen Altertums erwerben sollten. 1927 übernahm *E. J. H. Mackay*, der bereits im Irak gegraben hatte, die Leitung der Ausgrabungen in Mohendscho Daro, nachdem schon im Vorjahr *Vats* die unterbrochenen Ausgrabungen in Harappa fortgeführt hatte. Im Jahre 1931 brechen die Ausgrabungen ab. Die finanziellen Möglichkeiten der englischen Regierung in Indien waren angeblich erschöpft. Bis zum Jahre 1946, also volle 15 Jahre, ruhte in Indien der Spaten des Archäologen, von wenigen ausländischen oder privaten Unternehmungen abgesehen. Aber schon zuvor hatte eine andere Tätigkeit eingesetzt, die auch nach 1931 nicht abbrach: die territoriale Erforschung des nordwestlichen Indiens und der iranischen Grenzgebiete im Zusammenhang mit den jüngsten Entdeckungen. 1927 – 1931 untersuchte *N. G. Majumdar*, einer der fähigsten unter den zahlreichen jungen indischen Archäologen, die Indusufer nach weiteren Fundstätten der alten Kultur. Chanhu Daro, Amri, Jhukar, Jhan gar, Trihni sind die Namen einiger der von ihm entdeckten Siedlungen, jede von ihnen heute dem Spezialisten ein Begriff, denn hinter ihnen verbergen sich ebenso viele Besonderheiten altindischer Kulturentwicklung. So konnte *Majumdhar* auch durch stratigraphische Beobachtungen eine lokale chronologische Abfolge aufstellen. 1938 zog der gleiche Forscher erneut aus, diesmal, um die am Fuße der Kirthar-Berge westlich des Indus gelegenen Ortschaften zu untersuchen. Er wurde mit seinen Begleitern von bewaffneten Banditen überfallen und ermordet, während seine Mitarbeiter verwundet entkommen konnten und den Bericht dieser Entdeckungsfahrt, leider erst nach 16 Jahren, veröffentlichten.

Von Harappa aus versuchte *Vats* die östliche Ausdehnung der alten Kultur zu erkunden. Er entdeckte 1929 Kotla Nihang nahe Rupar, welches letztere, allerdings erst viel später, ebenfalls als wichtige Fundstätte erschlossen wurde. *Hargreaves* und *Aurel Stein*, der durch seine Entdekkungsfahrten in Zentralasien bereits über große Erfahrungen verfügte, konzentrierten ihre Forschungen auf Baludschistan. Fast immer handelt es sich bei diesen Forschungsreisen jedoch um mehr oder weniger flüchtige Oberflächenuntersuchungen. Nur in wenigen Fällen wurden, besonders von *Majumdhar* und *Hargreaves*, kleinere Grabungen durchgeführt. Die einzige größere ausländische Grabung, in Chanhu Daro, wurde von *Mackay* im Winter 1935/36 im Auftrage des Bostoner Museums der Schönen Künste geleitet.

Die fünfzehnjährige Grabungspause diente aber auch der Verarbeitung des bisher erschlossenen Materials. *Marshalls* dreibändiger Bericht erschien 1931, *Mackays* zweibändiges Werk über Mohendscho Daro 1938, die Ausgrabungen *Vats* in Harappa dagegen erst 1940, und *Mackays* Ausgrabungen in Chanhu Daro erst im Jahre 1943. Neben diesen Quellenschriften wurde eine größere Zahl zusammenfassender und vergleichender Arbeiten veröffentlicht, namentlich von *Mackay*.

Im Jahre 1946 nahm der bereits 1944 berufene neue Generaldirektor *R. E. M. Wheeler* die Ausgrabungen in Harappa wieder auf, vier Jahre später wurden die Forschungen in Mohendscho Daro fortgesetzt. *Wheelers* Grabungen bedeuteten eine Umwälzung in der archäologischen Methodik und Zielsetzung auf indischem Boden. Sein Einfluß auf die junge Generation indischer Archäologen, die heute die Ausgrabungen in Indien zu leiten haben, kann kaum überschätzt werden. *Wheeler* vermittelte ihnen die Gründlichkeit und Raffinesse der in England üblichen prähistorischen Grabungsweise und erwies sich auch als guter Organisator und weitsichtiger Planer. Damit hatte die indische Archäologie ihr Werkzeug in einen so brauchbaren Zustand versetzt, daß sie nunmehr ernsthaft an die Lösung geschichtlicher Probleme herangehen durfte.

Unter der Leitung von *A. Ghosh*, der sich ebenfalls um die Erforschung von zusammenhängenden Fundgebieten in Bikaner verdient gemacht hatte, arbeiten in der neuen Bundesrepublik Indien Archäologen namentlich an zwei Stellen, in Rupar, dem östlichsten, und in Lothal südlich Ahmedabad, dem südlichsten größeren Fundort auf indischem Boden. Die Zweiteilung Indiens hat leider die alten Fundgebiete am Indus und Ravi aus dem Zusammenhang der traditionellen indischen Forschung herausgerissen. Neuerdings haben sich aber auch pakistanische Archäologen mit der Fortsetzung der alten Forschungen beschäftigt. *Dr. Fazal Ahmed Khan* hat 1958 vorläufige Bildberichte über die in den Jahren 1955 und 1957 erfolgten Ausgrabungen in Kot Diji auf der anderen Seite des Indus, etwa 25 Meilen östlich von Mohendscho Daro, veröffentlicht. Noch während der Abfassung dieses Bandes werden zahlreiche neue Fundplätze auch auf indischem Boden bekannt, so Mehgam an der Narmadamündung, nicht weit von Broach, und noch weiter südlich Bhagatrav an der Mündung des Kim-Flusses. Auch in nordöstlicher Richtung scheinen sich neue Perspektiven der Forschung zu eröffnen. So sprechen Pressemeldungen von einem Fundort 28 Meilen nordöstlich von Dehli, also im Zentrum des Ganges-Yamuna Doab, einem Hügel Parasuram Khera (jetzt Alamgirpur) etwa 19 Meilen westlich von Meerut. So schnell erweitert sich das Territorium der altindischen Kultur.

Auf afghanischem Gebiet ist von den französischen Ausgräbern in Mundigak wertvolle Arbeit geleistet worden, die auf die Verbindungen der Harappakultur nach dem Westen, vielleicht sogar auf die westliche Ausdehnung dieser Kultur hinweisen. Zahlreichen Einzelforschungen im afghanischen, westpakistanischen und ostiranischen Gebiet verdanken wir neue und wichtige Kenntnisse, die bei einer Analyse der indischen Frühkulturen heute herangezogen werden müssen. 1935 bis 1950 erforschte *Colonel E. J. Ross* Stätten im Zhob-Tal und dem Loralai-Distrikt. Der englische Prähistoriker *Stuart Piggott* führte 1946 eine kleinere Grabung in Quetta durch, die später in den Untersuchungen von *W. A. Fairservis* berücksichtigt und fortgeführt wurde.

I

Bauern im indo-afghanischen Grenzgebiet

Die älteste Geschichte Indiens läßt sich nicht aus der Perspektive der heutigen Staatsgrenze betrachten, weder aus jener der ehemaligen englisch-indischen Westgrenzen noch gar aus der unseligen zweigeteilten pakistanisch-indischen Grenzziehung. Wir müssen uns in eine Zeit zurückdenken, in der es weder einen afghanischen Staat noch einen islamischen Staat Pakistan und auch nicht eine Republik Indien gab, sondern einfach ein politisch nicht abgegrenztes Territorium in der Nordwestecke der vorderindischen Halbinsel. Echte natürliche Grenzen gab es nur im Norden, im Süden und Südwesten, dort wo die gewaltigen Bergmassive des Himalaya und Pamir und die Meeresküste den Abschluß bildeten. Für den Westen, dessen Gebirgsketten keineswegs unüberwindliche Hindernisse darstellten, den zur Gangesebene hin offenen Osten und die Küstenlandschaft im Süden sind wir auf die geschichtlichen Zeugnisse, die archäologischen Funde angewiesen, aus denen wir Kulturgleichheit, also Zugehörigkeit zum gleichen Terretorium, oder Andersartigkeit, Abgrenzung vom Territorium, abzulesen haben. Aus dieser Situation heraus erklärt es sich, daß die zahlreichen Einzelforschungen und Reisen der letzten Jahrzehnte erheblich zur Klärung der Grenzen des frühindischen Territoriums beigetragen haben.

Als eigentliches Kernland wird man die Täler des Indus und seiner Nebenflüsse, das Pandschab im Osten, Baludschistan im Westen anzusehen haben. Gegenüber diesem Kerngebiet frühindischer Kultur, dessen kulturelle Sonderheiten wir noch kennenlernen werden, lassen sich im Westen und im Süden andersartige Kulturlandschaften feststellen. Das alte Zentrum der westlichen Kulturlandschaften lag in Westiran und dem Zweistromland des Euphrat und Tigris, die südliche Kulturzone, die erst aus den jüngsten Ausgrabungen bekanntgeworden ist, ebenso wie die noch kaum bekannte östliche, lassen heute noch kein eigentliches Zentrum sichtbar werden. Entscheidend aber ist die Feststellung, daß gegenüber dem nordwestindischen Kernland die westliche Kulturprovinz die ältere, die südliche und östliche dagegen die jüngeren zu sein scheinen. Jedenfalls ist ein zeitliches Gefälle, eine Einflußnahme sowohl von Westen nach Osten als auch von Norden nach Süden hin zu beobachten. So müssen wir uns also die Ostgrenzen des mesopotamisch-westiranischen Kulturzentrums gegenüber der frühindischen Kultur ebenso fließend vorstellen wie deren Ost- und Südgrenzen in Richtung auf die peninsularen Kulturen im Osten und Süden Indiens. Letzten Endes zeigen gerade diese Überlegungen, daß die Frage der Grenzziehung für frühgeschichtliche Territorien nur annähernd zu lösen ist, da sie von Unterschieden auszugehen hat, die entwicklungsgeschichtlich zeitlicher Art sind, während umgekehrt die Übereinstimmungen territorial gedeutet werden, obwohl sie nicht mit Sicherheit als gleichzeitig anzusetzen sind.

Es gibt natürlich auch einige positive Kriterien, die man für die frühgeschichtlichen Zusammenhänge, auch territorialer Art, anführen kann. So ist das Stromgebiet des Indus und seiner Nebenflüsse ein in sich verhältnismäßig geschlossenes Territorium, für das man unter den gesellschaftlichen und ökonomischen Bedingungen der frühgeschichtlichen Zeit eine gewisse wirtschaftlich bedingte Sonderstellung vermuten darf. Dazu gehören, und das läßt sich wieder durch die archäologischen Funde beweisen, Nachbargebiete, die nach Süden und Südwesten den Zugang zum Meer, nach Westen hin die Verbindung zu den Gebirgszonen schaffen, mit denen in der Frühzeit, ebenso wie dies in Mesopotamien, in Ägypten und China der Fall war, ein engerer Kontakt und wohl auch ein wirtschaftlicher Austausch bestand. Wenn uns nun in diesem mächtigen Territorium seltener einzelne, meist dicht aneinandergereihte bäuerliche Siedlungen begegnen, die jeweils, über ihre lokale Sonderart hinaus, über einen im ganzen allen gemeinsamen Bestand an Kultur- und Wirtschaftsgütern verfügen, wird der engere Zusammenhang deutlich.

Die ältesten Spuren menschlicher Ansiedlung in diesem Gebiet wurden im heutigen West-Pakistan, in einem kleinen Fundhügel nur wenige Kilometer südlich von Quetta entdeckt. Hier hat eine amerikanische Expedition unter Leitung von *Walter A. Fairservis* kleinere Ausgrabungen unternommen und ist dabei in tiefster Lage auf Lehmziegelhäuser gestoßen. Was diese sonst nicht ungewöhnlichen Baureste bemerkenswert macht, sind die Kleinfunde. So wurden zahlreiche steinerne Werkzeuge beobachtet, jedoch keinerlei Tonwaren. Schaf- und Ziegenknochen vervollständigten das Fundbild und ließen Rückschlüsse auf eine primitive Form der Tierhaltung und des Anbaus zu. Dieser Fundhügel, Kili Ghul Mohammad, läßt sich in seinen frühesten Fundgeschichten mit jenen der ältesten Siedlungsplätze vergleichen, die in Vorderasien ausgegraben wurden. Das von *Braidwood* ausgegrabene Jarmo im nördlichen Irak, ebenso wie die Grabungen von *Kathleen M. Kenyon* in Jericho, haben derartige vor-keramische Siedlungsgeschichten ergeben und gezeigt, daß die Tonwaren nicht, wie man früher glaubte, gleichzeitig mit den Anfängen menschlicher Niederlassungen und dem Beginn von Anbau und Viehhaltung waren. In Palästina und im Irak hat man diese Fundschichten in das frühe 5. Jahrtausend datiert, und es ist daher durchaus möglich, daß auch die ältesten Siedlungsspuren in Baludschistan in das 5. Jahrtausend hinaufreichen. Als gesicherte Festlegung bleibt zunächst die Beobachtung, daß die relativ ältesten Spuren menschlicher Niederlassungen in den Hochtälern zu finden sind, die demnach für Indien eine besondere Bedeutung gewinnen.

Die meisten Forschungen haben gezeigt, daß nicht, wie man früher annahm, die großen Flußsysteme des Tieflandes, sondern vielmehr die Gebirgstäler den Anfängen des Anbaus und der Viehhaltung günstig waren. Die großen Flußläufe des Tieflandes boten mit ihren jährlichen Überschwemmungen jenen ältesten Siedlern noch zu viele Gefahren und Unsicherheit, die zu überwinden sie nicht in der Lage waren. In den hoch gelegenen Gebirgstälern dagegen war die Voraussetzung für den Ackerbau, nämlich die Bewässerung, gleichfalls gegeben, ohne daß zur Sicherung der Wasserversorgung oder zum Schutz gegen die Gefahren der Überflutung Maßnahmen der Siedler notwendig wurden. Einer schnellen wirtschaftlichen und gesellschaftlichen Weiterentwicklung waren diese isolierten Bergtäler dagegen nicht günstig. Diese fand dann erst in den Flußtälern des Tieflandes statt, wo die gesteigerten Anforderungen durch die Bewässerung und die Bändigung der überströmenden Flußläufe die menschlichen Gemeinschaften zur größeren Anstrengung in bezug auf eine disziplinierte, gemeinsame und gelenkte Tätigkeit, eine Verfeinerung der Arbeitsgeräte usw. zwangen und damit den Zusammenschluß mehrerer Gemeinschaften und endlich die Staatsbildung begünstigten. Es scheint durchaus kein Zufall zu sein, daß wir in zwei verschiedenen Gebieten, in Mesopotamien und im nordwestlichen Indien, die gleichen Vorgänge beobachten können, nämlich die territoriale Verlagerung von einer gebirgigen Zone in das tiefer gelegene Stromland, die einer gesellschaftlichen und kulturellen Entwicklung entspricht.

Viel diskutiert worden ist auch die Frage der klimatischen Veränderungen. In Baludschistan, in Sind, aber auch auf Kathiawar, den heutigen Ausgrabungsgebieten frühindischer Kultur, sind die gegenwärtigen klimatischen und Bodenbedingungen derart, daß sie die Existenz größerer Gemeinschaften einfach unmöglich machen. Die Erwägung drängt sich daher auf, daß in jenen frühen Jahrtausenden der ersten Ansiedlungen ein anderes, günstigeres, wohl regenreicheres Klima geherrscht haben müsse. Dabei wurde auch auf den Wechsel in der Fauna, den größeren Holzreichtum im Alterum, aber auch auf die Reste großer Bewässerungsanlagen, z. B. in Süd-Baludschistan, hingewiesen (s. z. B. *Aurel Stein, An Archaeological Tour in Gedrosia, 1931; Piggott, Prehistoric India, 1950, S.66 ff.*, und *Wheeler, Indus Civilization, 1953, S. 4. ff.*). Schon der unermüdlich Reisende und Beobachter *Aurel Stein* äußerte Zweifel darüber, ob nicht vielmehr gerade umgekehrt die menschliche Arbeitsleistung für klimatische Veränderungen, nicht jedoch primär klimatische Gründe für den Verfall alter Kulturen verantwortlich gemacht werden müßten. Auch *Wheeler* schloß sich diesen Bedenken an und meint zusammenfassend, daß es unwahrscheinlich sei, daß klimatische Veränderungen als einzige oder auch nur als Hauptursache für den Verfall der landwirtschaftlichen Voraussetzungen im Industal und den Nachbargebieten anzusehen seien. Vernachlässigungen und Störungen, durch Menschen verursacht, bezeichnet er als den entscheidenden Faktor. Entwaldung infolge hohen Holzverbrauchs, Verfall der Dämme und Kanäle infolge ungenügender Instandhaltung, Überfälle und Verwüstungen, alle diese ökonomischen und sozialen Faktoren können eine Verringerung der Niederschläge bewirkt haben. Selbst die heute feststellbare Salzverkrustung des Bodens läßt sich auf den Ausfall von Pflanzenwuchs und damit auf menschliche Tätigkeit bzw. Untätigkeit zurückführen, insofern das Grundwasser nicht mehr absorbiert wurde, durch die Einwirkung der Sonne immer stärker an die Oberfläche trat und diese Kruste bildete, die heute den Boden völlig zerstört.

Obwohl das Fehlen jeglicher Tonwaren in Kili Ghul Mohammad eine relative zeitliche Bestimmung möglich macht, ist die Frage der absoluten und relativen Chronologie bei den zahlreichen bäuerlichen Siedlungen der Folgezeit nicht immer leicht zu entscheiden. Während aus größerer Sicht die ungefähre Gleichzeitigkeit dieser Kulturen, ihre Übergangsstellung zur späteren städtischen Kultur außer Frage steht, sind die genaueren Unterscheidungen in der zeitlichen Abfolge der einzelnen lokalen Phasen noch schwer zu erkennen. Für den Archäologen ist bekanntlich der stratigraphische Befund einer Ausgrabung der Ausgangspunkt für eine relative zeitliche Bestimmung, d. h., er überträgt die im Boden selbst entdeckte Übereinanderlagerung der Schichten in eine zeitliche Abfolge. Es gibt aber auch solche Grabungen, bei denen keine Schichtenfolge unterschieden worden ist oder werden konnte. Daneben gibt es natürlich zahlreiche Fundstätten, und das trifft leider auf unser Territorium im besonderen Maße zu, die nur oberflächlich untersucht und bei denen nur Streufunde entnommen oder kleinere Schürfungen durchgeführt wurden. Wir werden angesichts dieser Schwierigkeiten zunächst das Nebeneinander belassen und in geographischer Folge die wichtigeren Fundorte und das in ihnen zutage geförderte Material behandeln. Erst später mag dann der Versuch unternommen werden, Fragen des Zusammenhanges und der zeitlichen Unterteilung zu besprechen.

Die westlichsten Fundgebiete liegen am Ostrande jener großen zentraliranischen Wüste, die einst ein mächtiger Binnensee gewesen sein muß. Von der westiranischen Seite her hat man längst beobachtet, daß dort an den nördlichen und westlichen Rändern des Binnensees so wichtige Fundstätten, wie Damghan (Tepe Hissar), Rey, Kum und Sialk, liegen, die für die eigentlich iranische, persische Geschichte von großer Bedeutung sind. Aber auch im Süden und Osten ziehen sich die kleinen Siedlungen am Rande des alten Binnensees entlang, und hier ist ihre Bedeutsamkeit eher im Zusammenhang mit der indischen Geschichtsentwicklung zu sehen. Sie erstrecken sich von den ostpersischen Grenzgebieten, an der persischen und pakistanisch-baludschistanischen Küstenzone entlang, dann nordwärts an den Westhängen der Sulaiman-Ketten, bis in afghanisches Gebiet. Jenseits der Sulaiman-Ketten schließen sich dann weitere Siedlungen auf heutigem westpakistanischem Gebiet zum Indus hin an.

Im Norden dieser Zone häufen sich die alten bäuerlichen Siedlungen nach den bisherigen, noch sehr lückenhaften Forschungen im Zhob-Tal, südlich davon im Loralai-Distrikt, von hier aus westlich nach Quetta hin bis in das Gebiet von Kandahar. Nach Süden zu schließen sich weitere Siedlungsgruppen an, die meist an den zur Makranküste hinströmenden Flüssen gelegen sind, die Togau-Gruppe, die Kulli-Mehi-Gruppe und die Nal-Nundara-Gruppe im Jhalawan- und Kolwa-Distrikt. Weiter nach Westen hin liegen im Kej-Tal und am Dasht-Fluß noch eine Reihe von Siedlungen. Von hier aus, in Richtung Norden, schließt sich jene Gruppe an, die bereits auf persischem Gebiet, nahe Bampur, gelegen ist, und noch weiter nördlich hinauf reichen die Spuren alter Siedlungen bis nach Seistan. Gegenüber dieser Vielfalt der Gruppen im Westen befindet sich im äußersten Osten, jenseits der Sulaiman-Kette, ein verhältnismäßig geschlossener Komplex von Fundorten, der sich parallel den Togau-Kulli-Nal-Gruppen am Unterlauf des Indus entlangzieht.

In der nordbaludschistanischen Zhob-Gruppe gibt es einen Fundplatz, Rana Ghundai, der Spuren wiederholter, jahrhundertewährender Besiedlung enthält. Hier hatte ein englischer Brigadier, *Ross*, jahrelang die Abräumungsarbeiten beobachten können, die die lokale Bevölkerung an einem etwa 35 m hohen Tell vornahm, dessen durch Brandasche angereicherten Boden sie für die Fruchtbarmachung der eigenen Felder benutzte. *Ross* vermochte fünf übereinanderliegende Siedlungsschichten zu unterscheiden, sowie einige Unterabschnitte, und diese durch Tonscherben und sonstige Kleinfunde in ihrer Eigenart zu kennzeichnen. Im Gegensatz zu Kili Ghul Mohammad, wo die ältesten Siedlungsschichten keine Tonwaren ergaben, waren hier die beinahe vier Meter der tiefsten Schicht noch ohne Spuren einer Bautätigkeit, ließen also auch auf eine noch halb nomadische Bevölkerung schließen. Dagegen fanden sich hier schon Töpferwaren, sehr roh und unbemalt, einige Steinklingen und reichliche Mengen von Asche, die auf Herdfeuer hinwies. Höchst bezeichnend waren auch die Tierknochen. Vertreten waren das indische Buckelrind *(bos indicus)*, das Schaf, der Esel und als überraschendster Fund vier Zähne eines Pferdes. Wie in den ältesten Schichten von Sialk, an der gegenüberliegenden Westseite des iranischen Plateaus, fand man auch ein Kindergrab. Man kann den Fundbestand als ältesten Hinweis auf nomadische Tierzüchter betrachten, der vorläufig jedoch noch vereinzelt bleibt.

Die nächste Siedlungsschicht – Rana Ghundai II – läßt uns bereits eine voll entwickelte bäuerliche Kultur erkennen. Gekennzeichnet ist sie durch eine besonders schöne bemalte Tonware, deren Gefäße scheibengefertigt und gut geformt sind. Abgesetzte tiefe Schalen mit getrennt geformtem Fuß oder Standring bilden die Haupttypen. Das Bemerkenswerteste aber ist die Bemalung, die in schwarzer Farbe auf den terrakottafarbenen Scherben aufgetragen, in sorgfältig gerahmten Friesen und Bändern geometrische und Tiermotive aufweist. *(Abb 3)* Im Friesband hintereinander geordnete Reihen von indischen Buckelrindern und langschwänzigen Rehböcken zeigen eine dem Ornament angepaßte dünngliedrige Stilisierung, die das Naturvorbild jedoch vorzüglich erkennen läßt. An Qualität werden diese verhältnismäßig frühen Tonwaren nur von den südlichen Baludschistan-Waren der Kulli- und Nal-Gruppen erreicht. Die späteren Gefäße in Rana Ghundai (III, a, b, c) zeigen zwar einen größeren Formenreichtum, nicht aber die gleiche Perfektion der künstlerischen Verzierung, bei der ein gröberes geometrisches Ornament überwiegt. Rana Ghundai III, dessen Unterstufen eine wesentlich längere Entwicklungszeit verraten, ist von der vorangehenden Schicht durch eine sterile Zwischenschicht getrennt, was als zeitweilige Siedlungsunterbrechung gedeutet werden kann. Die Tongefäße von Rana Ghundai III, deren Grundfarbe durch einen roten Überzug verändert ist, sind auch an anderen Orten des Zhob-Gebietes gefunden worden, vor allem in Sur Jangal, in Periano Ghundai und in Moghul Ghundai. So ermöglicht die Beobachtung der Schichtenfolge an einem Fundort die relative Anordnung der Funde eines ganzen Gebietes.

Neben den Tonwaren sind es aber noch die Tonfiguren von Frauen und Tieren, meist Rindern, die als eigentümlich für das Zhob-Gebiet angesehen werden müssen. In Rana Ghundai selbst sind solche nicht gefunden worden. Ihre Anwesenheit in Sur Jangal, Periano Ghundai und Moghul Ghundai macht es jedoch wahrscheinlich, daß sie vorwiegend der Stufe Rana Ghundai III angehören. In einer der Tierplastiken hat man ein Pferd erkennen wollen und hierin einen weiteren Hinweis auf die Pferdezucht erblickt, aber die genaue Bestimmung solcher Kleinplastiken ist zu ungewiß, um hieraus wichtige Schlußfolgerungen zu ziehen. Höchst bemerkenswert sind jedoch die Frauenfigürchen. Wenn diese auch nicht unser künstlerisches Empfinden in der gleichen Weise beeindrucken mögen wie etwa manche der bemalten Gefäße, so sind sie doch für die Kultur und Religion der Epoche ein sehr wesentliches Zeugnis. Gerade die Frauenfiguren, denen wir noch wiederholt begegnen werden, weisen oft charakteristische Lokalzüge, sowohl in der Gestaltung als in den Formen der Bemalung, auf, so daß sie zur Identifizierung bzw. Abgrenzung zusammenhängender Fundgebiete herangezogen werden können. Ihre Bedeutung jedoch macht einige allgemeinere Bemerkungen notwendig.

Man kann heute wohl mit einiger Sicherheit behaupten, daß diese Frauenfiguren mit der Verehrung einer weiblichen Sippenahne zusammenhängen, deren Darstellung, unpersönlich gestaltet, zugleich den Zusammenhalt der Sippe, die Fruchtbarkeit der Sippe und die Erfüllung der Sippenwünsche bedeutet. Die Erfüllung der Wünsche einer Gemeinschaft dieser Epoche aber mußte auf Grund der neueren Lebensformen, etwa gegenüber dem Jungpaläolithikum, immer stärker auf andere Ziele als auf Jagd und Vermehrung des Jagdwildes gerichtet sein. Jetzt sind es die Fruchtbarkeit des Bodens, die Vermehrung der noch wenig zahlreichen Herden und Haustiere und schließlich das Anwachsen der eigenen Gemeinschaft, ihre Seßhaftigkeit, die aus den alten Vorstellungen der Sippenahne allmählich das üppige Abbild geschlechtlicher Fruchtbarkeit hervorwachsen lassen. Die Tiere, die als plastische Einzelfiguren die Frauengestalt umgeben, sind ihr zugeordnet, stehen unter ihrem Schutz. Die Frau ist noch keineswegs eine personifizierte Göttin, aber sie ist bereits Symbolgestalt allgemeiner Wünsche, Beschützerin und Herrin der Tiere, Bewahrerin und Förderin menschlichen Wohlstandes, auch in ihrem chthonischen Aspekt Abbild des fruchtbaren Erdbodens und alles dessen, was diesem zum Nutzen des Menschen entspringt. Erst allmählich wird diese gleiche Frauengestalt zum Kultbild einer immer stärker individualisierten göttlichen Potenz, zur Göttin der Fruchtbarkeit und Vermehrung. Die Mutter Erde und Muttergöttin wird zur Erdgöttin und zur Mutter der Götter, zur göttlichen Herrin der Tiere, und wir begegnen ihr in mannigfaltigster Gestaltung in Mesopotamien und Ägypten, in Indien, Hellas und Rom.

Es ist außerordentlich wichtig, alle diese Komponenten zusammenzusehen. So zukunftsträchtig und so bedeutsam sie für die Entstehung späterer Göttervorstellungen und Götterbilder sind, spiegeln sie in der uns hier beschäftigenden Zeit nur die Rolle der Frau im Leben der Gemeinschaft wider. Es ist ohne weiteres glaubhaft, daß die ursprünglich magisch-kultische Funktion der Sippenahne-Fruchtbarkeitsgottheit der tatsächlichen Funktion der Frau im Gesamtablauf des damaligen gesellschaftlichen Lebens entspricht. Wachstum der Herden und Pflanzen, Tätigkeitsgebiete der Frau, der Kinderreichtum der Sippe, die natürliche Funktion der Frau, das sind die Inhalte, die die Frau nach Arbeit und Beschaffenheit in den Mittelpunkt der damaligen frühbäuerlichen Gemeinschaft stellen mußte. Erst aus viel späteren Dokumenten, aus den literarischen Überlieferungen, den Märchen und Mythen, aus völkerkundlichen Beobachtungen der Neuzeit, Verwandtschaftsnomenklaturen u. a. besitzen wir sichere Anhaltspunkte, die uns gerade diese historische Stufe rekonstruieren lassen, die wir hier am unmittelbaren archäologischen Material kennenlernen. Die Frau ist Namensträgerin, ihr folgen, von ihr erben die Kinder; nach ihr pflanzt sich Sitte und Besitz an Werkzeugen und sonstiger schlichter Habe fort. Es kann auf Grund dieser Stellung der Frau sogar zu ihrer politischen Herrschaft kommen, sicher aber besitzt sie völlige Gleichberechtigung dem Manne gegenüber, eben infolge ihrer elementarrechtlichen Vorrangstellung und ihrer erhöhten sozialen Bedeutung.

Man bezeichnet diese Stellung der Frau und die durch sie gekennzeichnete Entwicklungsstufe als mutterrechtlich. Das uns zur Verfügung stehende archäologische Material läßt uns die Spuren mutterrechtlicher Formen vom Jungpaläolithikum bis ins Neolithikum und Chalkolithikum hinein erkennen. Mit der Entstehung des Staates, und wohl schon einige Zeit davor, sind solche Spuren mutterrechtlicher Sitten jedoch nur noch als Erscheinung der Überlieferung zu bewerten, vom echten Spiegelbild des gesellschaftlichen Lebens sinken sie zum Reflex uralter Tradition hinab. Wenn gerade in diesen Epochen, etwa im altsumerischen, im frühindischen und kretischen Staat, manches Mutterrechtliche deutlicher als je zuvor erkennbar wird, so liegt das einmal an dem weit größeren Umfange der Quellen und an der Beredsamkeit der Schriftfunde, vor allem aber an einem gewissen Beharrungsvermögen im geistigen Leben, das sich damals vorwiegend in der religiösen Sphäre offenbarte. Manch einer, der diese Probleme unberücksichtigt ließ, hat sich in seinem Urteil täuschen lassen und gerade die frühstaatliche Zeit mit der Mutterrechtsordnung identifiziert. Die Funktion der Frau in der Gemeinschaft der frühstaatlichen Epoche ist aber nicht mehr die gleiche wie in der Zeit der noch intakten urgemeinschaftlichen Sippenordnung. Die Gesellschaft hatte sich geändert, die alte Stammesverfassung war verschwunden, Staat und Unterdrückung waren entstanden, und man kann sogar behaupten, daß die Frau eines der ersten Opfer dieser neuen Ordnung geworden ist. Wenn man sich jetzt ihrer früheren gesellschaftlichen Rolle auch noch erinnern mag, so liegt diese Erinnerung doch abseits des wirklichen, politischen und wirtschaftlichen Lebens, in einem Bereiche traditionsgebundenen, religiösen Denkens, innerhalb der neuen Götterwelt. In dieser allein durften die Frauen noch wesentlich länger die Gleichberechtigung, ja die Vorrangstellung wahren, die sie so lange und in so ursprünglicher Form innerhalb der menschlichen Gemeinschaft besessen hatten.

(Abb. 16,18) Die Tonfigürchen des Zhob-Gebietes zeigen einen ungewöhnlichen, einen grimmigen Aspekt der Frau. Das Gesicht beherrscht die nur büstenartig in einem Sockel endigende Figur. Eine mächtige Stirn wölbt sich über zwei kreisrunden, vertieften oder wulstartig hervortretenden Augen. Die Nase ist nur als ein schmaler Steg aus dem Ton hervorgezogen, der Mund nur dünn angedeutet. Reicher Halsschmuck schließt das Gesicht nach unten ab und legt sich über die schweren Brüste. Über dem Kopf liegt ein an den Seiten herabfallendes Tuch, das sich wie eine Perücke auf dem kahlen Schädel ausnimmt. Die Arme, soweit noch erhalten oder soweit sie überhaupt gestaltet wurden, hängen am Oberkörper herunter. *Piggott* hat diese Gesichter mit grinsenden Totenschädeln verglichen, und ein indischer Archäologe wies auf den Schlangenaspekt der späteren Muttergöttin hin *(Kadru. S. K. Dikshit, Introduction to Archaeology, 1955, 274)*. Der chthonische Aspekt der Muttergöttin, der Tod und Geburt, den in die Erde sinkenden Leichnam und das aus der Erde entsprießende Samenkorn, Vergänglichkeit und Fruchtbarkeit miteinander verbindet, ist für die späteren Epochen als charakteristisch indisch zu erkennen. Auf den chthonischen Aspekt weist vielleicht auch die schlangenähnliche

Gestaltung der bandartigen Kopfbedeckung, insofern damit die Frau mit dem charakteristischen Erdtier, der sich in der Erde erneuernden Schlange, verbunden wäre.

(Abb. 17) Fruchtbarkeitssymbole aus dem Bereiche der gleichen Zhob-Kultur sind auch ein in Moghul Ghundai gefundener Stein-Phallus, ein weiterer Phallus aus Terrakotta in Periano Ghundai sowie aus dem gleichen Fundort eine Skulptur, die nur aus einer übergroßen Vulva und dem Hüftansatz besteht. Bei diesen wenigen Beispielen wollen wir niemals vergessen, wie ungenügend erforscht unser heutiges Material ist und aus wie wenigen Zufallsfunden es besteht und noch weiterer Ergänzung bedarf. Die Existenz phallischer Kulte setzt sich jedoch in der späteren staatlichen Zeit fort und verdient daher bereits an dieser Stelle besondere Beachtung.

Von den Siedlungen der Zhob-Kultur hebt sich eine westlich anschließende Gruppe, deren Zentrum im Gebiet von Quetta lag, als relativ selbständige Lokalgruppe ab. Die Ausgrabungen *Fairservis'* in Kili Ghul Mohammad und in Damb Sadaat (bzw. Mian Ghundai) in Verbindung mit den älteren Beobachtungen *Piggotts* haben auch für dieses Gebiet bereits eine relative chronologische Abfolge geschaffen, die sich ihrerseits mit derjenigen des Zhobtales koordinieren läßt. Über der vorkeramischen Schicht von Kili Ghul Mohammad liegen drei weitere Schichten, deren erste sich vielleicht mit Rana Ghundai I verbinden läßt, da hier die handgefertigten Tonwaren vorherrschen. Es folgt eine Schicht mit scheibengefertigten Gefäßen, vergleichbar Rana Ghundai II, und darüber eine Stufe, deren Tonwaren nach einem anderen Fundort des gleichen Gebietes als Kechi-Beg-Ware bezeichnet wurden.

(Abb. 1,2) Diese oberste Stufe von Kili Ghul Mohammad findet sich als unterste in der Siedlung Damb Sadaat wieder: Damb Sadaat I, so daß sich beide Fundorte, ebenso wie die folgende Schicht Damb Sadaat II, mit dem Zhob-Gebiet, d. h. mit Rana Ghundai III verbinden lassen. Die in Damb Sadaat II auftretende Tonware wird als die eigentliche Quetta-Ware bezeichnet und ist schon seit längerer Zeit aus den Berichten *Piggotts* bekannt. Auf den Scherben von rötlichgelber Farbe wurde das vorwiegend geometrische Ornament mit dunkelbrauner (schwarzer) Farbe aufgetragen. Die geometrischen Verzierungen sind insofern eigenartig, als die Motive Stufenmuster, parallele Zickzackbänder und zinnenartige Gebilde aufweisen, die sonst für die Baludschistan-Waren ungewöhnlich sind. In der obersten Stufe Damb Sadaat III läßt sich eine weitere Entwicklung feststellen, die über jene des Zhob-Tales hinaus als ein Höhepunkt der lokalen Kultur anzusehen ist. Besonders zahlreich sind hier die Frauenfigürchen, sowohl des uns schon bekannten Zhob-Typus, als auch einer lokalen Prägung, die einen stärkeren Naturalismus der Körperbildung aufweist. Stier- und Vogelfiguren (Tauben?) treten auch hier gemeinsam mit den Frauenfiguren auf, ferner Stempelsiegel, ebenso einige recht anschauliche Hausmodelle aus Ton, sog. Hausurnen, die in der Bemalung die Gliederung der Außenwände und auch die Fenster erkennen lassen.

Obwohl die Grabungen *Fairservis'* nur die Schichtenfolge feststellen sollten und weder Zeit noch die Mittel für eine vollständige Freilegung der alten Siedlungen zur Verfügung standen, sind doch genügend Anhaltspunkte gefunden worden, um die Entwicklung einzelner Bauwerke abzulesen. Auf Steinfundamenten errichtetes Mauerwerk und Lehmziegelmauern, Vorratsgefäße und kleine, sog. Brotöfen, wurden nachgewiesen. Die oberste Schicht von Damb Sadaat scheint durch größere Bauwerke gekennzeichnet gewesen zu sein, von denen einige, so eine sorgfältig gemauerte Plattform und die Anlage zweier Wasserreservoire, bereits als Belege einer reiferen Entwicklung, vielleicht sogar des Vorhandenseins von Kultbauten, angesehen werden dürfen. Die Ausgräber haben es wahrscheinlich gemacht, daß die Spätphase von Damb Sadaat bereits parallel der städtischen Kultur im Industal anzusetzen ist, und darauf hingewiesen, daß die älteren Einflüsse und Kontakte nach dem iranischen Westen nun engeren Verbindungen zur östlichen Indus-Kultur gewichen waren.

Von Quetta aus erstreckt sich die Zone der frühbäuerlichen Siedlungen weiter nach dem Nordwesten in afghanisches Gebiet hinein, doch sind wir leider über die bisherigen Funde aus diesem Territorium noch recht ungenügend informiert. Einzig die ersten Berichte über eine größere Grabung, die unter Leitung des französischen archäologischen Dienstes in Afghanistan von *Casal* durchgeführt wurde und wird, vermitteln einige Fakten auch über die uns zunächst interessierenden Frühkulturen.

Der Tell von Mundigak, 25 km nordöstlich von Kandahar gelegen, ergab nach den bisher vorliegenden Berichten 13 Schichten von insgesamt zwanzig Meter Tiefe, die nach Meinung der Ausgräber auf eine mindestens zweitausendjährige Besiedlung schließen lassen. Zuunterst finden sich auch hier Spuren einer noch sehr primitiven nomadisierenden Bevölkerung. In der zweiten und dritten Schicht von unten tauchen Stampflehmmauern, dann auch Rohziegelmauern auf, aber erst mit der vierten Schicht setzt in größerem Umfang das aufschlußreiche Material der Kleinfunde ein: Stempelsiegel, Terrakotten figürlicher Art und eine bemalte Tonware. Die Gefäße bleiben sich verhältnismäßig gleich bis etwa zur zehnten Schicht hinauf und zeigen in der Entwicklung eine engere Verwandtschaft zur Quetta-Ware. Die wichtigsten architektonischen Funde gehören jedoch der späteren Zeit an. *(T. 26)* So erscheint in der Schicht 10 ein mächtiges, als Palast gedeutetes Bauwerk, dessen Front durch Halbsäulen gegliedert war und das man kaum noch in den Zusammenhang einer primitiven Dorfkultur stellen wird. In der elften Schicht wechselt dann auch der Charakter der Tonware. *(T. 35 oben)* Eine rote Keramik, die mit dunkelvioletter Farbe bemalt ist, tritt an die Stelle der bis dahin vorherrschenden lederfarbenen Gefäße der Frühzeit. *(T. 36)* Leider zeigen die bisherigen Veröffentlichungen der Mundigak-Ausgrabungen die lederfarbenen Tongefäße nur in den entwickeltsten Formen ihres Auftretens in der Schicht 10. Besonders schöne Gefäße entsprechen in ihrer Formgebung etwa unseren heutigen Branntweingläsern, mit hohem Fuß und sich verengendem oberen Rand. Sie lassen auch eine großfigurige Tier- und Pflanzenbemalung erkennen, den Ibex, Vögel, Pipalblätter u. a. Dagegen scheinen auf den älteren Gefäßen der Schicht 9 noch geometrische Verzierungen vorzuherrschen, in Metopenfelder eingeordnete vertikale Wellenlinien, Wellenbänder und Zickzackstreifen. Mundigak wird uns noch einmal begegnen, wenn wir uns mit der westlichen Ausdehnung der städtischen Kultur des Industales zu beschäftigen haben.

Von Quetta aus südlich, rund um die heutige Stadt Kalat, läßt sich eine weitere Gruppe dörflicher Kulturen lokalisieren, deren ursprüngliche Ausdehnung beträchtlich gewesen sein muß. Eine Engländerin, *Miss de Cardi*, hat hier eine charakteristische Keramik nachgewiesen, die sie nach dem ersten und wichtigsten Fundort als Togau-Ware bezeichnet. Es handelt sich um eine rote Ware mit figürlicher und geometrischer Verzierung. Unter den Motiven sind besonders bezeichnend Stieraugen, in Metopenfeldern angeordnet, vertikal gelagerte Wellenbänder sowie ein merkwürdiges Hornmotiv. *Fairservis* vermag diese Ware auch weiter nördlich, also im Quettagebiet, jedoch nur in Gestalt vereinzelter Oberflächenfunde, nachzuweisen. Er setzt die Togaugefäße zeitlich etwa mit der Stufe Kili Ghul Mohammad IV und Damb Sadaat I gleich. *McCown* hat jedoch darauf hingewiesen, daß die gleichen Tonwaren schon seit langem als charakteristisch für Funde im Distrikt Las Bela in Südbaludschistan erkannt worden sind, und hat daher den Vorschlag gemacht, sie nach dem dortigen Hauptfundort Niain Buth als Niain-Ware zu bezeichnen (vgl. *D. McCown, Relative Stratigraphy and Chronology of Iran, Chicago 1954)*.

Die wichtigsten südbaludschistanischen Kulturgruppen werden durch die Nal-Nundara- und die Kulli-Mehi-Tonwaren repräsentiert. Gegenüber der einfarbigen, schwarz auf rot bemalten

Togau-Niain-Ware zeigen diese beiden südbaludschistanischen Gefäßgruppen einen lederfarbenen Tonscherben und nicht selten Mehrfarbigkeit in der Bemalung. Die Fundstätten dieser Kulturen verteilen sich auf zahlreiche Orte an der Makran-Küste und die nördlich dazu verlaufende Zone, wobei infolge der Isolierung einzelner Siedlungen in den Flußtälern auch zahlreiche lokale Varianten in Erscheinung treten. Leider beruht gerade für dieses Gebiet unsere heutige Kenntnis auf älteren Beobachtungen, vorwiegend der Oberflächenfunde, und nur wenige Grabungen, wie etwa diejenige von *Hargreaves* in Nal, haben dazu beigetragen, die Lokalentwicklung und Kulturenfolge durch Schichtbeobachtungen deutlicher werden zu lassen.

(Abb. 6/7) Der bedeutendste Fund dieser südlichen Tonwaren stammt von einem Gräberfeld auf dem Sohr damb, einem Tell bei Nal, und wird daher meist einfach als Nal-Ware bezeichnet. Lange schon waren gut erhaltene Gefäße ihrer einfachen aber gefälligen Formgebung und stilgerechten Bemalung wegen aufgefallen. Sie schienen aus Raubgrabungen zu stammen, so daß *Hargreaves* es für wichtig hielt, am Fundort sorgfältigere Untersuchungen vorzunehmen. Die Bemühungen waren nicht vergebens. Eine qualitativ hochwertige Tonware in meist recht gut erhaltenen Formen wurde als charakteristische Beigabe der einzelnen Gräber eines umfangreichen Gräberfeldes erkannt. Die Gefäße zeigen eine blasse oder ins Grünliche schimmernde Lederfärbung, auf der in variierenden Farben, in Schwarz, Blau, Gelb und Rot, die Verzierung aufgemalt worden war. *(T. 28 unten)* In scharfer Untergliederung, meist in breiten horizontalen Zonen, die wieder metopenartig abgetrennt sind, lassen sich eine Vielzahl figürlicher und ornamentaler Einzelmotive unterscheiden: Tiere in gut konturierter treffender Stilisierung, Stiere, Tiger, Fische usw., unter den ornamentalen Formen das besonders typische Sigma-Zeichen.

In einer nachträglichen Analyse der *Hargreaves*schen Grabungen hat *Gordon (Ancient India, Nr. 10,161)* dieses Gräberfeld des Sohr damb von einer Siedlung der Kulli-Mehi-Kultur unterschieden, die am gleichen Ort infolge mangelhafter Beobachtung mit den Nal-Funden verquickt worden war. *Gordon* hat es wahrscheinlich gemacht, daß die Nal-Keramik des Gräberfeldes später als die Kulli-Mehi-Ware anzusetzen sei, da jenes erst nach dem Verfall der Siedlung angelegt worden sein konnte. Wir kennen jedoch auch eine Siedlung der Nal-Kultur, die auf dem Siah damb in Nundara nachgewiesen wurde. Leider fehlen dort die gründlichen Untersuchungen, und auch die Keramik dieser Siedlung scheint sich in der Qualität erheblich von der eben beschriebenen Grabkeramik zu unterscheiden. Charakteristisch scheint für beide Fundorte das Fehlen figürlicher Tonplastik zu sein, ein Umstand, der bei einem Gräberfeld noch verständlich, doch bei einer Siedlung auffällig sein muß, es sei denn, daß hier die Flüchtigkeit der Untersuchung sichere Feststellungen einstweilen unmöglich macht.

(T. 53 unten) Wenn wir uns den Kulli-Mehi-Kulturen Südbaludschistans zuwenden, so erkennen wir hier umgekehrt die Tonfigürchen von Buckelrindern und Frauen als kennzeichnendes Kulturelement, das sich zudem von den im nördlichen Baludschistan bekanntgewordenen Typen erheblich unterscheidet. Das Gesicht der Frau ist hier weniger durch die Augen, als durch die fast halbkreisförmige, weit hervorspringende Nase bestimmt, die dem Kopf im Profil ein vogelartiges Aussehen verleiht. Die Augen dagegen sind kleine, aufgesetzte Tonscheiben, in der Mitte durchbohrt, der Mund ist oft nicht einmal angedeutet. *(Abb. 19)* Übereinstimmend mit den Zhobfiguren und im Gegensatz zu einigen naturalistischen Darstellungen aus Damb Sadaat sind auch in Südbaludschistan die Frauen als Halbfiguren gestaltet *(Abb. 20)* und mit reichem Schmuck, Halsketten mit Anhängern usw., versehen. Abweichend wiederum ist die Büste der Frau weniger stark betont, auch sind meist die Hände an den Leib gelegt. Der Kopf ist mit einem kurzen Tuch bedeckt, und das in den Nacken herabfallende lange Haar ist in der Rückenansicht

einiger Figuren noch gut erkennbar. Die Gesichtsform ist zu Recht mit der eines Vogels verglichen worden, und man hat auch hier an spätere Aspekte der indischen Muttergöttin, diesmal den Vogelaspekt, erinnert. Wie im Norden sind auch diese Figuren meist bemalt gewesen.

Das figürliche Element tritt auch in der Gefäßbemalung der Kulli-Mehi-Gruppe stark hervor. *(T. 28 oben)* Gegenüber den Einzelgestalten der Nal-Keramik vom Sohr damb sind hier die Tiere und Pflanzen in einer Weise zusammengestellt oder aneinandergereiht, daß man, wenigstens dem Inhalt nach, geradezu von Landschaftsdarstellungen sprechen kann. *(Abb. 5)* Besonders beliebt ist ein seine Umgebung an Größe überragendes, in allen Einzelheiten sehr sorgfältig gestaltetes Buckelrind, das an einem Baum oder einem Pflock festgebunden zu sein scheint. Daneben finden sich Raubtiere, Ziegen, Sträucher und Bäume, besonders auffällig der Pipalbaum, ferner eine Vielzahl schriftbildartiger Zeichen, S-Formen, Punktkreise, Doppelhaken und ähnliches, die die noch vorhandenen Bildlücken ausfüllen, so daß man mit Recht von einem Horror vacui gesprochen hat. Bezeichnend ist auch die Binnenschraffur der Tierkörper, die sich in der Bemalung der Kleinplastiken der gleichen Kultur wiederholt. Es ist durchaus möglich, daß diese Art der Bemalung nicht eine Erfindung der Töpfer bzw. Töpferinnen ist, sondern vielmehr auf alte Bräuche zurückgeht, bei denen lebende Tiere bemalt und geschmückt waren, ähnlich wie dies noch heute in manchen Gegenden Indiens der Fall ist, und daß daher diese Darstellungen von sorgfältiger Beobachtung der Natur und der gesellschaftlichen Vorgänge Zeugnis ablegen. Wir haben hier ein Beispiel dafür, daß uns selbst die winzigen Zierformen der Gefäße wertvolle Einblicke in die gesellschaftliche Realität der frühbäuerlichen Kulturen ermöglichen.

Man hat innerhalb der südbaludschistanischen Kulturgruppen eine gewisse Entwicklung insofern erkennen wollen, als man die Siedlung von Nundara als früheres Stadium gegenüber der Grabkeramik vom Sohr damb und ebenso die Kulli-Phase, so bezeichnet nach dem ersten Fundort, als die ältere gegenüber der Mehi-Stufe unterschied. Hier ist immer wieder zu betonen, daß der Mangel an sorgfältigen Ausgrabungsbeobachtungen zur Vorsicht mahnt. Gerade die neueren Forschungen *Fairservis'* im Quettagebiet bezeugen eine derart reiche und variierte Fülle von Details, daß eine Herausstellung einer einzigen Tonware sowie typologische Vergleiche immer als eine Art Vereinfachung anzusehen sind. Sie sind vorerst notwendig, um allgemeinere Schlußfolgerungen ziehen zu können, jedoch immer mit Vorsicht zu behandeln und in ihrem provisorischen Charakter zu erkennen.

Fassen wir zunächst noch einmal die bisher betrachteten Fundgruppen zusammen, die wir als mehr oder weniger deutlich voneinander getrennte Kultureinheiten zu erkennen glaubten. Es waren dies: die Zhob-Kultur, bei der sich noch eine eigentliche Zhob-Gruppe von einer Loralai-Gruppe unterscheiden ließ, ferner die Quetta-Kultur, eine „afghanische", noch schwer definierbare Gruppe, die Togau/Niain-Kultur und endlich die Nal-Nundara- und Kulli-Mehi-Gruppen in Südbaludschistan. Hinzu kommen nunmehr noch einzelne Fundplätze, die infolge stärkerer Isolierung teils als gleichzeitig, teils als spätere Ausläufer der altbäuerlichen Kulturen Ostirans anzusehen sind. Hier sei vor allem das Gräberfeld von Shahi tump im Kej-Tal und die kleine befestigte Siedlung von Sutkagen dor an der Mündung des Dasht-Flusses genannt.

Shahi tump bietet ähnlich komplizierte Verhältnisse wie der Sohr damb von Nal. Auch hier ist eine Siedlung der Kulli-Mehi-Kultur von einem Gräberfeld zu unterscheiden, das durch die typische Shahi-tump-Ware zuerst bekannt wurde: flache Schalen, deren Inneres in brauner bis purpurner Farbe auf hellgrauem, rosa oder gelblichem Grund mit reich bewegten Motiven, Wirbeln, Hakenkreuzen und dergleichen, bemalt ist. *(T. 37)* Die Gefäßwand ist sehr dünn, doch ist die Ausführung der Bemalung meist wenig sorgsam. Die zeitliche Stellung dieses Gräberfeldes ist noch sehr umstritten, aber es ist möglich, daß gerade Shahi tump in absoluter Datierung verhältnismäßig spät anzusetzen wäre. Darauf wird später noch einmal zurückzukommen sein.

Auch das von *Aurel Stein* entdeckte Sutkagen dor mag an dieser Stelle bereits besprochen werden, obwohl es, nach seinen Bauten zu urteilen, kaum als primitive und frühe Siedlung anzusehen ist. Ein rechteckiger Platz, etwa 110 × 150 m, war von einer Steinmauer umgeben, imposant in ihren Ausmaßen, etwa 8 m breit und über 6 m hoch, errichtet aus rechteckigen, in regelmäßiger Folge geschichteten Steinen. Dünnwandige Gefäßscherben von hellbrauner und rötlicher Färbung sind hier gefunden worden, teils mit einem dunkelroten Überzug versehen und in schwarzer Farbe mit geometrischen Verzierungen, parallelen Streifen, Meandermustern usw. versehen. Einige Bruchstücke von Steingefäßen verdienen noch der besonderen Erwähnung, da sie mit ähnlichen Funden zusammenhängen, die weiter nordwestlich auf persischem Territorium gemacht wurden, nahe der Stadt Bampur.

Die ebenfalls von *Aurel Stein* untersuchte ostiranische Keramik von Bampur und anderen Orten dieser Zone, ebenso wie die Tonware des weiter nördlich gelegenen Gebietes von Seistan, läßt sich sowohl auf Grund ihrer Beziehungen zu den westiranischen Gruppen als auch im Zusammenhang mit baludschistanischen und afghanischen Kulturen betrachten. *(Abb. 27)* So weist beispielsweise das Gräberfeld von Khurab, das in der Bampur-Zone gelegen ist, bis in Einzelheiten der Gefäßverzierung Übereinstimmungen mit dem Fundplatz Shahi tump auf. Ebenso ist die Siedlungskeramik der Bampur-Gruppe durch eine rote Tonware gekennzeichnet, die mit geometrischen Motiven, teil auch stilisierten Tierfiguren verziert ist und eine generelle Übereinstimmung mit der Togau-Keramik deutlich werden läßt. Für die Seistan-Gruppen, die als Oberflächenfunde meist nur ganz allein beschrieben worden sind, lassen sich Beziehungen nach Quetta und Südafghanistan hin wahrscheinlich machen, wie insbesondere *Fairservis* dies auf seinen Forschungsreisen nachweisen konnte *(American Museum Novitates, 1952)*. Dabei sind andererseits wieder die Beziehungen dieser Zone nach Bampur und weiter südöstlich nach Shahi tump hin zu beobachten. Wir können diese ostiranischen Dorfkulturen nur als Ausläufer, als Randerscheinungen des uns interessierenden Kulturgebietes werten und wollen uns daher nach der zusammenfassenden Beschreibung des westlichen Teiles nunmehr der östlichen Hälfte unseres Territoriums, also den auf eigentlich indischem Gebiet gelegenen Fundplätzen, zuwenden.

Aus den nördlicheren Gebieten des Indus und seiner Nebenflüsse sind bisher noch keine Fundplätze bekanntgeworden, die als Vorstufen der späteren städtischen Kulturentwicklung anzusehen wären. Hier im Norden, an den Hängen der mächtigen Schneegebirge, liegen vielmehr die Stätten der Altsteinzeit, deren Entdeckung vor nicht allzu langer Zeit große Überraschung auslöste und dazu führte, die Spuren des Menschen in Indien über Jahrhunderttausende zu erkennen, sie gleichzusetzen mit den Funden in Europa und Afrika. In unserem Zusammenhang aber können und müssen wir diese frühen Stufen einer eiszeitlichen Jägerbevölkerung übergehen, da sich, soweit wir dies heute beurteilen können, wohl ein lokaler, jedoch kein genetischer und kulturgeschichtlicher Zusammenhang mit der späteren Bevölkerung im nordwestlichen Indien herstellen läßt. Wir wenden uns vielmehr dem Unterlauf des Indus zu, dem Gebiet von Sind, aus dem uns eine ganze Gruppe von Fundorten bekanntgeworden ist, die nach dem am Westufer des Indus südlich von Mohendscho Daro gelegenen Amri unter dem Namen Armi-Kultur zusammengefaßt worden sind.

Aber auch hier in Sind gibt es noch Spuren einer älteren Lebensweise. So ist eine ganze sogenannte Industrie von Feuersteinwerkzeugen bekanntgeworden, die nach den Hauptfundorten den Namen Sukkur und Rohri erhalten hat. Es handelt sich dabei um mikrolithische Steingerätschaften, meist dünne Feuersteinklingen, die für eine frühe nomadische Jäger- und Fischerstufe charakteristisch sind, jedenfalls hier, wo sie in reiner Form, ohne Siedlungsfunde und Keramik, auftreten. Es sei gleich an dieser Stelle darauf hingewiesen, daß derartige Steinwerkzeuge in den indischen Frühkulturen auch späterhin eine wichtige Rolle spielten, indem sie noch lange Zeit neben den neuen Metallwerkzeugen in Gebrauch waren. Dabei wird stets darauf zu achten sein, daß der Steinzeitcharakter solcher Werkzeuge, das Lithikum, für die späteren Epochen nicht mehr als charakteristisch anzusehen ist. Vielmehr wird man stets das Neue, die, wie wir sagen würden, modernsten Arbeitsmittel, zur Kennzeichnung einer Epoche verwenden. Hier in Sukkur und Rohri jedoch ist der ursprüngliche Charakter der Werkzeuge zu erkennen, ebenso bei einem ganzen Komplex derartiger Steinwerkzeuge, die von *K. R. U. Todd* etwa 10 km nördlich von Karachi gefunden worden sind und sich jetzt im Britischen Museum befinden. Längliche Klingen, Spitzen, sichelförmige Klingen, aber auch Kernstücke befinden sich unter diesen Funden. So interessant und wichtig diese Kulturen für den Prähistoriker sind, für unsere geschichtliche Analyse läßt sich ihnen nur wenig abgewinnen. Sie mögen uns als Zeugnis dafür dienen, daß im Industal eine ältere Bevölkerung lebte, wobei auf Grund der Kontinuität einzelner Werkzeugformen in den späteren Epochen auch die Schlußfolgerung erlaubt ist, Nachkommen dieser Jäger, Fischer und Sammler noch in den ersten bäuerlichen Siedlungen des gleichen Gebietes, ja sogar in den Städten der Induskultur zu vermuten.

Über die bäuerliche Kultur der Amristufe sind noch sehr wenig Einzelheiten bekannt. Fast ausschließlich an Hand von Gefäßscherben wird man hier eine ganze Stufe der Entwicklung rekonstruieren müssen, die allerdings, und das sagen die Schichtenüberlagerungen an mehreren Fundorten deutlich aus, als die letzte Vorstufe der städtischen Entwicklung im Industal voranging. Die Amriware ist scheibengefertigt und zeichnet sich durch einen besonders dünnen, lederfarbenen bis hellroten Scherben aus. Aus diesem sind in mehreren Farben, rotbraun, schokoladenfarbig und sepia, die rein geometrischen Verzierungen aufgetragen. In dem Gebiet zwischen dem Indus und den Kirthar-Bergen hat im Jahre 1938 *Majumdar*, der übrigens der Entdecker dieser Amri-Ware ist, eine Forschungsreise unternommen, auf der er tödlich verunglückte. In dem 1949 veröffentlichten Bericht von *Krishna Deva* und *Donald McCown* wird die Amri-Keramik des Fundortes Roheljo-kund gezeigt, eine beige-rot-braune Ware mit lederfarbenen Überzug. Einige figürliche und pflanzliche Verzierungsmotive dieser Ware ließen an Zusammenhänge mit der Nalkeramik denken, doch hat diese Feststellung keine allgemeine Zustimmung gefunden (vgl. *Gordon, Ancient India, Nr. 10).* Andererseits scheint eine enge Beziehung der Amri-Ware zu der als Kechi Beg bezeichneten Keramik des Quetta-Gebietes (Kili Ghul Mohammad IV und Damb Sadaat I) allgemein anerkannt zu sein. Von den zahlreichen Fundorten der Amri-Ware seien noch Bandhni, Chauro, Damb buthi (Gräber), Ghazi Shah, Lohri, Pandi Wahi und Tharro Hill, sämtlich in Sind gelegen, genannt.

(T. 14/15) Erst in allerjüngster Zeit ist in Kot Diji, östlich des Indus, etwa auf der Höhe von Mohendscho Daro und etwa 25 Meilen von diesem entfernt, unter den Schichten der städtischen Harappa-Kultur, eine ältere Kulturgruppe gefunden worden, die sich zwar deutlich als Vorläufer der Harappazeit ausweist, aber kaum Berührungen zur Amri-Stufe aufzuweisen scheint. Soweit es die spärlichen Vorberichte erkennen lassen, handelt es sich bereits um eine größere, befestigte Siedlung mit einer über drei Meter hohen Steinummauerung, innerhalb welcher Lehmziegelhäuser standen. Doch soll sich auch außerhalb der Mauern eine Siedlung befunden haben, so daß also eine Wohnstadt und eine Zitadelle zu unterscheiden wären. Wenn sich dies bestätigt, kann man allerdings Kot Diji nicht mehr in den Zusammenhang der früh-

bäuerlichen Kulturen stellen, sondern muß es vielmehr als bisher älteste Phase städtischer Entwicklung ansehen. Erwähnen wir noch, daß in Kot Diji eine scheibengefertigte Tonware beobachtet wurde, hart gebrannt und sorgfältig verziert, gelegentlich auch mit mehrfarbigem, figürlichem Bildschmuck. *(T. 30)* In Formen und Verzierungsweise erinnert die Kot-Diji-Ware lebhaft an die syrische Keramik des 4. Jahrtausends, die Tell-Halaf-Ware, und scheint sich von den bisher besprochenen ostiranischen und Baludschistangattungen deutlich zu unterscheiden. Noch sind die Eindrücke zu frisch, die Veröffentlichungen zu spärlich, um hieraus wichtige Schlußfolgerungen zu ziehen, etwa um auf ein Einschiebsel aus dem fernen Westen zu schließen. Aber immerhin lehren uns die Entdeckungen in Kot Diji schon heute, daß mit einer vielschichtigen und komplizierten Entwicklung im Industal zu rechnen ist, mit mannigfaltigen Kulturkontakten nach Westen hin.

Bevor wir uns der nunmehr schon immer deutlicher sichtbar werdenden städtischen Entwicklung zuwenden, sei noch einmal auf die Gesamtwertung der frühbäuerlichen Kulturen sowie auf den Zusammenhang mit der geschichtlichen Entwicklung im Zweistromland und auf Fragen der Datierung eingegangen. Es mag hier zunächst eine einschränkende Bemerkung am Platze sein. Die Methode des Kulturvergleiches in frühgeschichtlicher Zeit, die ja hauptsächlich auf den keramischen Funden und bestenfalls noch einigen zusätzlichen Materialien, etwa Tonfiguren, Siegeln, Stein- und Metallwerkzeugen, Schmuck u. ä., beruht, muß nicht immer gleich als eine Art Identifizierung von gleichen Gegebenheiten aufgefaßt werden. Es handelt sich dabei zunächst um nichts anderes als um den Versuch, einen solchen archäologischen Komplex durch das Heranziehen ähnlicher Funde besser zu verstehen und eventuell auch zeitlich, relativ oder absolut, festlegen zu können. Aus einzelnen Übereinstimmungen sogleich auf Wanderungen ganzer Völker zu schließen, wäre ebenso falsch, wie die Möglichkeit der Wanderung von Völkern, oder in unserer frühgeschichtlichen Zeit besser von Stämmen, einfach zu leugnen oder gar prinzipiell die Aussagefähigkeit des archäologischen Materials in dieser Hinsicht zu verneinen. Es handelt sich bei den Vergleichen der genannten Art zunächst um eine Faktendarstellung, die jeder Wertung vorauszugehen hat. Erst nach sorgfältiger Prüfung aller Möglichkeiten läßt sich entsprechend der Fülle beweisenden Materials vielleicht entscheiden, ob gelegentliche Kontakte oder Stammesverwandtschaft, zufällige Ähnlichkeit oder gesetzmäßige Konvergenzerscheinungen zu erkennen sind.

Auch Schlußfolgerungen in bezug auf die relative und absolute Chronologie müssen mit größter Vorsicht gezogen werden, da es längst bekannt ist, über wie lange Zeiträume keramische Traditionen erhalten bleiben können, so daß selbst eine verblüffende Übereinstimmung weit voneinander getrennter Tonwaren noch keineswegs auf Gleichzeitigkeit der Kulturen schließen läßt, falls nicht andere Kulturerscheinungen hinzukommen. Es gibt heute einige Methoden der Datierung, mit denen objektive naturwissenschaftliche Beweise vorgelegt werden. Die wichtigste Methode, die Radiokarbon-Untersuchungen oder C^{14}-Methode, ist jedoch vielfach umstritten. Der Spielraum der einzelnen Daten – zwischen 500 und 800 Jahren – und die zahlreichen Fehlerquellen in der Beschaffenheit der einzelnen überprüften Fundmaterialien einerseits, die Spärlichkeit der heute zur Verfügung stehenden Untersuchungen andererseits, sind wenigstens vorerst die Ursache, daß die Archäologen die Radiokarbondaten nur sehr zögernd verwenden. Immerhin mag es interessant sein, gerade für das von uns beschriebene Gebiet einige solcher Daten kennenzulernen. So liegen Berechnungen dieser Art vor für Kili Ghul Mohammad I (präkeramisch) 3350 ± 500, das wäre also zwischen 3850 und 2850, wobei der Zeitabstand nicht etwa die Dauer der Periode, sondern der Unsicherheitsfaktor der Berechnung ist! Damb Sadaat I 2150 ± 250; Damb Sadaat II 2050 ± 400 und Damb Sadaat II/III 2050 ± 200. Die

Schicht Mundigak 5 wird mit den Zahlen 2925–2325 umschrieben. Wenn wir diese Daten mit den entsprechenden Radiokarbondatierungen aus dem Vorderen Orient vergleichen, so muß das höhere Alter der letzteren auffallen. So haben die präkeramischen Schichten von Jericho 6250 ± 200 beziehungsweise 5858 ± 160 ergeben, die von Jarmo bei Kirkuk 4757 ± 320 beziehungsweise 4656 ± 330, was im Vergleich zu Kili Ghul Mohammad ein erhebliches Gefälle nach dem Osten hin bezeugen würde. Die vorstaatliche Ubaid-Kultur Nordmesopotamiens ist in Tepe Gawra mit 3450 ± 325 gemessen worden, wiederum ein Gefälle von über 1000 Jahren etwa bei Damb Sadaat! Nun sind allerdings die Urteile archäologischer Beobachter von derartigen Resultaten nicht weit entfernt, jedenfalls in Mesopotamien. Für den Osten hingegen erscheinen die Datierungen durchweg zu niedrig und müßten nach den archäologischen Schätzungen allenfalls bei den jeweils ältesten Daten der Fehlerberechnung liegen. Übereinstimmend ist die Feststellung eines zeitlichen Gefälles nach dem Osten hin, d. h. aber auch eine gewisse Stagnation der bäuerlichen Frühkulturen im Osten gegenüber der schnelleren Entwicklung in Vorderasien. Endgültiges läßt sich auch hier nicht sagen. Neue Funde könnten alle diese Wertungen jederzeit erheblich revidieren.

Vor nunmehr etwa 15 Jahren wurde eine Theorie aufgestellt, mit Hilfe derer versucht wurde, die ältesten Kulturen des Iran nach den keramischen Besonderheiten in zwei große Gruppen zu scheiden, in die Gruppe der roten Tonwaren (*Red-ware*-Kulturen) und diejenige der lederfarbenen (*Buff-ware*-Kulturen). *Donald E. McCown* hat in seiner Stratigraphie des Iran die Gruppe der roten Gefäße im Norden nachweisen wollen, in Tepe Hissar (Damghan), Chasme Ali, im turkestanischen Anau I und in Tepe Sialk (Schichten 1–früh III). Die *Buff wares* hingegen sollten für den Süden charakteristisch sein, für Tepe Giyan I, Susa A (früher Susa I) und Tall i Bakun bei Persepolis. *McCown* und andere haben später diese Unterscheidung auch auf Ostiran und das Indusgebiet auszudehnen versucht.

Heute mehren sich bereits die Stimmen, die sich gegen eine solche doch recht oberflächliche Gruppierung erheben, zumal schon im westiranischen Ausgangsgebiet die Fundlage keineswegs immer eindeutig für die geographische Trennung spricht. So folgen in Tepe Sialk lederfarbene Gefäße unmittelbar auf eine ältere rote Ware, und eine Mischung beider Gattungen findet sich auch in Anau, Susa und Bakun. In Baludschistan finden wir die rote Ware keineswegs nur im Norden, so z. B. in der Togau/Niain-Kultur, und umgekehrt lederfarbene Tonware in Quetta und im Zhobtal (Rana Ghundai II). Hinzu kommen noch Bedenken anderer Art. Die Farbe des Tonscherben ist im wesentlichen auf die Technik des Brennens zurückzuführen, und es ist daher schwer zu beurteilen, inwieweit eine rote oder lederfarbene Ware absichtlich geschaffen oder nicht vielmehr das zufällige Resultat einer Brenntechnik ist, der die ganze Farbenskala zwischen den erwähnten Tönungen und sogar noch darüber hinaus erreichbar war. Es ist durchaus richtig bemerkt worden, daß die Theorie der Zweifarben-Scheidung zwar den Vorzug der Einfachheit habe, daß dies jedoch auch ihr einziger Vorzug sei.

Bei derartigen Unterscheidungsversuchen hat man vergessen, wie primitiv und lückenhaft auch heute noch der Stand unseres Wissens ist und daß wir den sicheren Weg beschreiten, wenn wir uns zunächst die große Erkenntnis zu eigen machen, daß für alle jene genannten Kulturen mit einer bemalten Keramik, deren Geräte und sonstiger erkennbarer Kulturbesitz kaum voneinander abweichen, die größere Einheit gegenüber älteren und jüngeren Entwicklungen in einem großen, aber zusammenhängenden Territorium bereits als ein wichtiges Ergebnis archäologischer Forschung anzusehen ist. Unter dem Begriff der Buntkeramik hat man sie schon seit längerer Zeit zusammenzufassen gesucht, indem man technische Varianten der Tonfarbe, Einzelheiten in der Tier- und Pflanzenmotivgebung zunächst nur als sekundäre Merkmale zurückstellte, die nur mit größter Vorsicht auf ihre prinzipielle Bedeutung hin zu untersuchen wären. In dieser vorstaatlichen Epoche haben wir mit Stammes- und Lokaleigenheiten zu rechnen oder gar Stammesgruppen zu unterscheiden, was sowohl abweichende Varianten als auch Gemeinsamkeiten über weite Entfernungen hin erklären würde. Ohne daß derartige Deutungsversuche heute schon verbindlich wären, muß doch andererseits betont werden, daß schwerlich in den vorhandenen Kulturunterschieden Beweise für das Nebeneinander sich gegenüberstehender Kulturen zu erkennen seien. Dazu sind die Kulturmerkmale noch viel zuwenig ausgeprägt, um überhaupt einen Gegensatz zu beweisen. Bestenfalls lassen sich die in dieser Epoche nachweisbaren Unterschiede als Ausgangspunkt für die weitere Entwicklung zur Staatlichkeit und zur Differenzierung der mit dieser einsetzenden Hochkulturen auswerten.

Indem wir alle die genannten Gruppen, Zhob und Quetta, Nal/Nundara, Kulli/Mehi, Togau/Niain, Amri und Kot Diji, als dem großen Komplex der Buntkeramik zugehörig betrachten, verbinden wir diese ostiranischen und indischen Gruppen zugleich mit dem Westen Irans, mit Mesopotamien und Syrien. Auch die frühen mesopotamischen und syrischen Kulturen, die wir in chronologischer Folge gewohnt sind, als Hassuna-, Samarra-, Halaf- und Ubaid-Gruppen zu unterscheiden, sind nur ein Teil der buntkeramischen Kultureinheit, die sich nach Norden und Osten noch erheblich weiter erstreckt, über Turkestan hinaus das Gebiet Nordchinas erreicht, in dem zahlreiche Fundorte mit reichbemalten Tonwaren das Vorhandensein früher, vorstaatlicher, bäuerlicher Kulturen erweisen. Daß es sich dabei um keine ethnische Einheit gehandelt haben kann, um ein Volkstum im Sinne späterer Geschichtsperioden, ist wohl selbstverständlich. Aber es ist doch ein unübersehbares historisches Faktum, daß vom östlichen Mittelmeer, unter vorübergehender Einbeziehung Ägyptens und andauernder Erfassung Zyperns und Kretas, bis fast zur Küste des Pazifischen Ozeans hin in jener Zeit, als aus den Jägern und Sammlern seßhafte Bauern und Viehzüchter wurden, ein im ganzen einheitliches Kulturgut zu finden, innerhalb dessen die bemalte Tonware als das Leitmotiv anzusehen ist. Erst wenn wir diesen gewaltigen Rahmen erkannt und entwicklungsgeschichtlich richtig gewertet haben, ist das Bemühen um feinere Differenzierung und speziellere Zusammenhänge statthaft, wobei wir immer bedenken müssen, daß die Resultate nur Möglichkeiten innerhalb einer gesicherten Kultureinheit sind. Für eine solche Differenzierung erscheinen die Tonfigürchen von Frauen und Tieren sowie die Stempelsiegel besonders geeignet, da sie nicht überall im gesamten Bereich der Buntkeramik gleichmäßig auftreten. Aber im Gegensatz zu der noch recht primitiven und meist von den lokalen technischen Voraussetzungen abhängenden Architektur sowie den verwirrend vielfältigen Bestattungsbräuchen, Leichenverbrennungen und Totenkulten, die archäologisch nur fragmentarisch zu erfassen sind, müssen sie als relativ charakteristisch gelten und sind enger zu umschreiben. Im Osten sind wir den Frauenfigürchen in Zhob und Quetta und in Kulli/Mehi begegnet, also relativ selten und in den späteren Phasen der lokalen Entwicklung in zunehmendem Maße. Ungekehrt finden sich im Westen derartige Frauenfiguren bereits in den ältesten bäuerlichen Kulturen, so in Hassuna und Jarmo, während in einigen späteren Phasen im westlichen Iran, allerdings auch in Samarra, ihre Abwesenheit als charakteristisch zu gelten hat. Im ganzen betrachtet, überwiegen im Westen die Kulturgruppen, für die Frauenfigürchen charakteristisch sind, so in Tell Halaf und Ubaid, in den Frühkulturen Ägyptens, Zyperns und Kretas.

Bei der Deutung solcher Feststellungen mag man sich der bereits wiederholt genannten West-Ost-Bewegung erinnern, die vermutlich zunächst Einflüsse der historisch jüngeren westiranischen Gruppen im indischen Grenzgebiet zutage treten ließen, während die historisch älteren, aber weiter westlichen nordmesopotamischen Kulturen von Hassuna und Tell Halaf sich im

Osten erst später geltend machten. So finden wir dann im Osten eine historische Abfolge, die nicht mehr der ursprünglichen entspricht, vielmehr als Sekundärerscheinung anzusehen ist. Es wäre interessant zu untersuchen, würde uns hier jedoch zu weit ab vom eigentlichen Thema führen, inwieweit auch Einzelheiten bei den Verzierungsformen der Gefäße mit einer solchen Deutung in Übereinstimmung zu bringen sind, wobei ganz generell bereits hier gesagt werden kann, daß in den älteren ostiranischen Epochen die Beziehungen nach Westiran, in den späteren dagegen die Verbindungen nach Nord-Mesopotamien und Syrien auch in der Gefäßbemalung zu beobachten sind.

Anders verhält es sich mit den Stempelsiegeln. Hier scheint ursprünglich das ganze buntkeramische Kulturgebiet eine Provinz des Stempelsiegels gewesen zu sein, bis zu dem Zeitpunkt, da die staatliche Entwicklung in Mesopotamien dem Rollsiegel oder Siegelzylinder im Westen zur alleinigen Herrschaft verhilft. Dabei wird das Stempelsiegel in die ägäischen und kleinasiatischen Randgebiete abgedrängt. Anders ist es in den östlichen Gebieten. Hier sind die Stempelsiegel – vermutlich auf Grund der relativen Rückständigkeit dieser Gebiete – anfangs nur spärlich anzutreffen und erleben ihre Blütezeit erst mit der staatlichen Entwicklung im nordwestlichen Indien. So zeigt gerade die vergleichende Analyse des Vorkommens der Frauenfigürchen und Stempelsiegel, daß bestimmte Merkmale der Rückständigkeit oder Stagnation sich bis in die ältesten Staatswesen auf indischem Boden hinein verfolgen lassen, wo sie, historisch bereits überlebt, neben der rasch fortschreitenden Technik auf anderen Gebieten, etwa in der Architektur, als Relikte der Urgemeinschaft stehen bleiben, ganz ähnlich wie in anderen Bereichen einer sekundären Staatsentwicklung, etwa in Zypern und Kreta. Wenn die Deutung dieser Differenzierungstendenzen und historischen Wechselbeziehungen richtig ist, hilft sie uns die Besonderheiten der frühindischen Entwicklung besser zu verstehen, insbesondere aber jene wichtigste Phase altindischer Kultur, der wir uns im folgenden Abschnitt ausführlicher zuwenden wollen.

II

Städte und Staaten Indiens im dritten und zweiten Jahrtausend

Jeder, der die Geschichte Indiens nach den literarischen Quellen studiert und kennengelernt hat, müßte schon beim Lesen der Kapitelüberschrift stutzen. Besitzen wir doch gar kein Quellenmaterial, das in seiner geschichtlichen Aussage über das 7./6. Jahrhundert v. u. Zt. hinausgeht. Tatsächlich sind wir auch für dieses Kapitel allein auf die archäologischen Materialien angewiesen. Spuren der Erinnerung an die eigene Frühzeit in späteren indischen Texten sind kaum zu finden. Wir besitzen keinerlei Aussagen über die Anfänge des indischen Staatswesens, keine Hinweise auf die an seiner Schaffung beteiligten Stämme und Völkerschaften. Allerdings bilden die Lieder des Rig Veda, wenn auch erst verhältnismäßig spät aufgezeichnet, ein altes und traditionenreiches Kulturgut, aber von einem Staat und Städten läßt sich darin nichts erkennen, und eine Vorstufe geschichtlichen Werdens läßt sich in ihnen allenfalls für die kulturelle und politische Entwicklung im 1. Jahrtausend v. u. Zt. erkennen. Zeitgenössische Quellen für das 3. und 2. Jahrtausend könnten wir höchstens aus den Staaten im fernen Westen erwarten, aus Sumer und Akkad, Elam, den Reichen der Pharaonen. Es gibt dort tatsächlich einige merkwürdige Texte, die von Reichen im fernen Osten sprechen. Aber die Angaben sind zu ungenau, und ein Land „hinter den sieben Bergen" erinnert uns eher an Märchenvorstellungen, als daß es heute schon als echte geschichtliche Aussage gelten könnte. Die Entfernungen waren viel zu groß. Auch beschäftigte man sich in jener Zeit mit seinen Nachbarn eigentlich nur dann, wenn man Krieg gegen sie führte. So besitzen wir an schriftlichen Aussagen nichts, werden auch wohl kaum solche noch erwarten dürfen.

Aber die archäologischen Funde sprechen eine Sprache für sich. Ausgrabungen großer Städte im Indusgebiet und im Pandschab, die einen unverkennbaren Zusammenhang mit den Städten und Staaten im Vorderen Orient des dritten und frühen zweiten Jahrtausends bezeugen, lassen sich nicht einfach ignorieren, „weil nicht sein kann, was nicht sein darf". Ja, diese Ausgrabungen ließen zunächst sogar die Hoffnung entstehen, daß gar bald alle Fragen über den ältesten indischen Staat gelöst sein würden. Fand man doch bei den Ausgrabungen auf Siegeln und auf Bronzeplättchen zahlreiche Schriftzeichen, deren Lesung, so hoffte man, wie in Ägypten und Mesopotamien zu einem besseren Verständnis der alten Kultur, sogar zu genaueren geschichtlichen Kenntnissen führen mußte. Leider hat sich die Indusschrift, ungeachtet der zahlreichen Entzifferungsversuche, bis zum heutigen Tag als unlesbar erwiesen.

Die erste, sehr naheliegende Vermutung war, die frühen Schriftzeichen mit den späteren indischen Schriftsystemen in Verbindung zu bringen. Von *Cunninghams* Versuch, einzelne bereits im 19. Jahrhundert gefundene Harappasiegel als Brahmi-Inschriften zu lesen, war bereits die Rede. Tatsächlich sind einige Zeichen der Mohendscho-Daro- und Harappa-Funde den Brahmizeichen, die ihrerseits Grundlage des klassischen Devanagari-Alphabetes und anderer indischer Schriftsysteme waren, sehr ähnlich. Aber zu einer eigentlichen Lesung reichte es nicht, da ja auch die Sprache der frühindischen Funde unbekannt war. Sollte man diese vielleicht mit der altsumerischen Sprache gleichsetzen? Versuche dieser Art wurden unternommen, z. B. von *Wadell*, aber von den meisten Wissenschaftlern als phantastisch zurückgewiesen. Es folgte die Gleichsetzung mit den protoelamischen Schriftzeichen des westlichen Iran, die jedoch ebenfalls bei einigen äußerlichen Übereinstimmungen stehenblieb. Ernsthafter müssen die Bemühungen des tschechischen Gelehrten *B. Hrozny* gewertet werden, die Verwandtschaft der indischen

Schriftzeichen mit den hethitisch-hieroglyphischen und kretischen Schriftzeichen zu erweisen und die drei Sprachen auf die indo-europäische Grundsprache zurückzuführen. Allgemeine Anerkennung haben jedoch auch diese Versuche nicht gefunden. Es gibt eigentlich kaum ein Schriftsystem der alten Welt, das nicht zum Vergleich herangezogen worden wäre: die ägyptischen Hieroglyphen, die altchinesische Schrift der Shangzeit, ja sogar die merkwürdigen Bildzeichen der Osterinsel. Ein indischer Gelehrter, *H. Heras*, legte Übersetzungen der frühen Inschriften vor, die er mit Hilfe der drawidischen Sprache, der heute in Südindien gesprochenen Sprache, anfertigte. Neuerdings scheinen wieder die Bemühungen im Vordergrund zu stehen, den proto-indoeuropäischen Charakter, genauer eine Art Proto-Sanskrit, für das frühe Indien nachzuweisen, analog den gelungenen Versuchen *M. Ventris'* für die spätminoische Schrift, die er bekanntlich vor noch nicht langer Zeit als protogriechisch interpretierte. Eine Gewißheit ist jedoch bis heute noch nicht erreicht. Leider ist sogar zu befürchten, daß die Lesung der Schrift nur wenig neue Ergebnisse, jedenfalls für die uns interessierenden Fragen des altindischen Staates und seiner Beschaffenheit, ergeben würde. Haben sich doch nur ganz kurze, meist einzeilige Inschriften auf den Siegeln erhalten, während die zweifellos ursprünglich existierenden längeren Texte auf vergängliches Material geschrieben und wohl endgültig verlorengegangen sind.

Der Historiker befindet sich also in bezug auf die älteste Geschichte Indiens in einer merkwürdigen Situation. Er besitzt das Quellenmaterial einer durchaus geschichtlichen Hochkultur, wie der ägyptischen oder altsumerischen, aber die Schriftfunde verschließen sich seiner Erkenntnis, sind zum größten Teil gar nicht mehr vorhanden. So muß er sich einstweilen damit abfinden, allein auf Grund der archäologischen Kriterien zu interpretieren, andererseits immer der Tatsache eingedenk zu bleiben, daß er es mit einer voll entwickelten „geschichtlichen" Kultur zu tun hat, die er nicht mit einem Achselzucken als „prähistorisch" abtun kann. Während man in Sumer und Ägypten auf Dynastienlisten, Herrscherinschriften, Städtenamen und die Namen der Götter ganz konkret hinweisen kann, muß man sich in Indien mit der Beschreibung ausschließlich namenloser Denkmäler begnügen. All dies kann nicht oft genug wiederholt werden. Resultiert doch aus dieser unterschiedlichen Quellenlage die Notwendigkeit einer völlig verschiedenen Art der historischen Darstellung. Will man nicht bei einer reinen Beschreibung der aufgefundenen Denkmäler stehenbleiben, d. h. aber den Ausgrabungsbericht wiederholen, so erweist sich die Interpretation dieser Denkmäler als die wesentliche Methode der Darstellung. Solche Interpretationen sind aber immer unsicher und machen auch die Auseinandersetzung mit früheren als irrtümlich erkannten Interpretationen notwendig.

Mitten hinein in diese Problematik werden wir geführt durch einige Thesen, die die bisherigen Interpreten der indischen Frühkultur aufgestellt haben. So wurde ursprünglich von einem engeren Zusammenhang der indischen mit der sumerischen Kultur gesprochen und dabei sogar der Ausdruck indo-sumerisch geprägt. Es wurde ferner eine These aufgestellt, die etwa besagt, daß die indische Frühkultur in Wirklichkeit eine nichtindische Kultur auf indischem Boden gewesen sei. Endlich vertritt *Wheeler* in seinen Schriften über die Induskultur die Auffassung, daß die Induskultur von außen her nach Indien importiert worden sei, wobei er allerdings nur von einem Import der „civic idea", der Staatsidee, oder besser der Idee, einen Staat zu schaffen, spricht. Könnte man solch einer ideellen Anregung noch einigermaßen zustimmen, so lassen doch die weiteren Ausführungen *Wheelers* erkennen, daß der indischen Kultur als Ganzem kein Anfang auf indischem Boden zubilligt und selbst ihre einzigartigsten Züge und Sonderheiten als von außen importiert bezeichnet werden. Allerdings lehnt *Wheeler* dabei energisch den genetischen Zusammenhang mit der sumerischen Kultur ab, so daß seine These sich nicht mit der erstgenannten deckt, vielmehr sie widerlegt. Dennoch müssen wir sämtliche dieser Ansichten auf ihren gemeinsamen Gehalt hin prüfen, um sogleich zu erkennen, daß sie keineswegs so neuartig sind, wie es scheinen mag, vielmehr nur eine Anpassung längst herrschender Auffassungen an die neuen Gegebenheiten der archäologischen Entdeckungen im Industal und im Pandschab darstellen.

Letzten Endes handelt es sich bei derartigen Theorien um den Versuch, Indien in ein Schema hineinzuzwängen, das schon lange vor der Entdeckung der Induskultur weitgehende Anerkennung gefunden hatte und das etwa so viel besagte, als daß man Indien nur die Tätigkeit der Anpassung zubilligen dürfe. Indien sei im Laufe seiner Geschichte immer wieder von fremden Kulturen durchdrungen und gewandelt worden: der arisch-vedischen, der persisch-achämenidischen, der griechisch-römischen, der islamischen (arabisch-persisch-türkischen) Kultur. Dabei hätte Indien es eigentlich nur verstanden, diese Kulturen aufzusaugen, sie sich anzupassen und in einem lokalen, indischen Geist umzugestalten. Geht ein solches Schema auch scheinbar von historischen Gegebenheiten aus, so muß man zunächst feststellen, daß sich keine Kultur, kein Land in völliger Isolierung entwickelt hat und daß der kulturelle Fortschritt gerade auf dem Kontakt mit der Umwelt beruht. Die vermeintliche Besonderheit der indischen Geschichte erweist sich damit als eine Besonderheit der Geschichtsschreibung über Indien, die, im wesentlichen von Nichtindern bestimmt, Indien als geschichtliches Objekt und nicht als geschichtliches Subjekt zu sehen gewohnt ist. Von der Geschichtsschreibung her gesehen, war Indien sogar schon Kolonialland, bevor die ersten Europäer seinen Boden betraten, nämlich bereits in den Darstellungen der griechichen und römischen Historiker, deren Ansichten dann von der neueren außerindischen Forschung allzu willig beibehalten wurden. Die Aufgabenstellung der Antike, Indien zu erobern, deren großartigsten Lösungsversuch bekanntlich Alexander unternahm, ist oft genug später wiederholt worden, bis zu den neueren Versuchen Napoleons und Hitlers hin.

Die eigentliche Schwäche jener Theorie besteht jedoch darin, daß sie vom Anfang indischer Kultur nicht viel wissen will, dagegen den Akzent auf die neuere Zeit legt, wenn wir von der Eigenstaatlichkeit des heutigen Indien dabei absehen. Die neuere Zeit aber betrifft die europäisch-englische Phase indischer Kultur, und ihre Betonung, ebenso wie die Betonung des Kultureinflusses von außen, besagt doch wohl nichts anderes, als daß Indien noch in der Barbarei verharren würde, wenn nicht die Engländer diesem Land Kultur gebracht und durch ihre politische Herrschaft diese Kultur auch erhalten hätten. Was jedoch den Anfang betrifft, also diejenige Epoche, die vor dem Eindringen arisch-vedischer Kultur liegt, so hätte man sich auch vor dem Bekanntwerden der neuen archäologischen Entdeckungen die Frage stellen müssen, wie es überhaupt möglich war, daß Indien die Kraft aufbrachte, alle aufgezählten Kultureinflüsse zu absorbieren, ohne seine Eigenart zu verlieren. Es muß daher etwas am Anfang gestanden haben, was für die Weiterentwicklung von entscheidender Bedeutung war, was ein eigenes indisches Reservoir an kultureller Potenz überhaupt erst erzeugte. Mit diesem Anfang muß man sich daher besonders gründlich beschäftigen. So werden wir auch von dieser Überlegung her an die Notwendigkeit herangeführt, die älteste Kultur auf indischem Boden als die grundlegende Kultur Indiens anzusehen und mit größter Aufmerksamkeit zu erforschen. Hier liegt bereits der Wendepunkt zwischen einer kolonialen und einer nationalen Geschichtsbetrachtung, die Schlüsselstellung, von der aus der Ablauf aller späteren indischen Geschichts- und Kulturentwicklung anzusehen ist.

Im Gegensatz zu den bäuerlichen Kulturen ist die städtische Kultur des nordwestlichen Indien zum weitaus größten Teil aus geregelten Ausgrabungen bekannt. Die langjährigen Grabungen in Mohendscho Daro am Indus, Harappa am Ravi, in Chanhu Daro, Rupar und neuerdings in Lothal wurden bereits erwähnt. Leider war es in dem wichtigsten Fundort, in Mohendscho Daro, nicht möglich, durch alle Fundschichten bis zum natürlich gewachsenen Boden hindurchzustoßen, da das Grundwasser sich als nicht zu beseitigendes Hindernis erwies. Auch aus Harappa besitzen wir über die ältesten Schichten keine sichere Aussage. Es sind diese unglücklichen Ausgrabungsbedingungen und vielleicht einige Versäumnisse, die uns die Induskultur anfanglos erscheinen lassen und die zu einigen der obengenannten Theorien den Anstoß gegeben haben. Die Ausgrabungen in Kot Diji lassen zum ersten Male im eigentlichen Sinn eine schichtenmäßige Entwicklung erkennen, sind jedoch leider noch zu ungenügend publiziert, um hier ausführlich herangezogen zu werden.

Es gibt jedoch neben den Schichtenbeobachtungen noch eine andere Methode, um etwas über die Anfänge der städtischen Kultur zu erfahren. Dies ist die Gegenüberstellung des Neuen und des bereits Vorhandenen. So müssen wir uns etwa die Frage stellen, ob die neue Kultur aus der vorangehenden Buntkeramik heraus erklärbar ist, was sie übernommen hat, was sich an neuen eigenen Zügen zeigt. Man wird hier sogleich zu der Vorsicht mahnen müssen, nicht alles, was in älteren Perioden unbelegbar war, als Import anzusehen. Wohl läßt sich, wie *Wheeler* meint, die „civic idea" von außerhalb übernehmen, aber irgendwo muß sie auch einmal geschaffen worden sein. Man tut gut daran, sich zu erinnern, daß es in der Geschichte auch schöpferische Prozesse gegeben hat, und es ist nicht ratsam, solche auf die Völker mit einer „creative imagination" zu beschränken, wie wiederum *Wheeler* dies will. Wer sagt uns denn, welches die Völker sind, die eine solche schöpferische Phantasie besitzen? Wie dem auch sei, den Indern müssen wir diese Phantasie jedenfalls zubilligen, das zeigt sich auf vielen Gebieten und in allen Epochen. Ihnen diese für die Frühzeit abzusprechen, heißt voraussetzen, was erst bewiesen werden müßte.

Wählen wir für das zuletzt Gesagte ein Beispiel. Die beiden großen Städte des nordwestlichen Indien zeigten bei den Ausgrabungen eine überraschende, bis dahin noch nirgendwo im frühen Städtebau beobachtete Tatsache. Die Städte waren, wie wir sagen würden, *planmäßig* angelegt. Parallel zueinander angelegte Hauptstraßen in ungefähr gleichmäßigen Abständen schneiden sich rechtwinklig mit ebensolchen parallel laufenden Querstraßen, so daß ein richtiges Netz entsteht. Die Züge der Hauptstraßen und auch der entsprechend angeordneten kleineren Straßen und Gassen haben sich durch die Jahrhunderte gleich erhalten, so daß angenommen werden muß, daß eine rigorose Kontrolle die Anlage der Stadt und auch alle weiteren Bauvorhaben regelte. *(T. 9)* Dies können wir besonders gut in Mohendscho Daro beobachten, wo ein verhältnismäßig großer Teil der Wohnbezirke ausgegraben wurde.

Wheeler schließt aus diesen Tatsachen mit Recht auf eine planende, wachende Organisation, eine Regierung, da eine solche Stadtanlage und ihre Beibehaltung schwerlich das Resultat einer primitiven bäuerlichen Gemeinschaftsorganisation sein konnte. Da nun, so argumentiert er weiter, in der städtischen Entwicklung Mesopotamiens, wo immer Stadtanlagen archäologisch faßbar wurden, ganz andere Typen zu finden sind, nämlich wandernde, organisch wachsende Hauptstraßen, die sich durch die Landschaft winden und an die andere, ebenso verickelte Straßenzüge angeschlossen sind, müßte man das besser organisierte System der Stadtanlage in Indien als das spätere ansehen. Mohendscho Daro wäre demnach zu einer Zeit angelegt worden, in der die Stadtplanung ihr experimentelles Stadium überschritten hatte. Ist das wirklich stichhaltig? Wie wir gesehen haben, waren den indischen Städten bäuerliche Siedlungen vorangegangen, im Indusgebiet sowohl als auch in Ostiran, bäuerliche Siedlungen, aus denen sich sehr wohl solche Städte hätten entwickeln können, wie wir sie später in Mesopotamien, etwa in Ur oder Kisch, finden. Wenn andererseits in Indien diese geplanten Städte von irgendwoher außerhalb Indiens stammen sollen, dann könnten wir hierfür gerade Mesopotamien auf keinen Fall heranziehen. Man kann doch den Erbauern von Mohendscho Daro nicht heutige Gepflogenheiten zuschreiben, etwa, daß sie zuvor Städte in Mesopotamien betrachtet hätten und sich dann sagten: So geht das nicht, wir müssen unsere Städte besser planen. In jener Zeit war der Städtebau noch eine absolute Neuheit. Es handelt sich vielmehr um ein gesellschaftliches Phänomen, eine Veränderung der wirtschaftlichen und gesellschaftlichen Gegebenheiten, die nur als Entwicklung anzusprechen und zu erklären ist. Neue Gegebenheiten erforderten eben neue Lösungen.

Wir müssen uns vorstellen, daß die Wirtschaft der bäuerlichen Siedlungen im nordwestlichen Indien einen Umfang erreicht hatte, der es ermöglichte, den ununterbrochenen Zustrom an Menschen aus den westlich angrenzenden Hochländern aufzunehmen. Die Erzeugung landwirtschaftlicher Produkte, Weizen und Gerste, vielleicht auch Reis, Datteln, Erbsen, Sesam, Baumwolle u. a., ebenso wie die Tierhaltung, von den Nutztieren seien nur Rinder, Schafe und Ziegen genannt, ermöglichten mit zunehmender Verbesserung der Bewässerung des Landes einen Überschuß, d. h., es wurde mehr produziert, als die Menschen verzehren und verarbeiten konnten. Dieser Zustand ist es, der einen Sprung in der Entwicklung erforderlich machte. Was sich zuvor aus relativer Armut, aus primitiver Selbstgenügsamkeit, ohne Eingriff von außen regelte, die Arbeit und das Leben des einzelnen, das bedurfte nunmehr der Regelung von außen, der Lenkung. Das, was wir als Regierung bezeichnen, setzt jetzt ein. Der Staat entsteht als das Instrument einiger weniger, die ursprünglich innerhalb der Gemeinschaft allen anderen gleichberechtigt und gleichgeartet lebten, entsteht gleichsam in der Art einer Explosion. Aus der Einheit ist plötzlich eine Zweiheit geworden, aus der selbstgenügsamen bäuerlichen Gemeinschaft ein Gegenüber von wenigen Lenkern und zahlreichen Gelenkten. Zu einem solchen Sprung in der Geschichte sind natürlich die Voraussetzungen schon längst vorhanden. So besaßen diejenigen, die jetzt die Führung übernehmen, schon zuvor, etwa als Dorfälteste oder religiöse Führer, bescheidene Vorrechte gegenüber der Allgemeinheit, etwa die Freistellung von der gemeinsamen Arbeit, verbunden mit dem Recht, dennoch ihren Anteil aus dem gemeinsamen Arbeitsprodukt zu entziehen und größeren eigenen Besitz anzusammeln.

Wenn man derartige Vorgänge, die sich im archäologischen Material nur indirekt abzeichnen können, deshalb als nichtexistent ansieht, dann ist es natürlich auch unmöglich, sich die plötzlich auftretende neue Situation, die sich direkt als Gesamterscheinung im archäologischen Fundbild zeigt, anders als durch ein Wunder oder durch eine Zuwanderung von irgendwoher zu erklären. Setzt man jedoch diese gesellschaftliche Entwicklung voraus, dann erscheinen die neuen Errungenschaften keineswegs mehr als merkwürdig und unerklärlich.

Die sorgfältige Planung der großen Städte am Indus und im Pandschab, wie sie uns die Ausgrabungen erkennen lassen, zeigt diesen neuen Zustand, beweist, daß die neue kleine Schicht der Regierenden es verstanden hat, die Masse der übrigen zu lenken. Es versteht sich wohl von selbst, daß dieser Wechsel sich nicht ohne Gewaltanwendung vollzogen haben kann. Allerdings gibt es viele Formen der Gewaltanwendung, von blutiger, bewaffneter Unterdrückung bis zu einer kaum als solche erkennbaren, religiös begründeten Gesetzlichkeit. Die archäologischen Gegegebenheiten im nordwestlichen Indien weisen uns merkwürdigerweise eher auf den letztgenannten Weg. Fast sieht es so aus, als ob eine religiöse Untergliederung, eine Aufteilung der Masse der Gelenkten in kleinere Gemeinschaften, die Lenkung und Beherrschung wesentlich erleichtert hätte, als ob das später für Indien so charakteristische Kastensystem hier bereits einen Vorläufer gehabt hätte, dem von Anfang an die Aufgabe zufiel, die neuen gesellschaftlichen Gegensätze abzuschwächen. Die Stadtplanung in ihrer soeben erörterten Sonderart entspräche dann der Unterteilung der Bevölkerung. Es ist doch auffällig genug, daß die architektonischen Zeugen der herrschenden Schicht, die in Mesopotamien und Ägypten so deutlich hervortreten, die Tempel und Paläste, in Indien, falls es sie überhaupt gab, sich so wenig aus der Masse der Bauten hervorheben, daß man sich noch immer über ihre Identifizierung streiten muß. Ohne daß hier von vornherein geleugnet werden soll, daß es auch in Indien derartige äußere Zeichen der Macht der herrschenden (und planenden) Schichten gegeben habe, blieben sie doch wohl verborgen, versteckte sich die dominierende vertikale Position dieser Schicht innerhalb einer horizontalen Unterteilung. Als solche müssen wir die Kasteneinteilung ansehen, die an die überlieferte Gleichberechtigung der alten bäuerlichen Gemeinschaften anknüpfte.

Während in den indischen Städten die Tempel und Palastbauten so stark zurücktreten, daß sie heute trotz umfangreichster Forschungen kaum mehr erkennbar sind, gilt das Umgekehrte von einer anderen Gruppe von Bauwerken, die wir heute als Gemeinschaftsbauten ansprechen würden. Es sind dies Getreidespeicher, öffentliche Arbeitsstätten, *(S. 120)* öffentliche Bäder und Komplexe von Wohnbauten, die man ihrer schablonenhaften Gleichförmigkeit und Ärmlichkeit wegen als Kuliquartiere, als Polizeikasernen(!) oder auch als Priesterbehausungen bezeichnet hat. *(T. 11 unten)* Diese typischen Bauten der frühindischen Städte finden nun ihrerseits kaum eine Entsprechung in den alten Städten Vorderasiens. Zwar gab es, wie die dortigen Urkunden lehren, auch in Sumer große Getreidespeicher, aber archäologisch sind sie uns bis heute nicht faßbar und treten daher vermutlich dort so wenig hervor wie die vermutbaren Paläste in Indien. Gemeinschaftliche Arbeitsstätten und öffentliche Bäder kennen wir aus dem Vorderen Orient ebenfalls nicht. Allenfalls ließen sich die ummauerten primitiven Wohnsiedlungen der indischen Städte mit den Behausungen der Grab- und Tempelarbeiter in Ägypten vergleichen. Doch liegen in diesem Falle die ägyptischen Vergleichsstufen zeitlich wesentlich später (im zweiten Jahrtausend), und man müßte daher eher diese auf indische Anregungen zurückführen als umgekehrt.

Halten wir als ein erstes Ergebnis fest, daß sich die Architektur der indischen Städte, sowohl in der Gesamtplanung als auch in den Einzelbauten, völlig unabhängig von den Städten Vorderasiens entwickelt hat und daß daher keine Notwendigkeit besteht, die Vorbilder im Vorderen Orient zu suchen. Andererseits aber ist es sehr auffallend, daß die soeben erörterten Tendenzen der altindischen Städtebauweise in vielen Zügen bereits als durchaus indisch anzusehen sind. Die sich in der Architektur widerspiegelnde horizontale Aufgliederung der Bevölkerung kann als Hinweis auf das später so charakteristische indische Kastenwesen gelten. Das wäre schon indisch genug und von allem Vorderasiatischen zu unterscheiden. Man hat das Kastensystem auf das Eindringen der Arier in Indien im zweiten Jahrtausend zurückgeführt, und tatsächlich haben es die Arier angewendet und auch in ihren Texten theoretisch-ideologisch abgeleitet. Aber das will noch nicht viel heißen. Arische Stämme sind auch in andere Länder des Orients eingedrungen, ohne daß sich dort ein Kastensystem wie in Indien entwickelt hätte. Es ist also durchaus möglich, sogar wahrscheinlich, daß die Arier in Indien auf etwas schon Vorhandenes zurückgegriffen haben, um ihre eigene Herrschaft und Einordnung zu gewährleisten.

Doch gibt es noch mehr typisch indische Züge in der altindischen Städteordnung. *(T. 10)* So ist namentlich das Badewesen in dem großen Bad von Mohendscho Daro ebenso wie in den zahlreichen Badeanlagen in den Häusern durchaus mit den späteren indischen Gepflogenheiten zu verbinden. Daß es sich später um das Baden in heiligen Flüssen gehandelt hat oder daß bei den Tempeln große Badeteiche errichtet wurden, sind Unterscheidungen sekundärer Art, die mit der religiösen Entwicklung leicht erklärt werden können. Auch das Zurücktreten der Herrscherbauten gegenüber Bauwerken der öffentlichen Nutzung ist noch lange in Indien zu beobachten. Erst mit der islamischen Infiltration ändert sich dies Verhältnis. Tempelbauten, die im Vorderen Orient seit den ältesten Epochen die Hauptrolle spielen, sind in Indien erst verhältnismäßig spät anzutreffen. Lediglich die Mauryazeit macht eine gewisse Ausnahme in dieser Entwicklung, auch im Hinblick auf hervorragende Palastbauten, aber in dieser Zeit sind die vorderasiatischen Einflüsse unverkennbar, hatten doch die Achämeniden in den nordwestlichen Gebieten Indiens selbst die Herrschaft ausgeübt. So weit die altindischen Texte Städte beschreiben, beweisen auch derartige Schilderungen, weit eher als die heute erkennbaren Stadtgrundrisse, in der Planmäßigkeit der Stadtanlage, den geregelten Wohnverhältnissen für die verschiedenen Schichten der Bevölkerung u. a., das Bild, das uns die archäologischen Funde aus dem nordwestlichen Indien vermitteln.

Es sei an dieser Stelle noch auf eine weitere Frage eingegangen, die mit dem indischen Städtebau zusammenhängt, die militärische Potenz des frühindischen Staates. Bis vor kurzem herrschte die allgemeine Ansicht vor, daß die Fundmaterialien des Indusgebietes und des Pandschab einen betont friedfertigen Charakter aufweisen. So fehlten, wenn man die Funde in den vorderasiatischen Staaten zum Vergleich heranzieht, die Wehr- und Verteidigungsanlagen fast völlig. Es fehlten, oder wurden nur in geringer Anzahl gefunden, Waffen, wie Schwerter, Dolche, Keulen, Pfeilspitzen, Schilde, Äxte und ähnliches. Und es fehlte endlich in der darstellenden Kunst des Indusgebietes die Wiedergabe von Kriegs- und Kampfbildern, aus denen irgendwie auf militärische Handlungen oder den kriegerischen Charakter der Bevölkerung geschlossen werden könnte.

Nun sind in den Jahren seit dem zweiten Weltkrieg einige Entdeckungen sowohl in Mohendscho Daro als auch in Harappa gemacht worden, die von dem Ausgräber *Wheeler* und anderen Autoren als Zeugnis für eine diametral entgegengesetzte Einstellung im altindischen Staat angesehen werden. Es handelt sich um Befestigungsanlagen von gewaltigem Ausmaß, die in Mohendscho Daro und Harappa erkannt wurden. Zunächst wurden Teile der Zitadelle von Harappa freigelegt, später dann auch im Bezirk des großen Bades auf dem Stupahügel von Mohendscho Daro die Zitadelle dieser Stadt erkannt. *(S. 119/120)* Gerade die Tatsache, daß nicht die Stadt, sondern die von ihr deutlich geschiedene Zitadelle befestigt war, scheint jedoch vielmehr auf die Notwendigkeit hinzuweisen, die staatliche Autorität gegenüber der eigenen Bevölkerung zu schützen, ist jedenfalls nicht kriegerisch-offensiv zu deuten. Ebenso sind Tonkugeln, die *Wheeler* in großer Zahl gefunden hat und die er als Schleudersteine anspricht, doch auch nur defensiv zu verstehen, wobei in jedem Falle berücksichtigt werden muß, daß die reichen Städte im Flußland häufig genug von Angreifern aus den Bergländern des Westens heimgesucht worden sein mochten. Schutz gegen solche Angriffe bezeugen auch ummauerte Siedlungen, die unmittelbar an den Baludschipässen gelegen sind. Es ändern diese Neuentdeckungen daher kaum etwas an dem Bilde, das man sich bisher von dem im ganzen friedfertigen Charakter der frühindischen Bevölkerung gemacht hat. Dies wird besonders deutlich, wenn man die archäologischen Materialien zu den Texten der frühen vedischen Zeit kontrastiert, aus denen ein ganz anderer kämpferischer Geist spricht. Wir werden noch davon zu sprechen haben, daß im Rigveda von Städten und Burgen die Rede ist, die die Arier, beziehungsweise ihr Kriegsgott Indra, zu stürmen und zu erobern hatten. Doch entdecken wir nirgends in den Fundschichten, auch in der späteren Zeit, die Folgen ernsthafter kriegerischer Auseinandersetzungen. Lediglich die Tatsache des Untergangs der frühindischen Zivilisation wurde, ohne daß dies in den Quellen eine

Stütze fände, auf eine militärische Niederlage hin gedeutet. Einer der Ausgräber, *Mackay*, weist ausdrücklich darauf hin, daß Beweise für das Ausbrennen von Häusern in Mohendscho Daro ausgesprochen selten sind und daß gelegentliche Feuersbrünste mit großer Geschicklichkeit gelöscht beziehungsweise durch Schutzmaßnahmen von vornherein verhindert wurden. *(T. 12)* Auch *Mackay* hält dies für einen Beweis, daß die Stadt nicht durch Eroberer vernichtet worden sein konnte (vgl. *Mackay, Mohenjo Daro, 1938, S. 162/63)*.

Auch diese Eigentümlichkeit der frühindischen Kultur darf als charakteristisch indisch bezeichnet werden. Natürlich hat es in Indien an tapferen Kriegern nicht gefehlt. Man darf sich bloß an die „homerischen" Streiter des Mahabharata erinnern, an die Maurya-Herrscher, die südindischen Cholas, die tapferen Rajputen und Mahratten, an die Teilnahme indischer Krieger an den Feldzügen der Achämeniden ebenso wie die Verwendung indischer Soldaten in den britischen Heeren. Es ist andererseits doch recht bemerkenswert, wie frühzeitig die Friedensidee in Indien überzeugte Anhänger gewinnt. Hierfür legen die Religionen des Buddhismus und Dschainismus ebenso Zeugnis ab wie die hinduistische Beschränkung des Kriegshandwerks auf eine Berufskaste. Auch die in der Geschichte verfolgbare Außenpolitik der indischen Reiche, etwa gegenüber den vorderasiatischen Militärstaaten, zeigt eine äußerste Zurückhaltung in bezug auf die Eroberung fremden Territoriums. Kaum besonderer Erwähnung bedarf der noch allen wohlbekannte indische Freiheitskampf gegen die englische Kolonialherrschaft, der von seinen einflußreichsten Führern mit den Mitteln der Gehorsamsverweigerung und der Nichtzusammenarbeit, nicht jedoch mit den Waffen ausgefochten wurde. Auch hier liegen Traditionen zugrunde, die nach allem, was wir heute wissen und erkennen können, bis in die Zeit des ältesten indischen Staates zurückreichen.

Wo lagen die Grenzen dieses ältesten indischen Staates? Kann man die Tatsache, daß mehrere Großstädte gefunden wurden, vielleicht auf die Existenz mehrerer paralleler Staatswesen beziehen? Diese beiden Fragestellungen hängen zusammen, beruht ihre Beantwortung doch auf der überraschend großen Geschlossenheit des archäologischen Fundmaterials, auf der Übereinstimmung der Funde in einem zusammenhängenden Gebiet. Nach den älteren Schätzungen von *Gordon Childe*, in die die neueren peripheren Fundorte noch nicht einbezogen sind, beträgt das Territorim am Indus und im Pandschab etwa zweimal die Größe des Alten Reichs von Ägypten und viermal diejenige des Staates von Sumer und Akkad. Von Mohendscho Daro bis Harappa beträgt die Entfernung etwa 650 km, und etwa die gleiche Entfernung besteht zwischen Mohendscho Daro und dem nordwestlich gelegenen Mundigak. Von Harappa bis zu dem heute bekannten östlichen Fundort bei Meerut dürfte die Distanz in Luftlinie noch einmal 500 km betragen. Nach dem Süden zu sind die Entfernungen noch größer. Von Mohendscho Daro bis Bhagatrav am Kim-Fluß sind es noch etwa 1000 ! Ein Dreieck zwischen Mundigak, Bhagatrav und Meerut hätte die Seitenlänge 1250, 1000, 1100 km! Das sind natürlich die extremen Größenordnungen, bei denen einmal zu berücksichtigen ist, daß weder das dazwischenliegende Territorium in vollem Umfang besiedelt noch auch in seinen peripheren Punkten als unbedingt gleichzeitig mit den zentraleren Zonen anzusehen sein wird.

Mohendscho Daro und Harappa, Sind und große Teile des Pandschab sind im heutigen Westpakistan gelegen. Nach der Teilung Indiens war es die Republik Indien, die auf dem ihr verbliebenen Gebiet nach den Spuren der frühindischen Kultur suchte. Die Fundorte in Kathiawar, insbesondere Rangpur, blieben zunächst umstritten. Nach einigen Interpreten, denen sich auch *Wheeler* anschloß, sollte Rangpur als später und nicht zur Harappa-Kultur zugehörig angesehen werden. Die Ausgrabungen in Lothal, die, seit Jahren begonnen, immer noch weitergehen und eine imposante Siedlung der frühindischen Kultur wiedererstehen ließen, haben alle Zweifel über die südliche Erstreckung der Harappa-Kultur beseitigt. Heute erstrecken sich die Forschungen bereits noch weiter nach dem Süden, nachdem es sich herausgestellt hat, daß besondere Küstenplätze in der Harappazeit als Siedlungsorte bevorzugt wurden. An den Mündungen der Flüsse nördlich Bombay sind diese Siedlungen z. T. wiedergefunden worden, so Lothal an der Sabarmatmündung, Mehgam am Narmada-Fluß und Bhagatrav an der Kimmündung. So ist heute auch der alte Ausdruck Indus-Kultur etwas irreführend, insofern die Funde im Süden weit über das Indusgebiet hinausgehen und auch die östlichen Fundorte bereits in das Ganges-Yamuna-Gebiet hineinreichen. Da man frühgeschichtliche Kulturen vielfach nach ihrem ersten und gelegentlich auch nach dem wichtigsten Fundort benennt, ist der Ausdruck Harappa-Kultur gebräuchlich. Beide Begriffe sind künstlich geschaffen und können leider keineswegs den uns vielleicht für immer verschlossenen alten Namen für die frühindische städtische Kultur ersetzen, wenngleich wir gezwungen sind, sie als Verständigungsmittel zu gebrauchen.

Das Gebiet der frühindischen städtischen Kultur umfaßt also, soweit dies bis heute bekannt ist, zwei Großstädte, Mohendscho Daro und Harappa, mehrere Kleinstädte, wie Chanhu Daro, Lothal, Rangpur, Rupar, Amri und eine stattliche Zahl von ländlichen Siedlungen, die sich gemäß einer 1953 erfolgten Zusammenstellung bei *Wheeler (The Indus Civilization, Cambridge History of India)* einschließlich der bereits genannten Städte auf 62 beläuft. Nach den Forschungen in Kathiawar und den Ergebnissen der letzten Majumdar-Expedition im Gebiet zwischen Indus und den Kirthar-Bergen hat sich diese Zahl ständig vergrößert und wächst auch von Jahr zu Jahr weiter an. Jedenfalls ist das Hundert schon weit überschritten. Es muß nunmehr die Frage erörtert werden, ob sich zwei Großstädte mit einer Bevölkerung, die nach Tausenden gezählt haben muß, mit der Idee eines einheitlichen Staatswesens verbinden lassen. In der späteren indischen Geschichte begegnen uns im Maurya-Reich die Provinzhauptstädte, die untereinander und mit der Hauptstadt Pataliputra konkurrierten. Das Kushana-Reich verfügte über zwei Hauptstädte, die nördliche bei Peschawar und die südliche in Mathura. Auch in der chinesischen Geschichte der Frühzeit stoßen wir wiederholt, z. B. bei den Shang-Yin und Chou, auf das Prinzip der doppelten Hauptstadt. Es wäre also durchaus auch für den altindischen Staat denkbar, daß er über eine nordöstliche (Harappa) und eine südwestliche Hauptstadt (Mohendscho Daro) verfügte. Für die Einheitlichkeit dieses Reiches spricht die Gleichheit der Funde bei der Tonware, der Bauweise, den Geräten aus Bronze, Ton und Stein, den Siegeln und Schmuckgegenständen, den Terrakottafiguren von Tieren und Menschen, der Kunst und der Religion, eine Übereinstimmung, die so lückenlos ist, daß sich vom Vergleich der Funde her weder territoriale Verschiedenheiten noch auch zeitliche Entwicklungen haben feststellen lassen. Diese Gleichförmigkeit der Kultur, die manchen Betrachter gegen die Induskultur eingenommen hat, läßt den Gedanken an ein Nebeneinander mehrerer Staatswesen kaum aufkommen, jedenfalls läßt er sich an Hand des archäologischen Materials nicht beweisen.

(T. 34) Wenn wir uns zunächst den Tonwaren zuwenden, so haben wir hier an erster Stelle eine völlig neue Gattung zu nennen, die unter den frühen Baludschistan- und Indusgefäßen keine Vorläufer besitzt. Es handelt sich um eine unbemalte graue Ware, die mit einem dunkelgrauen Überzug versehen ist, bzw. eine rosa Ware mit einem roten Überzug. *Gordon Childe* hat darauf aufmerksam gemacht, daß beide Tonwaren eng miteinander verwandt sind und die unterschiedliche Färbung auf die Brandstärke zurückzuführen ist *(Childe, Notes on Pottery, Ancient Egypt and the East, Pt. I/II, 1933)*. Zu den charakteristischen Formen gehören ein als Fruchtständer bezeichnetes hochfüßiges Gefäß, dessen Einzelformen verschieden sind. Von flachen

aufgesetzten Schalen wechselt das Oberteil bis zu schmalen tiefen Vasenformen, und ebenso variiert die Standfläche in ihrem Verhältnis zum oberen Rand des Gefäßes. Charakteristisch sind ferner große bauchige Urnen mit kurzem Hals. Häufig haben diese Gefäße überhaupt keine Standfläche, sondern sind unten spitz ausgezogen, so daß sie nur in der Erde oder in besonders angefertigten Topfringen aufrecht stehen können. Nur in der Größe verschieden, doch von gleicher Form sind auch die zahlreichen henkellosen Trinkgefäße, die fast immer zerbrochen aufgefunden wurden, so daß man annimmt, daß sie nach einmaliger Benutzung fortgeworfen wurden.

In ihrer schmucklosen, zweckentsprechenden Gestaltung gehören diese Tonwaren zu dem Bilde der neuen staatlichen Organisation, in der das lokale, stärker künstlerisch orientierte Handwerk der bäuerlichen Gemeinden einer Massenerzeugung weichen mußte. Es wäre allerdings falsch, diese Beobachtung nach modernen Analogien beurteilen zu wollen, denn es gibt neben den einfachen unverzierten Tonwaren noch zahlreiche Zeugnisse für eine bemalte Töpferei, die in ihrer Art eindrucksvoll und originell die künstlerische Potenz der frühindischen Bevölkerung deutlich erkennen läßt. Die Bemalung ist bei der großen Mehrzahl dieser Gefäße schwarz auf den roten Überzug aufgetragen, doch gibt es auch Beispiele für eine echte Polychromie. Die Formen der bemalten Ware wiederholen diejenigen der unbemalten Gefäße, so daß hier nicht etwa auf verschiedenartige kulturelle Traditionen oder gar auf unterschiedliche Bevölkerungsteile zu schließen ist.

Gegenüber den bemalten Gefäßen der ostiranischen und älteren Indus-Gattungen unterscheidet sich der Malstil der Harappazeit sowohl in der Auswahl als auch in der Anordnung der Motive. *(T. 29)* Besonders auffallend ist die Vorliebe für sogenannte Rapportmuster, ineinandergreifende und sich in ununterbrochener Folge wiederholende Flächenmotive, unter denen besonders die sich überschneidenden Kreise als das beliebteste Motiv der Harappa-Kultur bezeichnet werden können. *(T. 31, 33)* Wir finden es in breiten, den größten Teil des Gefäßes bedeckenden Zonen, andererseits aber auch in kleinen Ausschnitten, wobei die einzelnen Kreiselemente durch Binnenfüllung zu blütenähnlichen Gebilden umgeformt werden können. Derartige Motive können kaum eigens für die Oberflächenverzierung von Gefäßen erfunden worden sein, da sie dort naturgemäß nicht stilgerecht, sondern infolge der Wölbung stets mit leichter Verzerrung auftreten müssen. Man wird also das ursprüngliche allseitig sich erstreckende Rapportmotiv als für die Wandverzierung geschaffen und erst später auf Gefäße übertragen ansehen müssen.

Das Rapportmotiv der sich überschneidenden Kreise ist auffallend und kennzeichnend genug, daß man seine Verbreitung in den Kulturbereichen der Buntkeramik gleich an dieser Stelle erwähnen muß. Neuerdings hat es sich in den der Indus-Ware vorangehenden Schichten von Kot Diji nachweisen lassen. *(T. 30)* Im ostiranischen Gebiet findet es sich sonst nur noch auf den Gefäßen der Nal-Ware, und zwar auf deren spätesten Typen, so daß es nicht ausgeschlossen ist, daß hier eine unmittelbare Beziehung zur Harappa-Kultur vorliegt. *(Abb. 7)* Darüber hinaus müssen wir weit nach Westen gehen, um die nächsten Parallelen zu erkennen. Sie finden sich auf den Tell-Halaf-Gefäßen Nordmesopotamiens und Syriens im 4. Jahrtausend und in der kretisch-minoischen Kultur des 3. und 2. Jahrtausends. Wir werden derartige, hier anklingende engere Übereinstimmungen noch des öfteren feststellen und daher hier noch nicht auf die Frage eingehen, wie sie zu deuten und zu bewerten sind.

Neben den Flächenmotiven sind es Tier- und Pflanzendarstellungen, die der Harappa-Ware eine besondere Note geben, wenn sie auch nicht allzu häufig auftreten. Es ist auch hier die Anordnung und Verbindung dieser Motive mit der Gefäßbemalung, deren Norm ja eine geordnete geometrische Verzierungsweise ist, die als ungewöhnlich zu bezeichnen ist. Man kann geradezu von landschaftlichen Einzelszenen sprechen, wenn man den Begriff der Landschaftsdarstellung im weitesten Sinne hier anwenden möchte, z. B. für Fische, die zwischen Wasserpflanzen schwimmen, Ziegen, die an Blättern knabbern, Vögel inmitten von Blumen und Blüten. Gelegentlich finden sich auch menschliche Gestalten, *(Abb. 8)* etwa eines Fischers mit seinen Netzen, eines Hirten mit seinen Tieren. Derartige Landschaftsdarstellungen sind auch in der älteren Buntkeramik anzutreffen, *(Abb. 5)* so in der Kulli-Mehi-Ware Baludschistans, während die Nal- und Zhob-Keramik zwar Tiere und Pflanzen als Einzelmotive verwendet, sie jedoch isoliert und der ornamentalen Gesamtverzierung unterordnet. Aber weiter im Westen finden wir ähnliche Landschaftsdarstellungen in Tepe Sialk und vor allem in der frühen Tell-Halaf-Ware und der kretisch-minoischen Kunst. Jene geometrische Art der Tierverzierung, die das Tier dem Ornament unterordnet, ja die Formen des Tierkörpers weitgehend geometrisch stilisiert, z. B. die Reihung hintereinander angeordneter Tierfiguren, die charakteristisch für die westiranischen Waren von Susa und Tepe Giyan ist, findet sich auch in Baludschistan, in der Zhob- und Togau-Ware, ist jedoch in der Harappa-Kultur nur ganz vereinzelt zu belegen und offensichtlich hier nicht gebräuchlich.

Die Gesamtheit der figürlichen und ornamentalen Motive auf den Gefäßen der Harappa-Kultur erweckt somit den Eindruck, daß Auswahl und Verteilung der Motive eigentlich wenig mit der Gefäßverzierung gemein haben, vielmehr auf eine Flächenkunst hinweisen, die, ob es sich um Wandmalerei oder Mattenweberei handelt, als ursprünglicher Träger der Verzierungen anzusehen ist, von dem aus erst sekundär eine Übertragung auf die Gefäße stattfand. Leider ist diese Erwägung rein hypothetisch, da sich Spuren einer großen Flächenkunst bei den Ausgrabungen nicht erhalten haben. Für die Rekonstruktion der Indusstädte kommt ihr jedoch größte Bedeutung insofern zu, als das so häufig gezeichnete Bild einer völlig nüchternen unkünstlerischen Zweckmäßigkeit, wie es der heutige Betrachter oft empfindet, für die historische Wirklichkeit berichtigt werden müßte. Diese Berichtigung bezieht sich vor allem auf die vorgefundenen Bauwerke, denen wir uns nunmehr zuwenden wollen.

Einige besondere Bauten der frühindischen Städte wurden bereits genannt und in ihrer geschichtlichen Auswertung erörtert. *(T. 9)* Das Auffälligste an den beiden Großstädten und in gewissem Maße auch bei den kleineren Städten, *(T. 16)* insbesondere Lothal, ist die Vielzahl von gut ausgestatteten Wohnhäusern, die meist aus gebrannten Lehmziegeln errichtet wurden. Das Material allein ist ungewöhnlich, unterscheiden sich doch etwa die Hausbauten im Vorderen Orient gerade dadurch von den Palast- und Tempelbauten, daß sie aus minderwertigerem Material ausgeführt, offensichtlich von geringerer Bedeutung waren. Das Gegenteil ist in Mohendscho Daro und Harappa bezeugt. Während das ziegelgeplünderte Harappa leider stark gelitten hat, lassen uns die weit besser erhaltenen Wohnviertel von Mohendscho Daro einen städtischen Komfort erkennen, der bis in die spätantike Zeit kaum seinesgleichen findet. Noch zur Zeit der Ausgrabungen befanden sich die ärmlichen Bauten in manchen indischen Städten in einem für die damalige Regierung geradezu beschämenden Kontrast gegenüber den Spuren einer um mehr als vier Jahrtausende zurückliegenden Vergangenheit.

Selbst wenn wir, wie dies *Wheeler* und *Piggott* wohl zu Recht angenommen haben, hier in Mohendscho Daro und Harappa mit einer Priesterfürstenherrschaft, ähnlich wie in Sumer, zu rechnen haben, die auf der Grundlage einer ausgedehnten Sklavenhaltung das Land regierte, muß mit einer starken Schicht von Freien gerechnet werden, die innerhalb der Wohnstadt lebte. Diese Schicht konnte sich, nach ihrem Besitz zu urteilen, nur wenig von der herrschenden, in der Zitadelle lebenden Gruppe unterschieden haben, ausgenommen wahrscheinlich, daß jene letzteren über die Sklavenarbeit verfügten. Gelegentlich sind die größten unter den Wohnbauten als Paläste bezeichnet worden, was aber nur der Ausdruck dafür ist, daß hier eben ein eigentliches Herrscherhaus, außerhalb der durch Mauern abgegrenzten Zitadelle, nicht zu unterscheiden war. Wir erkannten bereits, daß diese Aussage der baulichen Denkmäler für die Kulturen des Alten Orients einmalig und schwer zu deuten ist. Früher neigte man sogar dazu, hier in Indien von der ersten Demokratie der Weltgeschichte zu sprechen und die Städte als Sitze einer reichen Kaufmannschaft anzusehen, die in unmittelbarem Übergang von der vorstaatlichen Gemeinschaft nun auf demokratischer Basis ihr Leben führte. Die letzten Beobachtungen und Funde *Wheelers*, ergänzt durch einiges älteres Material, haben dieses idyllische Bild wieder zerstört. Der Gegensatz zwischen Zitadelle und Wohnstadt, Wachtürme, die an einigen der Hauptstraßen gelegen waren, die sogenannten Kuliquartiere, jene Reihenhäuschen auf dem Fundhügel nördlich der Harappa-Zitadelle und in dem DK-Abschnitt gegenüber dem vermeintlichen Palast in Mohendscho Daro, all dies spricht, wie wir schon betonten, für eine auf Sklaverei gegründete Gesellschaft vom altorientalischen Typus.

Der Reichtum der Bürger von Mohendscho Daro und Harappa dürfte auf einen stark entwickelten Handel zurückzuführen sein, für den nach der Aussage der archäologischen Funde vor allem zwei Gruppen von Waren in Frage kämen: die Baumwolle und vielleicht auch Baumwollprodukte sowie die Schmuckperlenindustrie. Durch den erst neuerdings erbrachten Nachweis, daß die städtische Kultur des alten Indien sich bis an die Südküste, nahe Ahmedabad, erstreckte, hat die längst gehegte Vermutung an Wahrscheinlichkeit gewonnen, daß der Reichtum des Landes in dem Besitz an Baumwollpflanzen begründet war. So wird auch heute noch in diesen Gebieten Baumwolle angebaut, und Ahmedabad ist ein Zentrum des indischen Baumwollhandels. Indische Fundgegenstände, wie sie bei Ausgrabungen in Mesopotamien entdeckt wurden, scheinen mit dem Baumwollhandel verbunden gewesen zu sein. Ähnliches gilt für die Schmuckperlenherstellung. In Chanhu Daro grub *Mackay* eine richtige Werkstatt aus, in der sich Perlen in rohem und fertigem Zustand ebeno wie die benötigten Werkzeuge fanden. Gerade diese Arten von Perlen, insbesondere die chemisch behandelten Karneolperlen, sind in weiten Gebieten Vorderasiens gefunden worden.

Während wir den Handel in den Industädten nur indirekt durch archäologische Funde erschließen können, besitzen wir für den Handel in den altsumerischen Stadtstaaten Vorderasiens auch genauere Aussagen und Schriftquellen. Danach vollzog sich der Handel in Sumer zunächst ausschließlich im Bereich der Tempelwirtschaft, d. h. unter der unmittelbaren Leitung des Priesterfürsten oder Ensi. Alle Handelsunternehmungen gingen vom Tempel aus, Verkauf und Einkauf in engster Verbindung mit der Produktion und der Verteilung der für die Produktion notwendigen Güter. Der Tempel im weiteren Sinne bildete auch den Stapelplatz der Waren und Gerätschaften. Wenn wir diese Aussagen der Schriftquellen in Sumer mit dem archäologischen Fundmaterial in Indien vergleichen, macht sich gleich eine Hauptschwierigkeit bemerkbar. Tempel im Sinne der sumerischen Heiligtümer haben sich bisher in Indien nicht nachweisen lassen, und es fehlt damit gerade dieses für Sumer eigentümliche Zentrum im alten Indien. Dagegen kennen wir den Sitz einer regierenden Zentrale in jenen wiederholt genannten Zitadellen, *(S. 120)* die wie in Harappa unmittelbar die Arbeitsstätten, die „Kuli"-Quartiere und die Getreidespeicher beherrschten, oder wie in Mohendscho Daro öffentliche Gebäude wie das große Bad und Getreidespeicher innerhalb ihrer Mauern enthielten.

Bemerkenswert ist der Fund einiger Geräte, Werkzeuge aus Kupfer, die mit kurzen, noch nicht lesbaren Inschriften versehen waren. Man mag in dieser Kennzeichnung einen Hinweis auf den Besitzer erkennen und vermuten, daß die Geräte für besondere Arbeitszwecke ausgeliehen wurden. Eine solche Deutung würde mit den Gepflogenheiten der sumerischen Tempelwirtschaft übereinstimmen. *Wheeler* hat bereits darauf aufmerksam gemacht, daß die großen, von ihm entdeckten Getreidespeicher in Mohendscho Daro und Harappa in Mesopotamien keine archäologischen Parallelen besitzen, daß dagegen in den sumerischen Texten das System der Getreidespeicherung und regelmäßigen Getreideausgabe häufig Erwähnung findet. Wenn in dieser Weise auf die Aussage der sumerischen Texte zurückgegriffen werden muß, ist doch immer zu beachten, daß hierdurch noch keine Verwandschaft oder gar Identität der sumerischen und altindischen Kultur bewiesen wird. Auch *Wheeler* hat diese Vergleiche nicht im Sinne einer engeren Verwandtschaft ausgelegt.

Von größter Aussagefähigkeit für die Kenntnis der frühindischen Kultur sind die Kunstwerke, und gerade diese sind bisher noch wenig erschöpfend ausgewertet worden. Den Ausgräbern lag begreiflicherweise die Deutung der architektonischen Funde am nächsten. Diese aber erwiesen sich trotz ihrer imposanten Ausmaße und oft einzigartigen Formung, etwa bei dem großen Bad, den Getreidespeichern oder auch den mächtigen „Bürger"-Häusern, als relativ schmucklos und erweckten daher bei den Ausgräbern den Eindruck einer sehr prosaischen, rein auf das Zweckmäßige ausgerichteten Kultur. So vermochten namentlich *Wheeler* und *Piggott* kaum ihr Mißvergnügen über solche kilometerlangen gleichförmigen Ruinenfelder zu verbergen, obwohl sie andererseits durchaus geneigt waren, die technische Perfektion der Bauweise mit gebrannten Ziegeln auch gegenüber den anderen gleichzeitigen Kulturen im Vorderen Orient zuzugeben.

In einer solchen Wertung liegt eine Ungerechtigkeit, die vom geschulten Archäologen vermieden werden sollte. Müßte doch gerade dieser wissen, daß gebrannte Tonziegel ein fast unverwüstliches Material sind und sich daher leicht erhalten konnten, während andererseits die Bodenbeschaffenheit des nordwestindischen Territoriums nicht geeignet ist, die empfindlicheren Formen und Materialien eines künstlerischen Schmuckes der Ziegelarchitektur über die Jahrhunderte zu bewahren. Wir sind daher nicht ohne weiteres berechtigt, vom Erhaltungszustand nach etwa vier Jahrtausenden unmittelbar auf das ursprüngliche Aussehen der Bauwerke zu schließen. Die im allgemeinen zu beobachtende technische Perfektion, das sorgfältige Ausmauern der Fußböden, die Reinlichkeit der hygienischen Einrichtungen u. a. lassen zunächst mit Bestimmtheit darauf schließen, daß dem Bauen und Wohnen größter Wert beigemessen wurde, und daß man durchaus von einer Art „Wohnkultur" im frühen Indien sprechen darf, was für die Länder Vorderasiens, wie wir gesehen haben, keineswegs so allgemein gilt, sondern vorwiegend nur für den Haushalt des Herrschers zutrifft. Angesichts dieser Situation muß es doch sehr fraglich erscheinen, ob die Bewohner dieser Häuser sich mit kahlen, nur roh verputzten Ziegelwänden und schmucklosen Räumen begnügt haben. Man darf in diesem Zusammenhang daran erinnern, daß selbst in den heutigen bescheidenen Häusern der Pathan-Dörfer im Gebiet von Quetta die Innenflächen der Hausmauern häufig dekoriert sind, wobei Blumen und geometrische Motive als Schmuck verwendet werden *(vgl. Fairservis, Quetta Valley, 1956, S. 190).* Die Treue gegenüber dem archäologischen Material besteht nicht darin, daß man sich mit seiner heutigen Lückenhaftigkeit zufriedengibt. Wenn wir in der Architektur selbst keine direkten Anhaltspunkte für einen künstlerischen Schmuck gewinnen, so gibt es doch zahlreiche andere Fundstücke, die uns einen Einblick in die Kunst des alten Indien ermöglichen und, was vielleicht in diesem Zusammenhang das wichtigste ist, die künstlerischen Fähigkeiten und Möglichkeiten der Indusbevölkerung erkennen lassen, so daß wir eine genauere Vorstellung von dem gewinnen, was unwiederbringlich verlorengegangen ist.

Weitaus das umfangreichste und künstlerisch bedeutsamste Material bieten die Siegel. Es handelt sich in der großen Mehrzahl um quadratische Stempel mit durchbohrtem Griffknopf und einer mit Bild und Schrift verzierten Stempelfläche. Das Material bildet der leicht zu bearbeitende Speckstein, der nach der Verzierung mit einer weißlichen Glasur überzogen wurde. Neben der typischen Form gibt es grifflose Stücke mit zweiseitiger Stempelfläche, runde Knopfsiegel mit und ohne Griff. Neben dem Speckstein finden wir Fayence als Material sowie einfache Tontäfelchen mit Bildschmuck. Namentlich in bezug auf die Darstellungen ist eine Gruppe von länglich rechteckigen Kupferplättchen anzuschließen, auf denen ein Bild bzw. eine Schriftzeile meist beidseitig eingraviert ist. Einige wenige Sonderformen weisen sich als Importe oder richtiger als Nachahmungen mesopotamischer Siegel aus und werden gesondert zu besprechen sein. Die Siegel sind insbesondere in Mohendscho Daro und in Harappa in großer Zahl gefunden worden, dagegen seltener in den kleineren Städten, und scheinen in den ländlichen Siedlungen meist gar nicht vorzukommen. Man wird in dieser unterschiedlichen Verteilung der Siegel weniger an Kulturunterschiede denken, da ja alle sonstigen Funde größte Übereinstimmung zeigen, als vielmehr an soziale Unterscheidungen, insofern sich die Siegel vermutlich nur im Besitz wohlhabender städtischer Bürger befanden. Gelegentlich wurde überhaupt bestritten, daß derartige bild- und schriftverzierte Steinplättchen als Siegel benützt wurden, da bei den früheren Ausgrabungen nur die Originale, jedoch nicht, wie etwa in Mesopotamien, auch Abdrücke auf Tontafeln gefunden wurden. Die Ausgrabungen der letzten Jahre in Lothal haben jedoch zahlreiche Abdrücke in Ton zutage gebracht, wenn auch der Zweck solcher Abdrücke, also Siegelbilder im Positiv, nicht ohne weiteres erkennbar ist.

Das alte Indien gehört damit zweifellos zu jener großen Provinz des Stempelsiegels, die sich vom nördlichen Mesopotamien nach Osten ausbreitet, und zu der auch die syrischen Küstenprovinzen, Ägypten, Kreta und Kleinasien zählen. Während aber in den westlichen Gebieten, ausgehend von Sumer, seit etwa 3000 v. u. Zt. das Rollsiegel das Stempelsiegel verdrängt, scheinen sich das iranische Hochland und Indien im wesentlichen von diesen sumerischen Einflüssen freigehalten zu haben. Das ist ein neuerlicher und wichtiger Hinweis auf das Verhältnis zwischen Sumer und Indien und spricht gegen eine Ableitung der indischen Stadtkultur von der altmesopotamischen.

Die Darstellungen auf den indischen Siegeln beschränken sich auf verhältnismäßig wenige Bildtypen. Eine geringe Zahl von szenischen Kompositionen ist zu trennen von der übergroßen Mehrheit der Bildchen, die ein einzelnes Tier mit einer über diesem angebrachten Inschrift vereinen. Diese Siegel mit einzelnen Tierdarstellungen lassen sich gruppenweise ordnen. *(S. 122)* Weitaus an erster Stelle liegen zahlenmäßig diejenigen, die einen einhörnigen Stier abbilden, vor dem sich in der Regel ein hohes Gestell befindet, dessen Deutung noch umstritten ist. Die nach Zahl der aufgefundenen Siegel nächste Gruppe zeigt einen kurzhörnigen Stier mit gesenktem Kopf, den sog. Gaur, vor dem sich ebenfalls ein am Boden stehendes Gefäß, diesmal deutlich eine Art Futterkrippe in Form einer flachen Schale, befindet. An dritter Stelle kommt das indische Buckelrind, *bos indicus*, dessen Darstellung zu den künstlerisch eindrucksvollsten gehört. *(Abb. 4)* Auf den aus Indien bekanntgewordenen Zebu-Siegeln findet sich nirgends ein Futtertrog. Doch kennen wir ein Reliefbruchstück aus Tell Asmar in Mesopotamien, das das Zebu vor einem viereckigen Kasten zeigt, sowie eine Scherbe aus Mehi in Baludschistan, die vor dem Zebu jenes für Indien typische Gerät, das wir vorhin als umstritten bezeichneten, abbildet. *(Abb. 5)* Diese Parallelen sind insofern bedeutungsvoll, als sie von der genau festgelegten indischen Bildnorm abweichen, andererseits aber deutlich auf indische Vorbilder zurückgreifen. Auch hier müssen wir feststellen, daß die Übereinstimmungen auf Kontakte, die inhaltlichen

Abweichungen dagegen auf erhebliche Unterschiede beider Kulturen hinweisen, was für die Chronologie von großer Bedeutung ist, für eine Herleitung der indischen Kultur aus der sumerischen jedoch zu größter Vorsicht mahnt.

(S. 121, T. 59) An Häufigkeit der Darstellung folgen auf den Tiersiegeln der Elefant, der Tiger und der Büffel, alle drei Tiere sowohl mit als auch ohne Futterkrippe. Das gleiche gilt für das Rhinozeros, während die seltener auftretenden Tiere, die Wildziege, der Gharial (das indische Krokodil), der Hase und das sog. Zackelschaf ohne Krippe dargestell sind. Zu den Tierdarstellungen in weiterem Sinne muß man noch einige Typen rechnen, die Mischbildungen wiedergeben, etwa ein Zackelschaf mit menschlichem Kopf; ein Mischwesen, das den Hinterleib eines Tigers, den Vorderkörper eines Stiers, die Hörner des Buckelrindes, *(S. 123)* den Kopf und Rüssel des Elefanten vereinigt; ein drei- bzw. zweiköpfiges Stier-Ziege-Mischwesen; endlich ein kentaurenförmiger Mischtypus, bei dem an einen aufrecht stehenden menschlichen Leib mit gehörntem Kopf ein Tigerkörper angefügt ist. Auch bei diesen Mischtieren ist das Bildschema mit der kurzen einzeiligen Inschrift das gleiche.

Eine gewisse Abweichung zeigen die Darstellungen auf den Kupferplättchen. Hier begegnen uns der einhörnige Stier, ein Rind mit schwerem Körper und hochgestelltem langem Schwanz, der Büffel, das Nashorn und ein Mischwesen, das aus zwei Vorderkörpern zusammengesetzt ist. Eine Inschrift ist hier nur ganz selten mit dem Tier verbunden, doch begegnen wir ihr auf der Rückseite des Plättchens. Der Futtertrog ist jedoch auch für diese Darstellungen charakteristisch, nur nicht bei dem Doppeltier und einer den Kopf zurückwendenden Antilope. Merkwürdig ist das Fehlen des indischen Buckelrindes, während Hase, Tiger und Elefant vereinzelt anzutreffen sind.

Diese indischen Tiersiegel und Kupferplättchen sind in ihrer Art völlig einzigartig. Sie sind so bezeichnend, daß einzelne Funde in Mesopotamien und Elam sofort durch die verwandte Bildtypik als indischer Herkunft zu erkennen waren. Dabei muß es besonders auffallen, wie einheitlich die Tiere, die zweifellos von den verschiedensten Siegelschneidern geschaffen wurden, jeweils denselben Bildtypus wahren – bis in die feinsten Einzelheiten der Darstellung, etwa des Auges, des Hornes oder des Fells. Unterschiede zeigen sich in der künstlerischen Qualität, etwa der plastischen Gestaltung der Körperoberfläche, in der räumlichen Verteilung von Bild und Schrift, wobei das Schema jeweils gewahrt bleibt. Als das eigentlich unterscheidende Merkmal des Einzelsiegels müssen wir die Inschrift ansehen. Betont die jeweilige Tierdarstellung also einen Gruppencharakter, so deutet die Inschrift auf das Individuelle hin.

Aus all diesen Feststellungen ergibt sich eine Gruppierung der Siegel, die hier noch einmal in Form eines Schemas wiederholt werden mag. Die übergeordnete Einheit bilden die verschiedenen, im Grundcharakter jedoch einheitlichen Tier-Schrift-Siegel. Die Untergruppen werden durch die jeweiligen Einzeltiere und Tiermischwesen gekennzeichnet. Innerhalb dieser Untergruppen wird das einzelne Siegel durch seine besondere Inschrift gekennzeichnet. Diese Gruppierungsmöglichkeit, die sich aus der Zusammenstellung der indischen Siegelfunde wie von selbst ergibt, läßt den Gedanken aufkommen, daß sich in dem Verhältnis zwischen Gesamtgruppe, den Untergruppen und den individuellen Siegeln ein Spiegelbild der damaligen indischen Gesellschaft findet, das, wie schon an Hand anderer Beobachtungen betont wurde, Ähnlichkeit mit dem späteren indischen Kastensystem aufzeigt. Man könnte hier weitere Vermutungen aufstellen, ohne jedoch eine Gewißheit zu erreichen, jedenfalls solange die Inschriften nicht gelesen werden können. Begnügen wir uns daher mit der Feststellung, daß die im wesentlichen horizontale Gruppierung, das Nebeneinander der wichtigsten Siegelgruppen, eine, wie man zunächst noch festhalten muß, äußerliche Ähnlichkeit mit der Kastengruppierung aufweist.

Neben diesen genormten Bildtypen begegnen uns Siegel und Kupferplättchen, die szenenartige Darstellungen tragen oder auch ein wappenförmiges Schema aufweisen. Sie sind, ihrer bildlichen Aussage wegen, meist von größter Bedeutung. Während einige dieser Szenen nur einmalig anzutreffen sind, gibt es auch solche, die, wie die Einzel-Tier-Siegel, sich häufig wiederholen. Viele der Tiere, denen wir schon begegneten, spielen auch in den szenischen Darstellungen eine Rolle, insbesondere der Tiger, das Zackelschaf oder seine Mischvariante mit menschlichem Gesicht und der kurzhörnige Stier. Andererseits muß es auffallen, daß das indische Buckelrind in diesen Darstellungen überhaupt keine Rolle spielt und auch das „Einhorn" sich nirgends aktiv am Geschehen beteiligt. Man darf also hierin wohl eine unterschiedliche Wertung der Tiere erkennen, die noch einmal die besondere Bedeutung der Tier-Schrift-Siegel unterstreicht und bei diesen wiederum die schon zahlenmäßig bedeutungsvollsten „Einhorn"- und Buckelrind-Typen hervorhebt.

Auf die Inhalte der szenischen Darstellungen wird noch im Zusammenhang mit der frühindischen Literatur und Religion einzugehen sein.

(T. 7) Neben den Siegeln gehören die Kleinplastiken aus Ton zu den häufigsten Kleinfunden sowohl in den großen Städten wie in den kleineren Siedlungen. Weitaus an erster Stelle stehen weibliche Figuren, die, oft sehr roh gestaltet, auf eine Kontinuität jener vorstaatlichen Kultur hinweisen, die wir u. a. in den bäuerlichen Kulli- und Zhob-Kulturen bereits kennengelernt haben. Dennoch zeigen die besten unter den Frauenstatuetten einen deutlich ausgeprägten Typus, der sich in der strengen Frontalität der Haltung, mit seitlich herabhängenden Armen, der Nacktheit des Oberkörpers, dem reichen Hals- und Gürtelschmuck und dem übermächtigen Kopfaufsatz von allen übrigen derartigen Figuren unterscheidet. Der auffallende Kopfputz und der reichliche Körperschmuck, besonders die Armreifen und Fußringe, sind so typisch indisch, daß wir ihnen noch Jahrtausende später auf indischem Boden als traditionellen Zierformen begegnen. *(Abb. 16 ff.)* Von den Zhob- und Kulli-Figuren unterscheiden sich diese Statuetten durch die Darstellung der vollen menschlichen Gestalt, die Andeutung menschlicher Gesichtszüge. Ein gewisser Realismus der Darstellung erinnert an die Figuren, die im Quetta-Gebiet gefunden wurden, jedoch leider zu fragmentarisch sind, um nähere Vergleiche zu erlauben. Neben diesem Haupttypus finden wir auffällige Figuren mit stark aufgeblähtem Leib, die manchmal so vereinfacht geformt sind, daß man sie als Kinderspielzeug oder gar als von Kindern gefertigt bezeichnet hat. *(T. 40)* Einzelne dieser Tonfiguren stellen eine Frau mit Kind oder eine sitzende Gestalt dar, unterschiedlich in Ausführung und Qualität. Den Frauenstatuetten sind die Figuren männlicher Partner an die Seite zu stellen, geringer an Zahl, aber zuweilen sorgfältiger in der Ausführung. Die Männer sind im Gegensatz zu den mit Schurz und Gürtel bekleideten Frauen meist völlig nackt gestaltet.

Groß ist die Zahl der Tierstatuetten, die zusammen mit den menschlichen Figuren gefunden wurden. Man kann hier einige Siegeltiere wiedererkennen: den Elefanten, das Buckelrind und den kurzhörnigen Stier. *(T. 54, 55)* Meist aber ist die zoologische Bestimmung der Tiere durch die nur angedeutete Darstellung sehr erschwert. Einige der Figuren müssen als Beispiele vortrefflicher künstlerischer Leistung hervorgehoben werden. Das gilt besonders für einige Stier-, Schaf- und Affenfiguren. *(T. 56)* Der Affe ist auf den Siegeln überhaupt nicht zu finden; einzig auf einem Einhornsiegel scheint er dem Tier gegenüber das sonst übliche hohe Gestell zu vertreten. Bemerkenswert ist die Vielfalt der Haltungen, in der diese für Indien so typischen Affen wiedergegeben sind. Einzeltiere, hockend und kletternd, Gruppen sich umarmender Affen und einer Äffin mit ihrem Jungen gehören zu den künstlerisch bedeutendsten Kleinplastiken. Einige dieser Tierfiguren sind auch aus wertvollerem Material gefertigt, aus Stein, Fayence, gelegentlich auch aus Bronze. *(T. 57/58)* Meist kann man beobachten, daß sich mit dem besseren Material auch eine qualifiziertere Form der künstlerischen Gestaltung verbindet.

Besonders hervorzuheben sind einige Kleinplastiken aus Bronze bzw. in weichem Stein gearbeitet, Menschendarstellungen, die uns als Meisterwerke frühindischer Kunst nunmehr beschäftigen sollen. Wenn schon von realistischen Tierdarstellungen die Rede war, so ragen diese doch nicht als ungewöhnlich aus der Kunst einer Epoche hervor, der das Tier in unmittelbarer Anschauung ein Hauptgegenstand der Darstellung war. Tierfiguren gehören auch in Mesopotamien und Ägypten zu den frühesten und am lebendigsten gestalteten Kunstwerken. Diese Feststellung bezieht sich schon auf die älteren bäuerlichen Kulturen. Bei der Gefäßmalerei der Buntkeramik können wir immer wieder beobachten, daß die Tierbilder, nicht selten sehr realistisch gestaltet, den ohnehin weit selteneren Menschendarstellungen primitivster Art gegenüberstehen. Jene Menschenfiguren, nicht nur die gemalten, auch die plastisch gestalteten Tonfiguren, waren meist nur angedeutete, schemenhafte Wesen, die eher durch den aufrechten Gang und die Verteilung der Gliedmaßen, als durch die Einzelzüge und schon gar nicht durch die Gestaltung des menschlichen Gesichtes gekennzeichnet waren. Das gilt ganz allgemein für den vorderasiatischen wie auch den indischen Bereich. Die künstlerische Darstellung des Menschen hat ihren Anfang erst in jener Epoche, die durch die Bildung des ersten Staates und die Entwicklung der menschlichen Gemeinschaft zu einer höheren Form sozialen Zusammenlebens einen Sprung in der Entfaltung der materiellen Lebensgüter ebenso wie im Denken und künstlerischen Gestalten bedeutet. Gerade für die frühindische Kunst läßt sich im Rahmen dieser allgemeinen Feststellung noch hinzufügen, daß sie eine derart freie Auffassung in der Gestaltung des menschlichen Körpers und des menschlichen Antlitzes bringt, wie sie nur selten in der gleichzeitigen Kunst Vorderasiens und Ägyptens erreicht worden ist, daß sie in einzelnen Werken zweifellos im Hinblick auf eine lebensvolle Gestaltung alles überragt, was vor der griechischen Kunst geschaffen worden ist.

(T. 49) Betrachten wir zunächst die Bronzestatuette einer Tänzerin, die in Mohendscho Daro gefunden wurde, zu der es noch mehrere, in Material und Ausführung allerdings leicht abweichende Parallelen gibt. *(Abb. 21)* Welche Ansicht dieser zierlichen Gestalt wir auch zunächst betrachten, immer wird der Blick weitergeführt, entlang den schlanken Gliedmaßen, den schmalen Hüften, den Rundungen der Schultern und des Rückens. Alles an diesem Mädchen ist in Bewegung: die schlanken Beine, das eine leichter, das andere stärker in der Kniekehle eingedrückt, die Arme, der eine in die Hüfte gestemmt, der andere, mit schweren Metallringen geschmückt, auf den Oberschenkel gestützt, der Kopf, in kecker Geste leicht angehoben, wobei das schräg über den Hinterkopf gelegte Haar diese Bewegung fortsetzt, der Blick, in der Gegenrichtung zur Beinhaltung weit herausfahrend, so bietet sich uns eine ungehemmte Entfaltung freiester Beweglichkeit, die Auflösung eines Körpers in schwingende, nach allen Seiten ausgreifende, den Raum durchstoßende Bewegung, schlechthin die personifizierte Hingabe an den Tanz. Dabei vergessen wir, und darin liegt die künstlerische Vollkommenheit des Werkes, wie die Einzelformen in den Proportionen gleichsam karikierend verzerrt sind und die Formengebung stilisierend vereinfachen. Hätten wir nur dieses einzige Werk der frühindischen Kunst, wir müßten den Künstlern die größte Hochachtung bezeugen. Glücklicherweise besitzen wir mehr.

(T. 52) In Harappa sind zwei kleine Figuren aus rotem bzw. grauschwarzem Stein gefunden worden, die trotz des verschiedenen Werkstoffes die gleiche Beweglichkeit, die gleiche Hingabe an die Rundung der Körperoberfläche, die gleiche Auflösung des Strukturellen in das Motori-

sche, das Tektonische in das Malerische, die gleiche Durchblutung und Sinnlichkeit der ganzen Gestalt aufweisen. Es ist wiederholt geleugnet worden, daß die beiden Figürchen der Harappazeit angehören könnten. Obwohl die Fundumstände keineswegs besonders ungewöhnlich waren, haben die künstlerische Ausführung und die auffällige Formvollendung dieser Statuetten den Verdacht aufkommen lassen, daß diese Werke nur unter dem Einfluß der klassischen griechischen Kunst geschaffen worden sein konnten. Diese Zweifel, denen sich selbst *Wheeler* in seinem Buch über die Indus-Kultur nicht verschließt, berühren uns um so merkwürdiger, als noch niemand sich die Mühe gemacht hat, eigentlich zu ergründen, warum der archäologische Fundbestand in diesem Falle angezweifelt wurde.

In diesem Zusammenhang lohnt es sich, die Worte *Wheelers* anzuführen: „So hervorragend sind ihre Qualitäten, daß heute noch ein gewisser Zweifel bleiben muß, ob ihre Ansetzung in der Indusperiode Gültigkeit habe. Unglücklicherweise waren die technischen Methoden, die ihre Entdecker anwandten, nicht derart, daß sie einen zufriedenstellenden stratigraphischen Befund ergeben hätten, und die Versicherung, daß eine der Statuetten, der Tänzer, im Speicherbezirk in Harappa, die andere über einen Meter unterhalb der Oberfläche im gleichen Bezirk gefunden wurde, schließt nicht die Möglichkeit eines Einschubes aus."

Es handelt sich hier also um einen der höchst außergewöhnlichen Fälle, bei denen Ausgrabungsfunde angezweifelt werden. Worauf stützen sich diese Zweifel? Auf nichts anderes als auf die „hervorragenden Qualitäten". Sind das nicht vielmehr Vorurteile? Dabei erscheint es *Wheeler* selbst nicht allzu glaubhaft, daß die kleinen Kunstwerke einer späteren indischen Epoche angehören könnten, zumal man ja dann auch erst die Vergleichsbeispiele beibringen müßte, sowohl für diese Art von Kleinplastik als auch für die Besonderheiten der Modellierung und künstlerischen Gestaltung. Man hatte da zunächst an die Gandharazeit gedacht, doch ist aus dieser Epoche auch nichts annähernd Gleichartiges bekannt.

Entscheidend für die Beurteilung dieser beiden Bildwerke ist jedoch, daß sie in ihrer künstlerischen Durchführung ebenso wie in der inhaltlichen Aussage durchaus in die frühindische Epoche hineinpassen. Um zunächst nur das Künstlerische zu betonen, sei auf die frappierende Verwandtschaft der Oberflächenmodellierung mit den Darstellungen frühindischer Siegel hingewiesen, insbesondere jenen des Buckelrindes, die die höchste Vollendung in der sensiblen Behandlung der Körperoberfläche bezeugen. Aber auch die Bronzetänzerin ist wesens- und stilverwandt in ihrer Dreidimensionalität und beherrschenden Sinnlichkeit. Wo jedoch eine derartige weitgehende Übereinstimmung nachgewiesen werden kann, gehört schon mehr als eine allgemeine Kritik an den Ausgrabungsmethoden dazu, um Zweifel an der zeitlichen Zugehörigkeit der beiden Statuetten zu rechtfertigen.

Leider sind bei beiden Statuetten aus Harappa die Gliedmaßen und die Köpfe nicht erhalten geblieben. Deutlich genug zeigen jedoch die Ansätze die Kontrastbewegungen der Arme und Beine, das Spiel der Körpermuskeln reflektiert ausreichend die herausfahrende Bewegung, den ungebändigten Tanzgestus der einen Figur, den kontrapostischen Stand der anderen. Diese letztere, ruhiger gehaltene, aber in der Modellierung der Rückenpartie besonders vorzüglich gearbeitete Figur verrät in der Vorderansicht durchaus ihre archaische Gestaltung. Nicht nur waren runde Vertiefungen für die Anbringung von Schmuckeinlagen vorhanden, auch die kontrastierenden Wölbungen der Bauch- und Brustpartie umgrenzen den beherrschenden Aspekt der Vorderansicht, so daß dieser aus dem fließenden Gesamtgefüge der Figur herausgelöst erscheint. Eine solche Art der Isolierung einer Ansicht muß nach den Parallelen, die uns für die frühesten Menschendarstellungen etwa in Vorderasien zur Verfügung stehen, als archaisch gewertet werden und würde auch innerhalb der griechischen Kunstentwicklung nur in die

Anfangsperioden zu setzen sein. Es bleibt noch übrig, darauf hinzuweisen, daß der stark gewölbte Bauch mit dem hervorstehenden Nabel derart typisch für die indische Kunst ist, *(T. 67/68)* daß man diese Statuette als den Ahnherrn einer unendlichen Reihe späterer indischer Skulpturen bezeichnen darf, unter denen die Yaksha-Statue von Parkham und die Hochreliefs vom Steinzaun in Bharhut nur als einige Beispiele hervorgehoben werden mögen.

Die hervorragende künstlerische Qualität steht auch außer Zweifel bei dem Köpfchen eines Mannes aus Mohendscho Daro. Hier ist im Gegensatz zwischen den stilisiert wiedergegebenen Haupt- und Barthaaren einerseits und den Fleischteilen des Gesichtes andererseits ein solcher von ornamentaler und plastisch expressiver Gestaltung, wie er auch wiederholt auf den Siegelreliefs in Erscheinung tritt, etwa wenn die realistischen Tierkörper mit Ornamentenschmuck verziert erscheinen. Dieser Gegensatz wird an unserem Köpfchen noch einmal deutlich, wenn man das fast kreisrund und unrealistisch gestaltete Ohr mit den wundervoll geformten Augen vergleicht, deren Ausdruckskraft, obwohl gerade diese Partie störend beschädigt ist, durch die langgezogenen Augenbrauen noch unterstrichen wird. Die Qualität wird erst dann recht deutlich, wenn man sich der gleichzeitigen vorderasiatischen Menschendarstellungen erinnert. Noch in der sargonidischen Periode Mesopotamiens sind ja gerade die Augenbrauen streng ornamental stilisiert und stoßen an der Nasenwurzel zusammen, wodurch sie dem Gesicht einen strengen, aber stark typisierten Ausdruck verleihen. Andererseits ist an Hand der rückständigen Elemente in der plastischen Gestaltung des menschlichen Kopfes die Entwicklung der frühen Menschenplastik noch gut zu erkennen. Die älteren Vorstellungen von der Bedeutung der Körperöffnungen, wie Ohr und Mund, Auge und Nase, die Bedeutung des Haares, alles dies tritt noch gelegentlich in Erscheinung, wird erst jetzt nach und nach dem menschlichen Antlitz in seiner Gesamterscheinung wieder ein- und untergeordnet und verliert die Eigenbedeutung magischen Ursprungs. Aus der isolierenden Betonung der Einzelheiten entsteht die geschlossene Darstellung des Menschen in eben jener Epoche, mit der wir es in der frühindischen Kultur zu tun haben. Das stilisierte Ohr muß in diesem Prozeß als ein verzögernder Faktor bezeichnet werden, und es ist sicher kein Zufall, daß wir den Stilisierungsformen des Ohres auch in der Ornamentik, z. B. auf den Tongefäßen, begegnen. Das Kalksteinköpfchen aus Mohendscho Daro hat noch einige Parallelen unter den Fundstücken der gleichen Stadt, doch ist der Erhaltungszustand dieser Werke für eine nähere Analyse nicht ausreichend.

(T. 50) Anders die Büste eines bärtigen Mannes aus Speckstein, die auch bei den Ausgrabungen in Mohendscho Daro gefunden wurde. Die Arbeit ist etwas gröber, die künstlerische Wirkung des von parallel geführten Haar- und Bartsträhnen umrahmten Gesichtes mit der flachen Stirn, den mandelförmig gestreckten Augen, der geraden Nase und den schweren Lippen jedoch keineswegs geringer. Ein Stirnband mit einem Ring auf der Stirnmitte unterscheidet die Haartracht von derjenigen der vorhin erwähnten Köpfe, die die Haare hinten aufgeknotet trugen. Bei unserer Figur ist auch noch das Gewand erkennbar, ein Schal, der, über die linke Schulter geworfen, mit großen Dreiblattmustern verziert ist. An dem nackten Oberarm befindet sich noch ein Schmuckreif. Es könnte sich bei dieser Figur um die Darstellung eines Priesters handeln. Man hat hierfür auch auf den merkwürdigen, auf die Nasenspitze hin konzentrierten Blick der Augen hingewiesen, der auf eine innere Sammlung – in Indien sagt man dazu „Yogihaltung“ – hindeutet. Auch bei dieser Statuette ist die Stilisierung der Ohren bemerkenswert und wie bei den anderen Köpfen als archaischer Zug zu bewerten. Ob wir das Werk aber in der Vorder- oder der Rückenansicht betrachten, immer ist die künstlerische Fähigkeit zu bewundern, ornamental bestimmte Flächen, wie etwa das schalartige Gewand oder die Gliederung des Haares, mit den Fleischpartien zu vereinen und zu einem überzeugend geschlossenen Ganzen

zu verschmelzen. Das Bewegungselement, das bei den beiden Torsos und der Tänzerin so stark wirksam wurde, ist hier verinnerlicht und in den Gegensätzen der Linienführung eingefangen. Selbst bei dieser Figur, einer bloßen Büste, ist die Dynamik der Gestaltung unverkennbar und hat gerade zu der erwähnten Deutung als Darstellung eines Yogi den Anlaß gegeben. Ob es sich tatsächlich um einen Priester handelt, bleibe dahingestellt. Vielleicht haben wir es hier mit dem Bildnis eines Priesterfürsten, eines jener uns noch so wenig greifbaren Herrscher des frühindischen Staates zu tun.

Noch einmal soll an dieser Stelle betont werden, daß die Betrachtung der erhaltengebliebenen Kunstwerke der frühindischen Kultur Rückschlüsse auf das verlorengegangene Kunstgut nicht nur erlaubt, sondern geradezu fordert. Die Schmucklosigkeit der Wände der Wohnhäuser, betrachtet im Lichte der Kleinkunst, verwandelt sich in eine ebenso ansprechende Kunstfreudigkeit. Das andersgeartete Fundbild im frühen Indien bedarf der Ergänzung, der Heranziehung aller Fakten. Wir können uns als Interpreten der frühindischen Kultur nicht so verhalten wie jene Blinden, von denen es in einem buddhistischen Gleichnis aus Udana heißt:

„Ein König von Savatthi, der Hauptstadt von Kosala, ließ eines Tages die Blindgeborenen der Stadt vor sich bringen und ihnen einen Elefanten vorführen. Der Mann, den er damit beauftragte, ließ einige Blindgeborene den Kopf des Elefanten anfassen, andere dessen Ohr, andere den Stoßzahn, andere den Rüssel, andere den Rumpf, andere den Fuß, andere das Hinterteil, andere den Schwanz.

Später fragte der König die Blinden, ob sie den Elefanten gesehen hätten. ‚Freilich, großer König, haben wir den Elefanten gesehen.‘ ‚Nun, wie sieht denn der Elefant aus?‘ Diejenigen Blinden, die den Kopf befühlt hatten, sagten, ein Elefant sehe aus wie ein großer Topf, die anderen verglichen den Elefanten der Reihe nach mit einer flachen Schüssel, einer Pflugschar, der Stange eines Pfluges, mit einem Kornspeicher, mit einem Pfeiler, mit einem Mörser, mit einer Keule und mit einem Besen. Und sie gingen mit den Fäusten aufeinander los und schrien: So ist der Elefant, nicht so; nicht so, sondern so!“

Dieses Gleichnis mag uns auch gegenwärtig sein, wenn wir uns nunmehr jenen Bereichen zuwenden, die im Gegensatz zu Ägypten und Vorderasien im archäologischen Material Indiens nur indirekt zu erschließen sind, der Literatur und der Religion. Hier, wo die Texte unlesbar sind, die großen religiösen Bauwerke des Vorderen Orients fehlen, mag es vermessen erscheinen, über diese Fragen sprechen zu wollen. Von ihnen zu schweigen aber hieße wiederum die frühindische Kultur mit anderen Maßstäben messen als ihre zeitgenössischen Nachbarn. Es gibt Möglichkeiten, auf indirektem Wege die archäologischen Quellen sprechen zu lassen, indem wir uns noch einmal den Kleinfunden, ganz besonders aber den Siegeln zuwenden und deren inhaltsreiche Darstellungen einer genaueren Analyse unterziehen.

Betrachten wir zunächst mehrere Siegel, auf denen sich, von einer kurzen Inschrift am oberen Rande des Bildes begleitet, die folgende Szene abspielt: Auf den unteren Zweigen eines Baumes kniet ein Mann, den einen Arm mit ausgestreckten Fingern nach vorn haltend, während er sich mit der anderen Hand am Stamm des Baumes festhält. Ein mächtiger Tiger befindet sich unter dem Baum. Er schreitet langsam davon, dreht jedoch den Kopf noch einmal nach dem knienden Manne zurück. Man hat hier gelegentlich eine Genreszene erkennen wollen mit der Darstellung eines vor dem Tiger auf den Baum geflüchteten Mannes. Eine solche Deutung, für die auch Naturbeobachtungen angeführt werden, scheint unmöglich angesichts der Tatsache, daß diese Szene ja nicht vereinzelt vorkommt. Auch sind bei den wiederholten Darstellungen die Einzelheiten bemerkenswert gleichförmig gestaltet, so z. B. der Baum, der mit seinem sich verjüngenden Stamm, den wenigen Ästen mit nadelförmig abstehenden Zweigen oder Blättern, in einer schlanken S-Kurve betont individualisiert ist. Die Haltungen des Tigers sowie des Mannes sind typisiert und entsprechen daher kaum irgendwelchen Naturbeobachtungen, sondern zeugen vielmehr von einer bildlich und inhaltlich strengen Festlegung.

Einige dieser Bildelemente finden wir auf einem hervorragend komponierten Einzelsiegel wieder. Auf der einen Seite des Bildes befindet sich der Baum, nur sitzt diesmal niemand auf seinen Ästen. Auf der entgegengesetzten Seite, den Körper noch immer abgewandt, den Kopf zurückgedreht, der Tiger, aber diesmal hat er sich halb aufgerichtet, in Abwehr eines merkwürdigen Mischwesens, das sich zwischen ihn und den Baum gestellt hat. Baum und Haltung des Tigers sind gleichsam die Fortsetzung des zuerst betrachteten Bildes. Es ist nur natürlich, auch die mittlere Gestalt in die weiterführende Handlung einzubeziehen und in ihr den Mann auf dem Baum oder einen von diesem herbeigerufenen Helfer zu erkennen. Das Mischwesen ist immer wieder mit dem sumerischen Enkidu, dem gezähmten Wilden und Freund des Gilgamesch, verglichen worden. Es handelt sich jedoch um ein weibliches Wesen mit Stierkörper, gehörntem Stierkopf und langem Schwanz, allerdings in menschlicher, aufrechter Haltung. Auf dem Kopf des Tigers befinden sich zwei Hörner. Sowohl die Stiermenschen als auch der gehörnte Tiger begegnen uns in Einzeldarstellungen, so daß es sich auch bei ihnen um feststehende Typen der frühindischen Kunst handelt.

Wiederum ist der Baum dasjenige Bildelement, durch welches noch weitere Darstellungen zu den bereits besprochenen in Beziehung gebracht werden können. Auf einem Siegel aus Chanhu Daro befindet sich der Baum in der oberen Bildhälfte unter den Schriftzeichen, darunter jedoch begegnen wir den uns schon bekannten Figuren, dem knienden Wesen, das diesmal zu ebener Erde einem ihm zugewandten Tiger gegenübergestellt ist. Auf einem beidseitig bebilderten länglichen Tonplättchen aus Mohendscho Daro sind mehrere Szenen erkennbar, die durch die Gruppe des davonschreitenden Tigers vor dem Mann auf dem Baum von vornherein als zu dem besprochenen Darstellungskreis zugehörig erscheinen. Wir sehen drei Bildgruppen, von denen die eine mit einer längeren Schriftzeile verbunden ist. Außer der Tiger-Baum-Gruppe sind dies eine Zweifigurengruppe, die das kniende Männchen, ein schriftartiges Hörnerpaar haltend, dem Baume gegenüber zeigt, und eine Dreifigurengruppe, die thematisch von besonderem Interesse ist. Eine mittlere mit ausgebreiteten zweigähnlichen Armen, sonst jedoch menschliche Figur, steht zwischen zwei Männern, die entwurzelte Bäume tragen. Die Köpfe der drei Figuren sind zu schlecht zu erkennen, um eine nähere Kennzeichnung zu versuchen. Die streng komponierte symmetrische Dreifigurengruppe ähnelt einem wiederholt zu findenden Bildtypus, der einen Mann zwischen zwei aufrecht stehenden Tigern zeigt, das Motiv des Tierbezwingers also, wie es in der Kunst des Vorderen Orients so häufig vorkommt. Ob diese Gruppe auch inhaltlich mit der ersten in Verbindung steht, bleibe dahingestellt, doch ist immerhin auffällig, daß auch hier Mensch und Tiger einander gegenübergestellt werden.

Die Rekonstruktion der Erzählung, wenn wir die Einzelszenen als fortlaufende Darstellungen einer solchen betrachten, würde demnach folgendermaßen lauten: Auf einem Baum hält sich ein menschliches Wesen auf, das natürlich auch als Baumgottheit angesprochen werden könnte. Es scheint einen Tiger davonzutreiben bzw. durch einen stiergestaltigen Dämon zu verjagen. Andererseits verhandelt dieses Wesen einer anderen Darstellung zufolge mit dem Tiger zu ebener Erde. Endlich sehen wir den Baumgott, diesmal durch die astähnlichen Arme eher als solcher zu erkennen, zwischen baumtragenden Männern, ebenfalls zu ebener Erde. Für einzelne Szenen ist bereits auf gewisse Übereinstimmungen mit späteren indischen Texten hingewiesen worden. Die engste Verwandtschaft besteht zu einem Dschataka, das bereits von *Ruben*

(Literatur der vorarischen Stämme Indiens, Berlin 1952), wenn auch nur allgemein, mit der Tiger-Baum-Gruppe verglichen wurde.

Das Vyaggha-Dschataka (Nr. 272) erzählt von zwei Gottheiten, die in einem Walde auf ihren Bäumen lebten. In diesem Walde hausen ein Löwe und ein Tiger. Die Reste der von ihnen getöteten Tiere verwesen im Walde und verpesten die Luft. Trotz den Warnungen der einen Baumgottheit konnte die andere den Geruch nicht länger ertragen und verjagte die Raubtiere, indem sie ihnen eine schreckeneinflößende Gestalt zeigte (!). Kaum waren die wilden Tiere aus dem Walde, da kamen Holzfäller und begannen die Bäume zu fällen. Die schuldige Baumgottheit versuchte noch einmal, die Tiere zur Rückkehr zu bewegen, doch umsonst, der ganze Wald wurde zerstört.

Wir erkennen sofort die Übereinstimmung nicht einer Szene, sondern des ganzen Zyklus mit dieser Erzählung. Am verblüffendsten ist die schreckeneinflößende Gestalt, die den Tiger verjagt, aber auch die Männer mit den entwurzelten Bäumen, die auf das bittere Ende hinweisen. Fast erscheinen die Parallelen zu eng, wenn wir uns den großen Zeitabstand zwischen diesen Siegeln und der Niederschrift der buddhistischen Dschatakas über zweitausend Jahre später vergegenwärtigen. Ein Umstand ist noch besonders erwähnenswert. Im Dschataka werden der Löwe und der Tiger genannt, während der Titel nur von einem Tiger spricht. Aber auch ein im Text vorhandener Vers wendet sich allein an die Tiger:

„Kommt doch, ihr Tiger, kehrt zurück,
kommt wieder in den großen Wald!
Nicht fall' der Wald, weil ihr jetzt fern;
nicht mögt ihr bleiben ohne Heim."

Wir wissen aber aus den Forschungen über die Dschatakas, daß die Verse zu deren ältesten Bestandteilen gehören und in ihnen manchmal etwas abweichende ältere Fassungen derselben Erzählungen zu erkennen sind.

Natürlich wird man sich hüten müssen, daraufhin die im Bild überlieferte altindische Erzählung mit der buddhistischen gleichzusetzen oder gar buddhistische Vorstellungen für die Indus-Kultur anzunehmen. Es ist sogar damit zu rechnen, daß die ältere Erzählung sich mit bestimmten Gottheiten verbindet und in ihrer früheren Gestalt eher mythologischer Art ist, worauf einige Einzelheiten, wie das Hörnerpaar auf dem Tigerkopf und in der Hand des Mannes vor dem Baum, hinweisen. Die Ergebnisse dieser genaueren Untersuchung sind jedoch wertvoll genug. Zeigen sie doch, daß das spätere indische Erzählgut auf ureigenen, landschaftlich fest gebundenen, weit älteren Vorstellungen beruht. Diese Feststellung ist schon deshalb wichtig, weil die weitbekannte Theorie von der indischen Herkunft der Märchen, die vor hundert Jahren *Theodor Benfey* aufgestellt hatte, hauptsächlich mit dem Hinweis widerlegt wurde, daß die indischen Märchen ja erst sehr spät seien und daß ihnen vorderasiatische, ja auch griechische Erzählungen zeitlich vorangehen. Mit unserer aus Harappa-Siegeln des dritten, ebenfalls noch zweiten Jahrtausends v. u. Zt. erschlossenen Erzählung verfügen wir jedoch über einen Altersbeweis, der bisher von keiner anderen Gegend der Erde überboten wird. In dieser konkreten Szenenfolge sind die oben beschriebenen Industsiegel ein unschätzbares Zeugnis für eine der ältesten Erzählungen, wenn nicht die älteste überhaupt.

Wir besitzen auf den altindischen Siegeln noch die Darstellung einer weiteren Baumgottheit, die, mit mächtigen Büffelhörnern versehen, stehend zwischen den Zweigen eines Pipalbaumes wiedergegeben ist. Wir finden sie als Einzelfigur, aber auch in szenischem Zusammenhang. Auf einem der figurenreichsten Siegel ist die Komposition zweireihig. Die Schriftzeichen sind hier auf den freibleibenden Raum der oberen Bildfläche verteilt. Die Handlung verläuft in den beiden Reihen im Gegensinne, eine Art der Anordnung, die sich von alters her in der orientalischen Kunst nachweisen läßt, von der Urukvase über den Kultbecher von Trialeti bis zu den Kompositionsschemen der assyrischen Obelisken. Dargestellt ist im unteren Register ein Zug von sieben bezopften menschlichen Gestalten, vermutlich Frauen, die im Tanzschritt aneinandergereiht völlig gleichartig gestaltet sind. Im oberen Register befindet sich der büffelhörnige Gott im Baum als Hauptfigur, auf die sich sämtliche Akteure hinbewegen. Vor ihr kniet, die Arme vorgestreckt, ein gleichfalls gehörnter und bezopfter Mann, hinter dem sich ein Mischwesen mit Ziegenleib und hochgestelltem Schwänzchen, gedrehten Hörnern und menschlichem Kopf der Gottheit nähert.

Offensichtlich ist hier also eine weitere Baumgottheit gemeint, die mit anderen Attributen ausgestattet auch in einen anderen Bildzusammenhang gestellt ist. In der Deutung des soeben beschriebenen Siegels, als auch der hieran anzuschließenden Darstellungen auf einem dreiseitigen Prisma und einem Siegelfragment ist gelegentlich auf die Möglichkeit einer Kultszene hingewiesen worden. Die Anordnung wie auch der Inhalt wären dann ähnlich zu verstehen wie die Darstellung auf der berühmten Urukvase, nämlich eine Darbringung an die Gottheit, wobei in unserem Fall das seltsame Mischwesen als Opfertier (?) anzusehen wäre. In den anderen Fassungen der Szene ist das Tier tatsächlich zwischen den Baumgott und die kniende Figur gestellt. Andererseits ist das Tier in seiner besonderen Charakterisierung doch wohl als ein dämonisches oder göttliches Mischwesen anzusprechen, von dem man schwer glauben möchte, daß es als Opfertier gedient haben könnte. Von dieser Seite her gesehen, käme also auch hier eher eine mythologische Darstellung in Frage. Auf dem dreiseitigen Prisma in unserer Bildgruppe, wenn auch auf den verschiedenen Bildseiten, mit der Gruppe des Tigers vor dem Gott auf dem Baum und einer Schriftzeile mit Tierdarstellung vereinigt. Auch diese Zusammenstellung spricht eher für eine mythologische Darstellung als für eine Kultszene.

Das weitaus bedeutsamste unter den Siegeln ist ein leider etwas beschädigtes Stück aus Mohendscho Daro, auf dem als Hauptgestalt ein Gott mit Hörnerkrone dargestellt ist. Es handelt sich um einen thronenden Mann, nach indischer Art mit untergeschlagenen Beinen sitzend, der ein weit ausladendes Hörnerpaar auf dem Kopfe trägt, von der Art, wie man es bei den Siegeldarstellungen als kennzeichnend für den Büffel wiederfindet. Die Mitte zwischen den Hörnern wird durch einen fächerartigen Kopfaufsatz gebildet, vielleicht einen hochgestellten Federbusch. Ein ähnlicher Kopfaufsatz findet sich bei dem gehörnten Gott im Pipalbaum, und man kann auch an die bezopften, mit einer aufgesteckten Feder versehenen schreitenden Figuren der gleichen Bildgruppe erinnern. Der Typus des thronenden Gottes taucht mehrfach auf Siegelplättchen auf, doch nur einmal ist er in eine größere Bildkomposition einbezogen. Wie üblich befinden sich am oberen Rand des Bildes einige Schriftzeichen, von denen eines in der Form eines Strichmännchens, wie es scheint, in das eigentliche Bild hineingeraten ist.

Der Gott hat auf dem großen Bildsiegel drei Gesichter. Er ist als ityphallisch gekennzeichnet. Um seinen Hals legen sich schwere Schmuckketten, und auch die Arme sind mit Schmuckreifen bedeckt. Der Gott sitzt auf einem schemelartigen Thron, unter dem sich zwei gegenständige Bergziegen befinden, deren Köpfe sich voneinander abwenden. An der Seite der Gottheit befinden sich vier der typischen Siegeltiere, je zwei an jeder Seite übereinandergeordnet. Nashorn, Büffel und Tiger wenden sich dem Gott zu, während der Elefant den Rücken zeigt. Die Tiere sind in ihrer üblichen Haltung dargestellt, der Tiger halb erhoben wie auf dem Tigerkampfsiegel, der Büffel mit leicht gehobenem Kopf. Der bildlichen Anordnung zufolge ist die Gottheit deutlich als Herr der Tiere zu erkennen, und zwar der wilden Tiere, da der kurzhörnige Stier, das Zebu und das sogenannte Einhorn fehlen. Vielleicht ist es auch von Bedeutung, daß mitten über dem Kopfschmuck des Gottes ein Schriftzeichen angebracht ist, das uns häufig auf den Siegelinschriften begegnet. Es handelt sich offensichtlich um die abgekürzte Darstellung jenes Baumes mit der offenen Mitte, des Pipalbaumes also, in dem ein gehörnter Gott steht. Die Möglichkeit ist gegeben, daß hier auf den Zusammenhang des thronenden Gottes mit jener uns bekannten Gottheit hingewiesen werden sollte. Eine solche Deutung gewinnt schon deshalb an Wahrscheinlichkeit, da sonst auf unserem Siegel gerade der für die meisten frühindischen Darstellungen so charakteristische Baum fehlen würde. Wir dürfen auch nie vergessen, daß Bild und Schrift in einem engen Verhältnis zueinander gestaltet sind, worauf ja schon bei den Hörnern des Tigers und den „herabgerutschten" Schriftzeichen hingewiesen wurde.

Das Bild der mit untergeschlagenen Beinen thronenden, von Tieren umgebenen Gottheit ist trotz der Kleinheit des Siegelformates ein so eindrucksvolles Zeugnis für die religiösen Vorstellungen wie auch für die Gestaltungskraft der frühindischen Kunst, daß man nur ungern annehmen möchte, es sei eigens für das Siegelformat geschaffen. Es muß vielmehr als sehr wahrscheinlich angesehen werden, daß für diesen Bildtypus eine größere Vorlage existierte, vielleicht ein bemaltes Kultbild. Wie immer man diese Frage beantworten wird, es ist nicht zu übersehen, welche Auswirkungen dieses Bild sowohl in der Frage der Kontinuität indischer religiöser Vorstellungen als auch in bezug auf die Übermittlung von Bildvorstellungen in ferne Länder und späte Epochen hinein gehabt hat.

(T. 20) Die Gottheit im indischen Sitz stimmt in vielen Zügen mit dem späteren indischen Gott Shiva überein, sowohl in bezug auf die Dreigesichtigkeit wie auch die Betonung des Geschlechtsorgans, den Bergthron, die Kennzeichnung als Herren der Tiere und den Asketensitz. Dies ist um so merkwürdiger, als die vedische Epoche den Gott Shiva in dieser Gestalt überhaupt nicht kennt, so daß also eine über tausendjährige Bild- und Schriftquellenlücke zwischen dem Indussiegel und den späteren bildlichen und textlichen Beschreibungen der Gottheit zu überbrücken ist. Es zeigt sich hier quellenmäßig das gleiche Bild wie bei jenem zuvor durchgeführten Vergleich zwischen einem buddhistischen Dschataka und einer frühindischen Siegelfolge, nämlich eine Unterbrechung der Kontinuität in der indischen Kulturgeschichte durch die sogenannte Einwanderung der Arier. Über diese Zusammenhänge wird aber noch ausführlicher zu sprechen sein.

Unser Göttersiegel hat jedoch ebenfalls einen erheblichen Einfluß auf außerindische Kulturen ausgeübt. Die kompositionellen und inhaltlichen Beziehungen zu einem keltischen Fund, dem Kessel von Gundestrup, hat bereits Schrader aufgezeigt. *(F. O. Schrader, Indische Beziehungen eines nordischen Fundes, ZDMG, 1934, S. 185).* Hier sind zwei Szenen, die eine menschlich gebildete Figur inmitten einer Gruppe von vier Tieren zeigen, auch in den Einzelheiten, z. B. der gehörnten Gottheit, dem indischen Sitz, der Rückendrehung des einen der vier Tiere, der Elefantendarstellung u. a., so verblüffend ähnlich, daß irgendwelche Beziehungen, vermutlich über Mittelglieder, kaum zu leugnen sind. Vorderasiatische Zwischenglieder, Siegeldarstellungen und Reliefs aus dem syrischen Bereich, lassen ähnliche Kompositionen erkennen, wenn auch die Inhalte verschieden sind. Neuerdings hat *Hentze* auch auf die Verwandtschaft bestimmter chinesischer Bronzemotive mit der gleichen Komposition hingewiesen. Der indische Sitz mit untergeschlagenen Beinen, den man ebenfalls längst in der keltischen Kunst belegt gefunden hatte, ist inzwischen auch in der frühdynastischen sumerischen Kunst bei einer Statue aus Khafadschi nachzuweisen, *(Abb. 38)* hier wohl deutlich in direkter Abhängigkeit von frühindischen Vorbildern. Soweit man das Material heute überblicken kann, ist die indische Darstellung das älteste erhaltene Beispiel eines Bildtypus, der sich fast universaler Verbreitung erfreute. Als Hauptbeispiel sei nur noch das weithin bekannte Bildschema des Orpheus unter den Tieren genannt, das sich seit der Spätantike kontinuierlich bis in die neuere Kunst nachweisen läßt. Thematisch hängt unser indisches Siegel, *(Abb. 39)* wie bereits betont, mit der großen Zahl von Darstellungen des Herrn der Tiere (oder der Herrin der Tiere) zusammen, die aber kompositionell oft verschieden gestaltet sind. Andererseits sei darauf hingewiesen, daß auch der wichtigste Bildtypus dieser Gruppe, der Tierbezwinger, in der Komposition einer Dreifigurengruppe, wie bereits betont, auch unter den frühindischen Darstellungen auftritt. Für die indische Religionsgeschichte wie für die allgemeine Kunstgeschichte ist also dieses Siegel von ganz unschätzbarer Bedeutung.

Im Gegensatz zu diesem so ausführlich behandelten Siegel ist ein anderer Fund, aus Chanhu Daro, bisher noch nicht recht in seiner Bedeutung erkannt worden. Es handelt sich um die Darstellung eines kurzhörnigen Stieres über einem liegenden menschlichen Wesen. Den oberen Rand bildet wie üblich die Schriftzeile. Man hat dieses Siegel gemeinsam mit einigen anderen Darstellungen in die Gruppe der Stierkampfsiegel eingereiht. Es handelt sich um Szenen, wo bewaffnete Männer Stiere oder Büffel angreifen bzw. wo auf einem interessanten Stück ein Büffel eine ganze Schar von Männern in wilder Attacke durcheinanderschleudert. In gewissem Sinne hängt diese Gruppe mit den bekannten Stiersprung- und Stierkampfdarstellungen der kretisch-mykenischen Kunst zusammen, obwohl in Indien wohl weniger ein Spiel als vielmehr recht ernste Vorgänge gestaltet sind.

Das Siegel aus Chanhu Daro scheint jedoch der eben genannten Gruppe nicht anzugehören. Vielmehr ist die betonte Männlichkeit des Stieres im Zusammenhang mit der unter ihm liegenden Gestalt, die dem Stier die Arme entgegenstreckt und ein Bein halb emporhebt, weit eher als die Darstellung einer Begattung zu deuten, womit die liegende menschliche Gestalt zugleich als eine weibliche zu erkennen wäre. Eine solche Deutung eröffnet Beziehungsreihen von fast noch größerer Tragweite als jene des Göttersiegels. Es sind auch gerade die Vergleichsbeispiele, die diese Deutung wahrscheinlich machen, und es sei daher ein kurzer Exkurs in dieser auch für die Religionsgeschichte so wichtigen Frage gestattet.

Der Indologe *W. Kirfel* hat schon vor längerer Zeit auf textliche Belege von Stier- und Pferdeopfern hingewiesen, in denen der Beischlaf der Frau des Opfernden mit dem Opfertier eine große Rolle spielt *(W. Kirfel, Aśvamedha, Schubring-Festschrift, Hamburg 1951)*. Der Wiener Ethnologe *Wilhelm Koppers* hatte bereits das hierher gehörige Material in einer Schrift über Pferdeopfer und Pferdekult der Indogermanen zusammengestellt und auf die Cohabitatio der Hauptfrau des Opferherrn mit dem Pferde hingewiesen. Zugleich ließ sich auch der Nachweis erbringen, daß dem Pferdeopfer ein älteres Rinderopfer vorausging, d. h. auf vorindogermanische Sitten hinwies. Was hier aus den Schriftquellen erschlossen wurde, scheint durch unser Siegel seine Bestätigung zu finden. Es wäre allerdings ein zu weitgehender Schluß, aus der kleinen Siegeldarstellung ein kompliziertes Stierritual herzuleiten. Man würde eher an Fruchtbarkeitskulte denken, bei denen der Stier als betonter Vertreter des männlichen Prinzips in eine Verbindung mit den weiblichen Fruchtbarkeitsgestalten getreten ist.

Stier und Lingam sind bekanntlich in der späteren hinduistischen Religion gekoppelt im Kult des Gottes Shiva, dessen Vorbild wir soeben auf dem großen Göttersiegel zu erkennen glaubten. Nandi, der Stier, ist das Reittier dieses Gottes, ebenso wie das Lingamsymbol noch heute in vielen indischen Shivatempeln an der Stelle das Götterbildes steht. Auf die zahlreichen frühindischen Stierdarstellungen, Tonfiguren und Siegelbilder wurde bereits hingewiesen. *(T. 39 unten)* Andererseits ist es schon den ersten Ausgräbern aufgefallen, wie häufig die Funde phallischer Symbole gerade im frühindischen Bereich waren, der sich dadurch vom mesopotamischen und ägyptischen Kulturbereich deutlich abhob. Auch bildeten gerade diese Funde ein wesentliches Argument gegen die Identifizierung der Mohendscho-Daro- und Harappa-Kultur mit der vedischen Kultur, die wenig von phallischen Kulten erkennen ließ. Man hielt es im Gegenteil früher für erwiesen, daß erst die Griechen den Phalluskult nach Vorderasien und Indien brachten.

Die Ausgrabungen der letzten Jahrzehnte haben diese Auffassungen widerlegt. Neben dem frühindischen Zentrum, zu dem sich einige bereits erwähnte Funde aus Baludschistan hinzufügen lassen, sind auch frühe Belege phallischer Kulte aus dem vorderasiatischen Bereich bekanntgeworden, insbesondere aus dem frühgeschichtlichen Palästina und aus Kreta. Neuerdings weisen auch einige Funde auf der Insel Bahrein im Persischen Golf, auf deren Zusammenhang mit dem frühen Indien wir noch zu sprechen kommen werden, so ein Phallusidol aus Lapislazuli und Darstellungen von Stierbegattungen auf Siegeln, nicht nur auf die Bedeutung der phallischen Kulte, sondern auch auf die Möglichkeit engerer kultureller Beziehungen zwischen den Gebieten, für die sie typisch sind. Vielleicht ist es dabei kein Zufall, daß derartige Funde sich in den Küstenzonen häufen, von der Makranküste nach Bahrein im Persischen Golf und wiederum an den Ostküsten des Mittelmeeres.

Fruchtbarkeits- und phallische Kulte schließen noch unmittelbar an die Gepflogenheiten der Epoche der Stammesordnung, also der altbäuerlichen Kulturen an. Die Tier-Cohabitatio auf dem Siegel aus Chanhu Daro mag uns zunächst befremden, doch werden wir bedenken müssen, daß in der frühindischen Zeit die Grenzen zwischen Mensch und Tier noch nicht so streng abgesteckt waren, wie auch die Bildung zahlreicher Mischwesentypen und die mit Tiermerkmalen (Hörner!) ausgestatteten Götter bezeugen. Wie die Ehe- und Familiengebräuche unter den Menschen änderte sich auch das Tier-Mensch-Verhältnis erst allmählich unter dem Einfluß einer höheren, allein von den Formen menschlichen Zusammenlebens bestimmten Moral, wie sie sich erst in den frühesten Staatswesen durchzusetzen vermag. Es ist also durchaus verständlich und auch nicht anstößig, daß wir gerade in den altorientalischen Kulturen noch Reste bildlicher Darstellungen von der auf unserem Siegel vertretenen Art erkennen können.

Es darf an dieser Stelle an einige verwandte Vorstellungen und Gebräuche erinnert werden, die uns noch heute begegnen, und sei es auch in stark verschleierter Form, nämlich in unseren Märchen, in denen sich ja viel uraltes Gedankengut erhalten hat, das einmal größere Bedeutung gehabt haben muß. Man denke etwa an das Motiv „la Belle et la Bête", an das Märchen von Amor und Psyche und unsere bekannte Grimm-Erzählung vom Froschkönig. Diese Hinweise, die leicht vervielfacht werden könnten, müssen hier genügen, sollen sie doch nur dazu dienen, einen neuen Aspekt des altorientalischen Bildmaterials erkennen zu lassen, der bisher ungenügend beachtet wurde.

(Abb. 40) Etwa gleichzeitig mit dem eben beschriebenen Industsiegel ist ein kleines iranisches Stempelsiegel aus Tepe Giyan, das die Begattung einer menschlichen Gestalt durch einen Stier recht deutlich zeigt. Merkwürdigerweise scheint sich aber die bildliche Kontinuität dieser Darstellungen weniger auf den Stier als vielmehr auf den Löwen zu konzentrieren, der ja im Vorderen Orient eine Hauptrolle spielt und als Macht- und Kraftsymbol in der Götter- und Königssymbolik die gleiche Stellung einnimmt wie ein Stier. Wir besitzen eine ganze Reihe von Kleinplastiken und Reliefdarstellungen, auf denen ein Löwe über einer menschlichen Gestalt wiedergegeben ist, was man allerdings meist als reines Kampfmotiv, genau wie das Industsiegel aus Chanhu Daro, gedeutet hat. Wie der Stier den unter ihm liegenden Menschen wütend zertram-

pelt, so wollte man auch den Löwen als Besieger des Menschen auffassen. Gegen diese Deutung spricht jedoch die Haltung des liegenden Menschen auf einigen dieser Darstellungen und ganz besonders der Ausdruck der Verzückung im menschlichen Gesicht, der bereits frühere Interpreten irritiert hatte, da er sich doch kaum mit den Schrecken des Aufgefressenwerdens zu vertragen scheint.

(Abb. 41) Als ein Hauptbeispiel für die vorderasiatischen Darstellungen dieser Art soll uns das noch nicht lange bekannte Elfenbeinrelief aus Kalchu-Nimrud dienen, ein zwar verhältnismäßig spätes Beispiel aus dem ersten Jahrtausend v. u. Zt., auf dem aber gerade die behutsame Haltung des Löwen ebenso deutlich zu erkennen ist wie die merkwürdig entgegenkommende Haltung des Menschen, bei dem es sich nicht, wie man bisher ohne weiteres angenommen hat, um einen Mann zu handeln braucht. Ein indisches Beispiel aus noch späterer Zeit, eine Monumentalskulptur aus Khadschuraho, bezeugt den gleichen Typus in diesem Lande. *(Abb. 45)* Dort ist die Frauengestalt deutlich genug wiedergegeben, und die Haltung der Frau wäre auch völlig unverständlich, wenn wir die Szene als bloßes Kampfmotiv auffassen wollten.

Man wird bei der Deutung dieser Szenen allerdings darauf zu achten haben, daß eine Verbindung zum Kampf- bzw. Überwindungsmotiv inhaltlich ebenfalls besteht. Handelt es sich doch bei dieser Cohabitatio um eine Art Vergewaltigung, bei der zugleich die Kraft und überwältigende Stärke des männlichen Prinzips zum Ausdruck gebracht werden sollte. *(Abb. 42)* Einige Beispiele seien noch erwähnt, so etwa ein minoisches Elfenbeinsiegel, das leider stark beschädigt ist, dessen den Griff verzierende Gruppe jedoch durchaus in unserem Sinne zu deuten wäre. Auch die berühmte Großplastik des Löwen von Babylon muß hier herangezogen werden, obwohl sie bisher eindeutig als Siegesdenkmal gewertet worden ist. *(Abb. 44)* Aber der triumphierende Sieger kann auch hier durchaus in einer Doppelbedeutung aufgefaßt werden. Das gleiche gilt für gewisse Darstellungen auf phönikischen Metallschalen. Am reinsten zeigt diesen Typus ein älteres Tontäfelchen aus Gezer, das auch kompositionell dem Indussiegel am nächsten steht, wenngleich es sich auch in diesem Falle um einen Löwen handelt. *(Abb. 43)*

Es sei abschließend noch darauf hingewiesen, daß die Tierbegattung ein häufiges Motiv späterer indischer Miniaturen ist und daß sich auch noch in der spätmittelalterlichen europäischen Kunst deutliche Anklänge, wenn auch im Gegensatz zu den drastischen indischen Beispielen eher in der verklärten spätorientalischen Form, finden. Hier seien nur einige wenige Darstellungen genannt, etwa über einem Fenster des Seitenschiffs von S. Maria Maggiore in Barletta, eine Portalskulptur von Trani oder die große Sphinxgruppe aus dem Dom von Palermo, bei denen stets die liebevolle Umarmung durch das Raubtier das kennzeichnende Material bildet. Die älteren literarischen Überlieferungen, soweit sie unser Thema berühren, scheinen den Stier gegenüber dem Löwen zu bevorzugen. So finden wir beispielsweise im Apis-Ritual in Ägypten verzeichnet, daß die Frauen vor der Zeugungskraft des Apis-Stieres erschauerten. Auch der griechische Europa-Mythus bezeugt den Raub der Europa, der Tochter des Phönikers Agenor, durch Zeus in der Gestalt eines Stieres! Diese Entführung der Europa aus Asien mag geradezu als Gleichnis für unser Motiv dienen. Die oben aufgezeigte Übertragung altorientalischer Vorstellungen und Sitten auf europäischen Boden ist hier in einem Mythus, der als solcher schon eine Übertragung zu sein scheint, symbolhaft verdeutlicht.

Ermutigt durch die bisherigen Resultate unserer Untersuchungen, die uns jene frühindische Kultur auch ohne die Lesung der Texte lebendig werden lassen, seien nunmehr einige Belege angeführt, die die Indusschrift und die Bilder in engerem Zusammenhang erscheinen lassen. So ist in den Schriftzeichen noch häufig das ursprüngliche Bild zu erkennen. Auf den Baum vom

Pipaltypus wurde bereits hingewiesen. Häufig sind die in Strichverkürzung wiedergegebenen Menschen, gelegentlich als Bogenschützen, erkennbar. Auf einem Tontäfelchen aus Mohendscho Daro steht ein Rhinozeros zwei Schriftzeichen gegenüber, einem Männchen und einem Fischzeichen, die beide in ein klammerartiges, sichelförmiges, unten und oben offenes Oval gestellt sind. Da die Proportionen zwischen Mensch und Tier wohl gewahrt sind, sieht das Ganze wie ein einheitlicher Bildvorgang aus, und man könnte beinahe an die Darstellung einer Rhinozerosjagd denken, bei der das Fischzeichen hinter dem Manne auf die Sumpf- und Flußlandschaft hinwiese. Der Fisch findet sich ja als nähere Kennzeichnung von Wasser immer wieder auch in der vorderasiatischen Bildkunst, gleichfalls in Ägypten.

(Abb. 29) Bildähnlicher noch ist ein anderer Typus, der ein indisches Flußkrokodil, das Gharial, zeigt, wie es gerade nach einem Fisch, dem eben beschriebenen Fischzeichen, schnappt. Diese einfache Gegenüberstellung zweier Tiere, die für uns inhaltlich nicht viel mehr aussagt, als daß das Krokodil ein Fischfresser ist, begegnet uns wiederholt, neuerdings auch in Lothal. Hier ist ein Stelzvogel als Fischfresser abgebildet, ein Motiv, zu welchem sich zahlreiche Parallelen aus der Bildkunst des Vorderen Orients anführen ließen. Besonders beliebt waren Darstellungen dieser Art in der Gefäßbemalung der Susa II-, Dschemdet Nasr- und Scharlachware Elams und Mesopotamiens. Zu diesen kleinen, sich häufiger wiederholenden Bildschemen, die uns genreartig anmuten, gehören auch die in Indien oft dargestellten sich bekämpfenden Stiere, eine gegenständige Anordnung des bekannten Siegelbildtypus vom kurzhörnigen Stier. Auch dieses Motiv erfreut sich im Vorderen Orient einer weiten Verbreitung. Dort findet sich auch die Gruppe des ein Jungtier säugenden Muttertieres, die bisher in Indien nicht belegt ist.

Die Kombination von Schrift und Bild weist auch ein dreiseitiges Prisma auf, dessen eine Darstellung, den Gott im Pipalbaum, wir schon betrachtet haben. Vor einem Tiger befindet sich der niedrige Futtertrog, hinter dem Tier steht ein Strichmännchen, dahinter das Pipalbaumzeichen und endlich noch ein weiteres Schriftzeichen, das einem vergitterten Fenster gleicht. Die Zusammenstellung von Tiger, Mann, Baum erinnert natürlich sofort an die uns bereits bekannte Gruppe. Andererseits sind eigentliche Schriftzeichen auch in Bildzusammenhänge eingeordnet. Auf einem Siegel aus Chanhu Daro sehen wir den Bogenschützen einem bildgerecht gestalteten Ibex gegenübergestellt, womit offensichtlich eine Jagdzsene angedeutet wird. Eine ausführlichere Jagdgruppe finden wir auf einem länglichen Tonplättchen aus Mohendscho Daro. Hier stehen drei Bogenschützen, hintereinander gereiht, einer Antilope gegenüber, in deren Leib bereits einige Pfeile stecken.

Diese Jagdgruppe ist auch thematisch interessant, insofern bestimmte Züge auf Verbindungen mit Vorderasien schließen lassen. So zeigt beispielsweise die berühmte Löwenjagdstele aus Uruk einen Bogenschützen, der gerade auf Löwen anlegt, und auch hier stecken bereits einige Pfeile in den Körpern der angreifenden Raubtiere. Vergleichbar ist aber auch die Form der Pfeile mit den verdickten Enden und der abgeflachten Spitze. Ähnliche Jagdgruppen begegnen uns auf der altägyptischen Löwenjagdpalette, einem elamischen Rollsiegel aus Susa, das in zahlreichen Varianten vorliegt, auf einem mittelminoischen Siegel, einem Stempelsiegel aus Megiddo sowie auf mittelassyrischen und spätluristanischen Denkmälern. Auf einigen Indusplättchen tritt auch ein einzelner Jäger mit Bogen auf, in sehr undeutlicher Zeichnung zwar, aber, wie es scheint, mit einem Feder- und Fellbehang bekleidet und mit Hörnern auf dem Kopf. Hier möchte man eher an eine Jagdtarnung glauben als an die Darstellung einer Göttergestalt.

(S. 111 ff.) In der Komposition sind noch zwei Siegel bemerkenswert, die den Pipalbaum in den Mittelpunkt stellen. Das eine stammt aus Mohendscho Daro. In symmetrischer Anordnung erkennen wir die dem Baum zugewandten Köpfe zweier Stiermischwesen vom „Einhorn-Typus“,

deren lange Hälse mit dem Baumstamm in einem kreisförmigen Knoten zusammenwachsen. Die Schriftzeile ist diesmal in der unteren Bildhälfte angebracht. Hier tritt das Fischzeichen besonders deutlich hervor. Zwischen den Pipalblättern, die sich symmetrisch über den Stierköpfen ranken, und den Stierhälsen befinden sich noch ein paar langstielige Knospen. Inhaltlich kann man diese strenge Wappenkomposition in der Vereinigung der Themen Stier und Baum und die schon wiederholt beschriebene Gruppe beziehen. Ein Tonabdruck aus Chanhu Daro zeigt die symmetrische Anordnung zweier Männer zu beiden Seiten des Baumes.

(Abb. 28) Zu den streng symmetrischen Siegeldarstellungen müssen wir auch das Bild auf einem Täfelchen aus gelber Paste rechnen, das in Mohendscho Daro gefunden wurde. Hier finden wir die Gottheit im indischen Sitz auf dem schemelartigen Thron zwischen zwei knienden, anscheinend anbetenden Männern, hinter denen sich jeweils eine mächtige Kobra erhebt. Die Thematik erinnert sehr an die späteren Buddhadarstellungen, bezeugt aber wie das große Göttersiegel und die Pipal-Wappensiegel die Existenz von großfigurigen Flächendarstellungen, die im Kult Verwendung fanden. Die Darstellung der Schlange ist in der frühindischen Kunst keineswegs so selten, wie man dies früher annehmen mußte. Neben der Tonfigur einer zusammengerollten Schlange sind neuerdings auch Schlangenbilder auf Scherben aus Nathal gefunden worden. So ist auch hier der Zusammenhang mit dem späteren Indien gegeben, wo die Schlangenverehrung eine wichtige Rolle spielte.

Der Vorrat figürlicher Szenen in der frühindischen Kunst ist damit noch nicht erschöpft. Es gibt noch einige interessante Gruppen, deren Deutung jedoch Schwierigkeiten bereitet. So findet sich auf einem länglichen Täfelchen eine gebärende Frau im Hocksitz, durch einige Schriftzeichen von einem Paar gegenständiger Tiger getrennt, die allerdings auf dem Kopf zu stehen scheinen. Das Gebilde unter dem Leib der Frau gleicht eher einer Schildkröte als einem Menschenkinde. Die gleiche Schriftgruppe wie bei dieser Darstellung begleitet eine völlig andere Szene. Hier steht vor einer mit seitlich abgespreizten Beinen sitzenden Frau mit flatternden Haaren und halb erhobenen Armen ein Mann, die Waffe in der Hand, offenbar im Begriff, die Frau zu töten. Der Sitz mit abgespreizten Beinen ist insofern von Interesse, als er sich nur selten dargestellt findet, etwa auf einem runden Stempelsiegel aus Ur, dessen Zugehörigkeit noch zu besprechen sein wird, und auf einem Stempel minoischer Herkunft.

Die künstlerische Fähigkeit, thematische Gegebenheiten kompositionell eng zusammenzufügen, zeigt sich auch in den Darstellungen von Tierwirbeln, die uns bereits den ornamentalen Motiven näherbringen. Ein Siegelfragment zeigt drei Tiger, die, im Kreisrund angeordnet, so ineinandergreifen, daß sich in der Mitte ein Dreipaßmuster aus den Tigerschultern ergibt. Hier ist vor allem die Dreizahl beachtenswert. Bei den Tier- und Menschenwirbeln, denen wir in der Siegelkunst Vorderasiens begegnen, sind es stets vier Figuren, manchmal auch nur zwei, die einander jagend oder hakenkreuzförmig angeordnet sind. Ein weiteres Steatitsiegelfragment aus Mohendscho Daro zeigt sechs Tierhälse – ähnlich jenen auf dem Pipalwappen – in wirbelförmiger Anordnung, auf denen die Köpfe des „Einhorns", des kurzhörnigen Stieres und des Tigers zu erkennen sind. Ein anderer sechsteiliger Wirbel bildet nur den einen Arm eines „Einhorn"-Kopfes.

(S. 111 ff.) Die Dreizahl begegnet uns ebenfalls bei einigen Mischwesen, bei denen ein kurzhörniger Stier drei Köpfe hat, nämlich den des „Einhorns", der Antilope und des Ibex. Ähnlich wie die Kombination der Köpfe bei den Wirbeln wird man auch diese Darstellungen als eine Verschmelzung verschiedener Kräfte mit einem Körper ansehen können, also als einen typischen Prozeß der Mischwesenbildung. Es mag an dieser Stelle angebracht sein, noch einige Bemer-

kungen zu den Mischwesen zu machen, deren bedeutsame Rolle in der frühen Bildkunst längst aus den vorderasiatischen Kunstbereichen bekannt ist.

Wenn wir unter einem Mischwesen die Verbindung wesentlicher Bestandteile oder Eigenschaften verschiedener Wesen oder Naturgegebenheiten zu einem neuen Wesen verstehen wollen, so können wir als charakteristisch für dieses angeben, daß es erstens als Naturgebilde nicht existiert, also dem Bereich der menschlichen Phantasie angehört, und zweitens, daß es in seiner so geschaffenen Form eine organische Einheit bildet, einen neuen lebensfähigen Typus.

Aus welchen Formquellen sind die Einzelteile derartiger Mischwesen entlehnt? Zunächst ist der Mensch eine unerschöpfliche Quelle der Formentlehnung. Schon das Tier in menschlicher Haltung ist ein Mischwesen nach unserer Definition, ein neues Wesen mit teils menschlichem, teils tierischem Charakter. Tiere aller Arten können Einzelzüge der Mischwesenbildung beisteuern, aber natürlich auch die Gesamthaltung des Tieres, die im Gegensatz zum Menschen horizontal ist. Ferner kommen als Formquellen die Pflanzen in Frage, aber auch Naturelemente wie Berge, Wolken, Wasser, Feuer usw.

Bei einer systematischen Betrachtung der Mischwesentypen in der altorientalischen Kunst, zu der wir die indische hinzurechnen, ist vor allem ein Gesetz der Typenbildung zu beachten, das hier nur kurz erwähnt werden mag. Es ist von *Henri Frankfort* an Hand vorderasiatischer Rollsiegel der Akkadzeit erläutert worden. Dort begegnet uns ein Mischwesen, halb Schlange, halb Mensch, ein geringelter Schlangenleib, auf dem ein menschlicher Körper sitzt. Dieses Schlange-Mensch-Mischwesen ist inhaltlich gleichbedeutend erstens einem rein schlangengestaltigen Typus auf den gleichen akkadischen Siegeln, zweitens einem rein menschengestaltigen Typus, der durch Schlangenattribute gekennzeichnet ist. Schlange, Mensch und Menschenschlange bzw. Schlangenmensch wechseln und ersetzen sich also je nach der szenischen Notwendigkeit. Man kann dieses Gesetz der frühen Bildkunst als das der Auswechselbarkeit gewisser zusammengehöriger Typen bezeichnen.

Frankfort führt noch eine weitere Typenreihe an, das Vogel-Mensch-Mischwesen. In der späteren buddhistischen Kunst begegnet uns auch in Indien der sogenannte Naga, ein Wesen, das als Schlange und als Mensch charakterisiert wird. Dieser Naga, den wir gut aus der buddhistischen Literatur kennen, ist in der Kunst in drei Formen dargestellt: 1. vollkommen als Mensch gestaltet, wobei nur über dem Kopfe die mächtige Haube einer Schlange hervorragt, die aus dem menschlichen Hals zu wachsen scheint und zum Menschenkopf hinzutritt; 2. als gewöhnliche Schlange; 3. als eine Kombination von Mensch und Schlange, meist Schlangenleib mit menschlichem Oberkörper.

Die Analogie zum altorientalischen Typus der Akkadzeit ist bei diesem indischen Beispiel offensichtlich. In der buddhistischen Literatur ist nun dieses Schlangenwesen ständig bedroht von einem Vogelmischwesen, dem Garuda, das eine gleichartige dreiförmige Gestaltwandlung durchlaufen kann. Der Vogel kämpft gegen die Schlange, der Vogelmensch Garuda gegen den Schlangenmenschen Naga. In diesem Bildwerk dient also der Gestaltwandel der szenischen Gleichschaltung der Typen und ist inhaltlich nicht von unterscheidender Bedeutung.

Da wir gerade diese Beispiele für die grundsätzliche Erläuterung einiger Mischwesentypen gebraucht haben, sei gleich darauf hingewiesen, daß gerade die Vogel- und Schlangenmischwesen in der Kunst der Harappa-Zeit fehlen, jedenfalls in den bisher bekanntgewordenen Denkmälern. Das führt zu einer sehr wichtigen Feststellung. Haben wir doch gesehen, daß ein enger Zusammenhang zwischen späteren indischen und älteren vorderasiatischen Typen besteht. Das besagt also nicht mehr und nicht weniger, als daß auch nach der frühindischen Epoche noch vorderasiatisches Bild- und Gedankengut nach Indien eingedrungen sein kann oder tatsächlich eingedrungen ist. Das Fehlen von Vogel- und Schlangenmischwesen ist für die Indusdarstellungen insofern bezeichnend, als es beweist, daß die frühindische Kultur gegenüber der vorderasiatisch-mesopotamischen durchaus ihre Unabhängigkeit und Eigenart bewahrt.

Das am häufigsten auftretende Mischwesen der Induskunst ist mit einem Stier-Tiger-Leib versehen, auf dem der Kopf eines Elefanten mit den Hörnern eines Stieres sitzt. Hier zeigen sich bereits die wichtigsten Misch-Elemente, Stier, Tiger, Elefant, wobei der Tiger und der Elefant, da sie in Vorderasien kaum vorkommen, besonders charakteristisch sind. Das einmalige Auftreten eines derartigen Elefantenmischwesens auf einem Dschemdet-Nasr-Siegel aus Mesopotamien ist deshalb ein wertvoller chronologischer Beweis, da es mit großer Sicherheit auf indischen Einfluß zurückgeführt werden kann. In Indien tritt dieses Mischwesen sowohl auf den Siegeldarstellungen als auch unter den rundplastischen Steinfigürchen auf.

Eine eigene Problematik bietet das sog. „Einhorn", da die Frage strittig ist, ob die Einhörnigkeit auf die Wesensform oder die formal-künstlerische Ansicht zweier sich völlig überdeckender Hörner zurückzuführen ist. Ein Naturvorbild kommt nicht in Frage, da ja das Nashorn ebenfalls in sehr realistischen Darstellungen vorkommt. Andererseits muß die Deutung als reine Seitenansicht mit sich überdeckenden Hörnern die Frage auslösen, wieso bei den zahlreichen anderen Stier- und Büffeldarstellungen das Hörnerpaar jeweils vollzählig im Bilde erscheint, obwohl doch hier eine Profilansicht vorliegt. Damit ist auf jeden Fall die Absicht der einhörnigen Darstellung gegeben, eben das, was wir in unserer Charakteristik als wesentlich für die Mischwesenbildung erkannten.

In diesem Zusammenhang ist es von großer Bedeutung, daß die spätere westliche Überlieferung, beginnend mit den griechischen Historikern, Indien als die Heimat dieses Fabelwesens, des Einhorns, bezeichnet, und daß eben dieses Fabeltier in der europäischen Literatur und Kunst seit dem frühen Mittelalter eine erhebliche Rolle gespielt hat. Auch in der späteren indischen Literatur und Kunst erscheint wiederholt die Gestalt eines Einhorns in menschlicher Gestalt, als Kind eines Asketen und einer Gazelle durch ein Horn auf dem Haupte charakterisiert. Dieser Rsyaśringa oder auch Isisinga, der gehörnte Weise (auch Ekaśringa-Einhorn) wächst abseits von den menschlichen Behausungen, nur von Gazellen umgeben, auf. Im Mahabharata, im Ramayana und auch in mehreren buddhistischen Dschatakas und anderen Texten wird die nun folgende Erzählung in den wichtigsten Zügen übereinstimmend geschildert. Ihr Inhalt ist im wesentlichen die geschickte Verführung dieses unerfahrenen Waldjünglings durch eine junge Dame aus der Stadt, der es gelingt, den verliebten Einsiedler mit sich in die Stadt zurückzuführen. Diese indische Erzählung gleicht wiederum in den Grundzügen dem uralten sumerischen Epos von Gilgamesch und Enkidu. Auch hier wird der im Walde lebende Urmensch Enkidu von einer Frau verführt, so daß die Tiere ihn nicht mehr als ihresgleichen ansehen. Auch Enkidu folgt der Frau in die Stadt zu seinem nachmaligen Freund und Kampfgefährten Gilgamesch.

Eine ganze Fülle von Vergleichs- und Erklärungsmöglichkeiten tut sich hier auf. Ohne die Kenntnis der frühindischen Kultur würde man vermuten, daß die spätindischen Texte aus den altsumerischen Quellen schöpfen. Die merkwürdige Wesensgleichheit des Asketen-Einhorns und des frühindischen „Einhorn"-Tieres und die beharrliche Ableitung des Einhorns aus Indien geben aber zu denken. Wenn wir uns nunmehr noch des Siegels aus Chanhu Daro erinnern, auf dem die Cohabitatio eines Stieres mit einer Frau dargestellt ist – also das Elternpaar des indischen Asketen –, so möchte man doch vermuten, daß der Kern der Einhorn-Erzählung ebenfalls bereits in die Frühzeiten der indischen Kultur zurückreicht.

Hinzu kommt, daß dieser Geschichte eine historische Aussage entnommen werden kann, die den zivilisatorischen Prozeß, den geschichtlichen Weg von der barbarischen Lebensweise zur städtischen Zivilisation gleichsam symbolhaft reduziert und dabei der Frau die Hauptrolle zubilligt. Die bildlichen Darstellungen auf den älteren Siegeln vertreten mit ihren Tierbildern und Mischwesen die frühere Stufe, während die späteren indischen Erzählungen bereits durch eine lange Entwicklung der Zivilisation geformt und in den Einzelheiten, etwa dem Asketentum des Helden, verfeinert sind.

Einige bereits genannte Mischwesen seien hier noch einmal erwähnt. Die Frau mit dem Tigerleib, das menschenköpfige Tier mit den Hörnern des Zackelschafes, der gehörnte Tiger sowie einige merkwürdige Doppeltiere, bei denen nur die Vorderteile Rücken an Rücken zusammengesetzt sind. Gerade die letztgenannten Typen gehören mit den wiederholt erwähnten wappenartigen Darstellungen zusammen, dem Baumwappen, den gegenständigen Stieren usw., die man als Wiederholungsmotive bezeichnen könnte. Derartige graphische Kombinationen, die eher auf eine zeichnerisch-spielerische Entstehung hinweisen, sind typisch für die spätere indische Kunst, z. B. auch die Kombination mehrerer Leiber um einen Kopf herum, zwei Elefanten mit einem Kopf oder vier Antilopen mit einem Kopf. Ähnliches zeigt bereits die Darstellung auf einem Fayencesiegel aus Mohendscho Daro, wo zwei Stierleiber und ein Krokodil in einen Kopf zu münden scheinen.

Neben den figürlich verzierten Siegeln seien noch einige Stücke genannt, die mit einfachen geometrischen Zeichen versehen sind, deren inhaltliche Deutung jedoch große Schwierigkeiten bereitet. *(Abb. 31)* So erscheint hier das Hakenkreuz sowohl in rechts- als auch linksläufiger Form mit dicken Kreuzbalken oder auch in strichförmiger Ausführung, auch mit vervielfachten Haken oder zusätzlichen Querbalken. Auf einem Harappaplättchen ist eine ganze Reihe von Hakenkreuzen, abwechselnd nach links und nach rechts gerichtet, zu einer Art Flächenmotiv zusammengefügt. Das so häufige Auftreten des Hakenkreuzes im frühen Indien beweist erneut die universale Verbreitung des Motivs, das keineswegs, wie man gelegentlich meinte, mit einem bestimmten Volkstum verbunden ist. Es findet sich bereits im ältesten Palästina. In Tall i Bakun, also in der iranischen Frühkultur, aber auch in Syrien finden wir dieses Zeichen, bemerkenswerterweise sogar einmal als Schulterzier einer Frauenstatuette.

Neben dem Hakenkreuz, das wir als einfachen Wirbel klassifizieren können, begegnen uns auch andere Wirbelformen auf den Industsiegeln. Zunächst, verhältnismäßig häufig, die Rundform der Spirale, dann aber auch die in der Gefäßverzierung auftretende, aus kleinen S-Spiralen zusammengesetzte, um einen Mittelpunkt rotierende, unechte Spirale. Obwohl diese bewegten Ornamente einen erheblichen Teil der Zierformen bilden, finden wir auch einfache Schraffuren und Kreuzmotive auf Siegeln und Gefäßen. Als Einlegeornamente sind Stufen- und Doppelkreuze besonders beliebt. Ein liegendes Kreuz, dessen Balkenenden wiederum Kreuzform aufweisen, darf schon als eine Sonderform angesehen werden, die merkwürdigerweise ihre nächste Parallele auf Gefäßen der Kansu-Ware Chinas hat. *(Abb. 30)*

Wenn man die älteren iranischen Stempelsiegel zum Vergleich heranzieht, wird man feststellen können, daß der gesamte Formbestand an Kreuzschraffuren, einfachen und komplizierten Kreuzen, auch Hakenkreuzen, hier schon vorhanden ist. Es ist also durchaus möglich und sogar wahrscheinlich, daß gerade der Ornamentschatz der frühindischen Glyptik sich aus der iranischen Glyptik des 4. und 3. Jahrtausends ableitet. Als Besonderheit wird man jedoch die Kreis-Doppelkreis-Ornamentik ausnehmen müssen, zu der auch die unendlichen Rapporte sich überschneidender Kreise sowie die Kreissektoren und Blütenformen gehören. Hier sind die Vergleichsmöglichkeiten auf wenige Gebiete Südbaludschistans, Syriens und Kretas beschränkt. Ebenso müssen einige Schlingmotive, zu komplizierten Formen verflochtene Bänder, die sich auf Industäfelchen finden, als Besonderheit gewertet werden. Zu diesen Motiven, die keinen Anfang und kein Ende haben, gehört auch der fünfzackige Stern, der sich auf einer runden Tontafel in Chanhu Daro eingraviert findet.

Im Gegensatz zu den Werken der Kleinkunst, den Tonfiguren und Siegeln, sind die Gerätschaften des täglichen Bedarfs, Werkzeuge und Waffen, weder zahlenmäßig von besonderer Bedeutung noch in technischer oder künstlerischer Hinsicht hervorragend, von einigen Ausnahmen abgesehen. So verfügt die indische Metallurgie dieser Epoche etwa gegenüber der vorderasiatischen, insbesondere der sumerischen, nur über einen geringen Bestand an Typen. Die im Vorderen Orient schon längst übliche Lochschäftung ist in Indien kaum nachzuweisen. Man hat hier den Eindruck einer sehr konservativen, die primitiven Formen bewahrenden Technik. Es wäre jedoch völlig irrig, hieraus die Schlußfolgerung zu ziehen, daß die frühindische Zivilisation als Ganzes noch auf einem primitiven archaischen Produktionsstand beruht habe oder sie in der Terminologie der Archäologen als chalkolithisch zu bezeichnen (kupfer-steinzeitlich). Die Verwendung von Steingeräten, z. B. der parallelseitigen, länglichen Steinmesser, ist keineswegs das entscheidende Merkmal dieser Kultur, vielmehr ein Überbleibsel älterer Perioden, das noch weit später, im vollen Licht der geschriebenen Geschichte zu finden sein wird. Wir müssen also bei der Bestimmung des Produktionsstandes von den fortgeschrittenen Gerätetypen ausgehen, die aus Kupfer bzw. Bronze gefertigt wurden, wobei die Bronze meist nur einen geringen Zinnzusatz hatte. *(T. 38)* Äxte, Messer, Rasiermesser, Speere, kurze Schwerter und Pfeilspitzen aus Kupfer oder Bronze sind bei den Ausgrabungen gefunden worden und lassen die Kultur eindeutig als bronzezeitlich erscheinen.

Die Typen dieser Waffen und Geräte sind, wie schon gesagt, unkompliziert. Einzig die Pfeilspitzen verraten eine technische Neuerung, indem sie die in Ägypten und dem Iran gefertigten Stücke aus Feuerstein durch Metall ersetzen. Es handelt sich um schwalbenschwanzförmige Pfeilspitzen, die in dieser Form, als Bronzegeräte, nur noch auf Kreta anzutreffen sind. Auf das Fehlen geschäfteter Werkzeuge und Waffen wurde schon hingewiesen. *(Abb. 25)* Eine mit Schaftloch versehene Axt aus Chanhu Daro sowie eine Beilaxt aus Mohendscho Daro werden neuerdings erst dem Ende der Harappazeit zugewiesen. Man glaubt in diesen beiden Stücken Zeugen für die aus dem Westen gekommenen Zerstörer der frühindischen Kultur erkennen zu können. Allerdings sind auch zwei Tonmodelle von Schaftlochäxten in Mohendscho Daro gefunden worden, die vielleicht zu denken geben, scheint es doch unwahrscheinlich, daß völlig ungebräuchliche Metalltypen eine Nachahmung in Ton gefunden hätten. Derartig Tonmodelle von Werkzeugen sind auch in Mesopotamien gelegentlich ausgegraben worden und stammen dort schon aus der Ubaid-Epoche des 4. Jahrtausends.

Bemerkenswert ist auch eine große Bronzesäge, die einst mit einem Holzgriff versehen war. Die Wellenlinie der Zahnschneidefläche, die das Steckenbleiben im Holz verhindern sollte, mag als Hinweis darauf angesehen werden, daß die Inder auch verfeinerte Werkzeugtypen besessen haben. Eigenartig und besonders kennzeichnend für die Induskultur sind die hellebardenförmigen Rasiermesser. Ebenfalls charakteristisch sind die zahlreichen Angelhaken aus Metall, die zugleich auf eine Versorgung der Bevölkerung der Indusstädte und Ortschaften mit Flußfischen schließen lassen. Landwirtschaftliche Geräte sind nur wenige gefunden worden. Bei manchen der kleinen Feuersteinmesser hat man an Hand der Gebrauchsspuren an eine Verwendung zum Grasschneiden gedacht und hat in einigen größeren Steingeräten Pflugscharen erkennen wollen. *(T. 39) (T. 31)* Eine leider unvollständige tönerne Pflugschar wäre vielleicht auch in einem Tonmodell im Bombay-Museum zu sehen. Man muß allerdings zugeben, daß die bisherigen Gerätefunde nur wenig Aufschluß über den Stand der Landwirtschaft bieten, so daß wir einstweilen auf indirekte Schlußfolgerungen angewiesen sind, von denen ja bereits die Rede war. Erwähnt werden muß noch die große Zahl der Kupfer- und Bronzegefäße, deren Form eine Angleichung an die Tongefäße aufweist, die uns aber zeigen, daß diese Metalle in den indischen Städten in ausreichender Menge zur Verfügung standen.

Nur wenig läßt sich über die Kleidung sagen. Originalfunde fehlen, und die Bildwerke lassen nur selten bekleidete Personen erkennen. *(T. 50)* Immerhin sei noch einmal auf den schön verzierten Schal der bereits ausführlich beschriebenen männlichen Büste hingewiesen. Vielleicht darf man aus der Seltenheit von Metall- und Knochennadeln und Fibeln darauf schließen, daß die Kleidung nicht drapiert, sondern entweder geschneidert oder, was wahrscheinlicher ist, wie die späteren indischen Kleidungsstücke durch Ineinanderstecken der Gewandenden festgehalten wurden. *(Abb. 23)* Während also der Nadelschmuck fast völlig fehlt, bezeugen viele Funde die auch für spätere Epochen in Indien typische Vorliebe für Gürtel, Ketten und Reifen. Selbst die nackte Bronzetänzerin war ja mit diesen Dingen reich geschmückt. *(T. 38)* Bei den figürlichen Tonplastiken ist der breite, wohl aus Ketten zusammengesetzte Hüftgürtel besonders bemerkenswert, für den sich Entsprechendes auch aus Originalfunden zusammensetzen läßt. Die Materialien der Ketten sind von größter Bedeutung und lassen uns die auf Vielfalt bedachte Schmuckfreude ebenso wie die Geschicklichkeit der Handwerker auch in der Bearbeitung winzigster Schmuckteilchen erkennen. Dabei ist hier schon die für Indien so charakteristische Mischung von Edelmetall und Halbedelsteinen bei der Zusammensetzung der Ketten festzuhalten.

Sehr beliebt war der Karneolstein, der meist mit einer bezeichnenden Kreisornamentik verziert wurde. Die Anbringung der Verzierung geschah auf chemischem Wege, wobei das Muster mit einer Alkalilösung auf den Stein gezeichnet wurde, so daß beim Erhitzen des Steines das Alkali eindringen und später als weißes Muster erscheinen konnte. In einer Art Imitation dieses Verfahrens wurden auch die Specksteinperlen verziert. Aus dem weichen Stein wurde das beabsichtigte Muster plastisch herausgearbeitet. Dann wurden die tieferliegenden Teile mit einer roten Paste gefüllt, so daß auch hier das Ornament weiß gegen den Hintergrund hervortrat. Bei der Verzierung der Steatitperlen begegnen wir häufig dem Dreipaßmuster, das wir bereits als Textilornament kennengelernt haben.

Von größerem Interesse sind auch die Fayenceperlen. Dieses Material hatten wir schon bei den Statuetten und Siegeln kennengelernt. Es diente auch zur Anfertigung von Armreifen und sogar von kleineren Gefäßen. Die Paste wurde in Indien meist aus zerstampftem Speckstein hergestellt, mit einer Glasur versehen und gebrannt. Die Farbwirkung dieser kleinen Objekte ist hellblau oder grün.

(T. 39 unten) Zahlreich unter den Funden sind auch Spielsteine, Spinnwirtel sowie dreieckig abgerundete Terrakottastücke, deren Bedeutung noch umstritten ist. Diese letzteren sind als Reibsteine für die Reinigung, als ritueller Modellknochen oder als Teile der Fenstervergitterung angesprochen worden. *Wheeler* hält ihre hygienische Nutzung für die wahrscheinlichste Deutung. *(T. 34 oben)* Bemerkenswert ist jedenfalls, daß diese dreieckigen Terrakotten auch in den kleineren Fundorten geradezu als Leitmotiv der frühindischen Kultur regelmäßig auftauchen. Die Spielsteine, kleine, den Bauern unserer Schachfiguren ähnlich geformte Stücke aus gebranntem Ton oder Fayence, verraten uns eine Vorliebe für Figuren- und Brettspiele, die für den gleichen Zeitraum durch die entsprechenden Funde auch in Mesopotamien, man denke etwa an die Spielbretter aus Ur, belegt ist. Beachtlich sind auch einige Würfel, die, ähnlich den

unseren, mit den Zahlen 1 – 6 versehen sind. Abweichend ist lediglich die Verteilung der Zahlzeichen. Hier befinden sich 1 und 2, 3 und 4, 5 und 6 auf den gegenüberliegenden Seiten, nicht wie bei uns 2 und 5, 1 und 6, 3 und 4. Die Spielfreudigkeit in der frühindischen Zeit erinnert lebhaft an die ältere vedische Epoche, für die ja bekanntlich das Würfelspiel gut bezeugt ist, und es ist daher nicht unwahrscheinlich, daß die einwandernden Arier gerade diese Laster von den älteren Einwohnern Indiens übernommen haben.

Charakteristisch für die indischen Fundorte ist auch das Kinderspielzeug in der Form tierfigürlicher Tonrasseln und beweglicher Tierfiguren. Man muß sich allerdings davor hüten, alle etwas ungeschickt geformten Kleinplastiken als Kinderspielzeug oder gar als von Kinderhand geformt zu deuten. Bei den Tonstatuetten, von denen sich nur die gebrannten erhalten haben, müssen wir doch immer damit rechnen, daß die Fülle der Beispiele ursprünglich noch um all die aus vergänglichem Material geformten reicher gewesen war, daß also etwa auch rohe Lehmfiguren zu dieser Massenproduktion gehörten. Hier ist die künstlerische Qualität und das handwerkliche Können nicht als der entscheidende Moment anzusehen, kam es doch viel mehr auf den Kultgebrauch einer Massenware an. Auch die zahlreichen Tonwägelchen, zu denen auch einige aus Metall gehören, sind ebensowenig als Kinderspielzeug anzusehen, owohl sie unseren Kindern gewiß Freude bereiten würden. Ebensowenig waren jene Miniaturgefäße aus Fayence oder Stein Bestandteile einer Puppenküche, sondern Modelle, die im Kult eine Rolle gespielt haben.

(T. 38) Bronzene Handspiegel sind in Harappagräbern gefunden worden, und auch ein kleiner Stift für das Bemalen der Augenbrauen gehört zu den traditionellen Toilettenartikeln der Inderin. Kämme aus Knochen und Elfenbein ergänzen diesen Bestand, ebenso wie einige der soeben genannten Miniaturgefäße, die zur Aufbewahrung von Kosmetika gedient haben mögen.

Von größter allgemeiner Bedeutung ist das System von Maßen und Gewichten, das durch Funde in fast allen Zentren der frühindischen Kultur als ein einheitliches und allgemeingültiges festgestellt werden konnte und damit auch Rückschlüsse auf eine kontrollierende Zentralgewalt erlaubt. Die Gewichte sind aus verschiedenen Steinarten gefertigt und unterscheiden sich teilweise auch durch eine inschriftliche Bezeichnung. Dabei sind Miniaturgewichte von größter Präzision der Maßeinheiten gefunden worden, die vermutlich der Bemessung der Edelmetalle oder anderer kostbarer Materialien dienten.

Das Gewichtssystem beruht in seinen niederen Werten auf der Verdoppelung: 1, 2, 4, 8, 16, 32, um sich dann auf einer Basis der Erhöhung um 16 Einheiten bis zum Wert von 12 800 fortzusetzen. Es ist kaum zu übersehen, daß die Grundzahl 16 hier eine altindische Tradition darstellt, die bis vor kurzem noch in der Münzgebung alleinige Geltung besaß (1 Rupie = 16 Annas). Die Abweichungen von diesem System sind verhältnismäßig geringfügig, die höheren Werte scheinen allerdings durch Verzehnfachung der niederen Werte zum Dezimalsystem überzugehen. Schon *Makay (Chanhu Daro, S. 204/1)* zitiert Verse aus dem Mittavinda Dschataka, wo anläßlich einer Aufzählung der bösen Taten, die einen ungehorsamen Mönch in die Hölle gelangen ließen, die folgende Reihenfoge genannt wird:

„Nach vier bist du zu acht gelangt,
nach acht hast sechzehn du erreicht,
nach sechzehn zweiunddreißig dann.
Dem Rad verfielst du, Neues wünschend;

dem Manne, den die Lust vernichtet,
das Höllenrad zu Häupten schwebt." *(Dutoit Jatakam, I, S. 425)*

Dem Dezimalsystem folgt auch ein Längenmaß, das in Mohendscho Daro gefunden wurde und das als Grundmaß einen indischen Fuß anzuzeigen scheint, eine weitverbreitete Maßeinheit, die sich auch im Ägypten des Mittleren Reiches belegen läßt. Erneut weisen uns diese Beobachtungen darauf hin, daß der Handel für das frühe Indien der Harappazeit von größter Bedeutung war und daß ihm staatlicherseits durch strenge Regelungen und einheitlich Kontrolle die größte Beachtung zuteil wurde. *(T. 8)*

Auf die Verkehrs- und Transportmittel werfen einige der Kleinfunde ein bezeichnendes Licht. Von den Wagenmodellen war bereits die Rede. *(Abb. 32/33)* Sie zeigen sehr verschiedene Formen: den leichten zweirädrigen Typus, den man als Kriegswagen ansprechen würde, wenn er nicht, wie die Tonmodelle lehren, mit Buckelrindern bespannt gewesen wäre, ferner ein zweirädriges, aber überdachtes Modell, ähnlich dem späteren indischen Transport- oder Reisewagen, und endlich einen vierrädrigen, etwas schwerfälligen offenen Karren. Bezeichnend sind die speichenlosen Scheibenräder, die, wie schon die Ausgräber bemerkten, noch heute in gleicher Weise die zweirädrigen Gefährte in Sind tragen.

(Abb. 34 ff.) Für den Wasserverkehr besitzen wir leider nur wenige Zeugnisse, eine flüchtige Skizze auf einem Tonscherben und ein Siegelfragment mit etwas deutlicherer Darstellung. Beide zeigen ein Schiffsmodell, das uns auch aus dem Vorderen Orient bekannt ist und für welches es neuerdings auch eine unerwartete Parallele bei den sowjetischen Ausgrabungen in Choresm, südlich des Aralsees, gibt. Vielleicht lassen gerade solche Vergleiche darauf schließen, daß es sich bei diesen Schiffen nur um kleinere Fluß- und Küstenfahrzeuge gehandelt hat. Auf einem Siegelplättchen aus Harappa hat kürzlich *Kosambi* noch ein ähnliches Schiff erkennen können *(D. D. Kosambi, Introduction to the Study of Indian History, Bombay 1956, S. 57)*.

Die neueren Ausgrabungen und Forschungen haben den Nachweis erbracht, daß die wichtigsten Rohmaterialien aus Gebieten stammen, die noch gut innerhalb der Reichweite des altindischen Staatswesens lagen. Das Gold konnte sowohl aus dem südlichen Indien als auch aus dem heutigen Afghanistan bezogen werden. Auch das nicht sehr häufig auftretende Lapislazuli stammt vermutlich aus den afghanischen Grenzgebieten, aus Badakshan. Die rajputanischen Vorkommen von Kupfer, Blei und Marmor, ebenso wie die Rohstoffvorkommen in Gudscherat, können sehr wohl schon in der frühindischen Zeit, und zwar innerhalb der alten Staatsgrenzen, ausgebeutet worden sein. Dagegen ist die Herkunft des Zinns, das allerdings nur als geringfügiger Zusatz in der altindischen Bronze festzustellen ist, noch nicht mit Sicherheit festzustellen. Es ist überhaupt schwer zu sagen, worin die wichtigsten Importe nach Indien bestanden, da so gut wie keine fremdländischen Erzeugnisse bei den Ausgrabungen in Indien gefunden wurden. Anderseits ist der indische Export wohl bezeugt, vorwiegend in Mesopotamien. Mit dieser Wirtschaftsorientierung, bei der vielleicht auch ein Zwischenhandel anzunehmen ist und für die keine entsprechende Gegenbewegung erkennbar ist, mag auch mancher archaisch anmutende Zug in der inneren Wirtschaft des Landes erklärt werden, etwa jene bereits genannten traditionell primitiven Geräteformen, insofern als der Einfluß einer auswärtigen gleichrangigen oder entwickelteren Kultur, abgesehen von den Frühphasen in der Blütezeit der altindischen Kultur, nicht mehr in das Land vorzudringen vermochte. Während wir bei den vorderasiatischen Kulturen eine ständige gegenseitige Beeinflussung und Befruchtung beobachten können, fehlt es im Indien der Harappazeit an solchen belebenden und die Entwicklung fördernden Impulsen. Hierin muß man auch die Erklärung für alle jene in Indien als Kulturstagnation oder gar Degenerierung angesehenen Erscheinungen suchen. Die alten weiträumigen Kulturverbindungen der Buntkeramik waren abgebrochen, und was nunmehr an unmittelbaren Nachbarn aus dem östlichen und südlichen Indien, aus dem westlichen Baludschistan und Afghanistan ins Land kam, stand auf einer primitiveren Kulturstufe. Dadurch fand zwar ein gewisser Absorbierungsprozeß statt, der eine ständige Erneuerung der Kultur bedeutete und damit die Länge dieser Epoche erklärt, der aber andererseits die Entwicklung der altindischen Kultur nicht mehr entscheidend vorantreiben konnte.

Es ist nunmehr an der Zeit, jene archäologischen Materialien zu betrachten, die uns einen Vergleich mit chronologisch gesicherten Funden außerhalb Indiens erlauben und daher der zeitlichen Ansetzung der frühindischen Kultur dienlich sind. *Frankfort* war der erste Archäologe, der mit Hilfe ausgrabungsmäßig gesicherter Materialien in Mesopotamien ein genaueres Datum für die Kultur der Harappazeit vorschlagen konnte. Bei den Ausgrabungen in Tell Asmar in städtischen Bauschichten der Akkadzeit, was etwa auf die Zeit 2400 – 2300 schließen läßt, waren eine ganze Reihe von Kleinfunden zutage gekommen, die nicht nur eine engere Beziehung zu indischen Funden nahelegten, sondern sich zum Teil geradezu mit diesen identisch erwiesen und daher als indischer Export angesprochen werden konnten.

Neuerdings hat *Sir Mortimer Wheeler* das gesamte für die vergleichende Datierung geeignete Material noch einmal zusammengestellt, wobei es ihm gelang, noch einige weitere Fundstücke hinzuzufügen, die jedoch das Gesamtdatum nicht wesentlich beeinträchtigen. Die von ihm vorgeschlagenen Rahmendaten, die auf Grund der Vergleiche mit den chronologisch gesicherten Fundschichten Mesopotamiens zustande kamen, sind die Jahrhunderte zwischen 2500 und 1500, was für die indische Kultur der Harappazeit eine Gesamtdauer von etwa 1000 Jahren bedeuten würde. Bei der großen Mehrzahl der vorgelegten Beweisstücke, hauptsächlich Stempelsiegeln vom Industypus, die in Sumer gefunden wurden, muß der Umstand auffallen, daß die gesicherten Daten eher früher liegen als später und meist der Akkadzeit angehören. Auch muß man ja bei Kleinfunden, insbesondere den Siegeln, immer die Möglichkeit einbeziehen, daß die Fundschichtlage ein früheres Datum keineswegs ausschließt, da diese Dinge lange in Gebrauch gewesen sein können, bevor sie in dem Mülleimer der Geschichte, denn nichts anderes sind ja die meisten dieser archäologischen Schichten, ihren vorübergehenden Ruheort fanden.

Es muß daher über das *Wheeler*sche Datierungsmaterial hinaus doch noch einmal auf einige Funde hingewiesen werden, die älter als die akkadischen sind und dennoch einen Zusammenhang mit den indischen Ausgrabungsfunden verraten. Hier ist vor allem ein Rollsiegel zu nennen, das bereits *Frankfort* anführt, auf dem ein Elefantenstier inmitten einer Herde zu erkennen ist, ein Mischwesen also, das wir bereits als charakteristisch indisch erkannt hatten. Dieses Siegel dürfte aber mit größter Sicherheit in den Anfang des 3. Jahrhunderts gehören. Nun scheint es unwahrscheinlich, daß ein solcher ausgeprägter Bildtypus unabhängig von dem indischen Material eigens auf diesem einen Stück in Mesopotamien geprägt worden sein konnte. Auch erweist sich das Siegel in der übrigen Darstellung sowie in seinem Charakter als Zylindersiegel der indischen Glyptik gegenüber als fremd. Wäre eine solche Spur aus älteren Epochen völlig vereinzelt, so ließe es sich wohl verantworten, wie dies *Wheeler* tut, sie unbeachtet zu lassen. Aber es gibt darüber hinaus noch weitere Belege älterer Zusammenhänge. So weist z. B. *Delougaz* in seiner Veröffentlichung der Tonwaren des Diyala-Gebietes darauf hin, daß die Buckelkeramik, die in Tell Asmar gefunden und auf Zusammenhänge mit Indien in der Akkadzeit hin ausgelegt wurde, bereits in älteren Schichten auftritt, nämlich in der frühdynastischen Zeit, so daß die entsprechenden Vergleiche von *Frankfort* heute in die vorakkadische Zeit hinaufgerückt werden müssen. *(Vgl. Delougaz, Pottery of the Diyala Region, 1952, S. 144.* Hier wird auch Vergleichsmaterial aus Tepe Sialk, Nuzi und Telloh/Lagasch herangezogen.)

(T. 60/61) Die Gruppe der in Mesopotamien gefundenen Stempel- und Rollsiegel indischer Herkunft oder indischer Art ist inzwischen auf beinahe dreißig Beispiele angewachsen. Auf den eindeutig runden oder rechteckigen Stempeln ist in der Mehrheit der Fälle der kurzhörnige Stier mit dem flachen Futtertrog, seltener das Einhorn dargestellt, d. h. also im Verhältnis genau umgekehrt wie bei den Originalfunden in Indien selbst. Die Siegelzylinder mesopotamischer Herkunft mit indischen Darstellungen sind vorläufig noch in der Mehrzahl gegenüber den wenigen Stücken ähnlicher Art, die in Mohendscho Daro gefunden wurden und als Rollsiegel ihrerseits den mesopotamischen Einfluß verraten. Die Darstellung dieser merkwürdigen Zylindersiegelgruppe zeigt mit einer Ausnahme Tiere in friesförmiger Anordnung: das Einhorn, das Zebu und den kurzhörnigen Stier. Ein Siegel aus Tell Asmar weist in der typischen Darstellungsweise der indischen Stempel Elefant, Nashorn und Krokodil auf. Die gleichen Tiere wiederum, und dazu noch ein Stier (!), sowie der Tiger mit zurückgewandtem Kopf, sind auch auf einem Industäfelchen zu finden, das Krokodil hier noch in der uns bereits bekannten Haltung als Fischverzehrer.

Ein Indus-Rollsiegel fällt besonders durch die technische Ausführung mit auffallend tiefen Bohrungen gegenüber den sonstigen Darstellungen auf. Hier wechseln Rinder, auf deren Rükken Vögel sitzen (ein typisches frühmesopotamisches Siegelmotiv), mit kurzen Bäumchen und hoch aufgerichteten Schlangen ab. Letztere haben ein Mausegesicht mit langen Lefzen. Es sieht fast so aus, als trügen die Schlangen ein Beutestück im Maul. Dieses in Mohendscho Daro gefundene Rollsiegel ist deshalb wichtig, weil ein inhaltlich noch interessanteres Stück, über dessen Herkunft jedoch nichts bekannt ist, sich in einer europäischen Siegelsammlung (früher de Clerq) befindet. Hier ist nämlich der gehörnte Indusgott auf einem niedrigen Schemel thronend zu erkennen, wie er in der Haltung des Tierbezwingers zwei Schlangenmischwesen bändigt, deren Typus dem gerade zuvor beschriebenen sehr ähnlich ist. Auf dem gleichen Siegel de Clerq finden wir außerdem die Gruppe eines tigerbändigenden Mannes, den kurzhörnigen Stier, auf dessen Rücken ein Vogel sitzt, zwei sich gegenüberstehende Kampfstiere, das sogenannte Zakkelschaf, drei Bäume und zweimal das charakteristisch indische Fischzeichen. Dieses Siegel wäre tatsächlich als Ergänzung zu dem großen Göttersiegel für die Kenntnis der frühindischen Religion von größter Bedeutung, wenn man nur mit Sicherheit etwas über seine Herkunft sagen könnte. Immerhin deutet eine größere Zahl von Einzelmotiven nach Indien, obwohl der Typus des Rollsiegels und die zweireihige Bildanordnung einen vorderasiatischen Ursprung als möglich erscheinen lassen.

Wie dieses Rollsiegel ist auch eine größere Gruppe von runden knopfförmigen Stempelsiegeln für die chronologische Auswertung bisher nicht sehr ergiebig gewesen. *(Abb. 49)* Ihre Zusammengehörigkeit ergibt sich aus der einheitlichen Gestaltung der Griffseite, die neben der Durchbohrung des buckelförmigen Aufsatzes noch vier durch eine Mittelachse getrennte Punktkreise als Verzierungsmotiv aufweist. Neuerdings aber ist diese durch die Ausgrabungen in Ur bekanntgewordene Siegelgruppe durch die dänischen Forschungen auf der Insel Bahrein in einen gewichtigen historischen Zusammenhang getreten, da auch dort Stempelsiegel dieses Typs gefunden wurden.

Die dänischen Ausgräber haben nachzuweisen versucht, daß die Insel Bahrein eine wichtige Rolle in der Vermittlung des Handels zwischen Mesopotamien und Indien in den Jahrhunderten etwa um das Jahr 2000 v. u. Zt. gespielt hat. Dabei wird Bahrein mit dem in sumerischen, babylonischen und assyrischen Texten genannten Dilmun gleichsetzt. Nach Texten der Larsazeit scheint es damals in Ur kapitalkräftige Leute gegeben zu haben, die eine Gruppe von seefahrenden Kaufleuten finanzierten, die Alik Dilmun, jene also, die den Handel zwischen Dilmun und Ur betrieben, wobei Dilmun eine Art Stapelplatz für fremdländische Waren gewesen zu sein scheint. Die Warenlisten enthalten jedenfalls vieles, was in Dilmun nicht gefunden oder hergestellt worden sein konnte, z. B. Kupferbarren, fertige Kupfergeräte, Schmuckperlen und Edelsteine, Lapislazuli, Elfenbein und Gegenstände mit Elfenbeineinlagen, Kämme und Brautschmuck, Augen-Malfarbe und seltene Hölzer. Hier stoßen wir auf so manches, was uns aus der vorangehenden Darstellung der Indusfunde bereits bekannt ist.

Man nimmt an, daß diese Artikel des Dilmun-Handels von fernen Ländern stammen, die in den Texten als Makkan und Meluhha bezeichnet werden. Die Küstenzonen Arabiens, Irans und Indiens sind die nächstliegenden Landschaften, die für die Deutung dieser Ländernamen in Frage kommen. Insbesondere das Elfenbein scheint aus Indien zu stammen, und tatsächlich wurden bei den Ausgrabungen in Bahrein Elfenbeine von der Art, wie sie in den Warenlisten aufgeführt sind, gefunden. Bemerkenswert ist auch ein kleines Phallusidol aus Lapislazuli, das sogleich an die baludschistanischen und indischen Vergleichsstücke denken läßt.

In diesem allgemeinen historischen und wirtschaftlichen Zusammenhang gewinnen jedoch die Rundsiegel aus Ur, da sich die Verbindung mit Dilmun und dem weiteren Indienhandel nachweisen läßt, eine große Bedeutung. Es mag fast scheinen, als hätten die Kaufleute, die diesen Handel betrieben, ihre eigenen Siegel besessen, auf denen sich indische, mesopotamische, aber auch andere, wie es scheint sogar ägäisch-kretische Bildmotive, nachweisen lassen. So finden wir hier z. B. das Motiv der Frau mit den seitlich abgespreizten Beinen, und zwar mehrfach wiederholt, auf den Feldern eines kreuzförmig aufgeteilten Siegelrundes. *(T. 61 Mitte)* Ein in Bahrein gefundener Stempel scheint eine Stier-Kuh-Begattung darzustellen, eine Szene, die deutlicher auf einem Siegel aus Ur zu finden ist. Die Gestalt eines Mannes, der auf einem Stock über seinen Schultern Gefäße herbeiträgt, ist von *Wheeler* mit dem Bilde eines Fischers auf einer bemalten Harappascherbe verglichen worden. *(Abb. 8)* Auf einem Siegel aus Ur begegnet uns eine thronende Göttergestalt, die von Stieren und Stiermenschen umgeben ist. Nach all diesen Bildern darf man annehmen, daß den seefahrenden Kaufleuten von Bahrein ein phallischer Stierkult zu eigen war, der von mesopotamischen Sitten erheblich abweicht, dagegen einige Gemeinsamkeiten mit altindischen religiösen Vorstellungen zu bezeugen scheint. (Vgl. auch noch *A. L. Oppenheim, The Seafaring Merchants of Ur, JAOS Vol. 75, 1954,* und *P. V. Glob, Bahrain, KUML, 1954, S. 92.)*

(Abb. 46/48) Im Zusammenhang mit den Problemen der Chronologie ist die Aufmerksamkeit noch auf eine ganz andere Gruppe von Denkmälern zu lenken, nämlich zylindrische oder ekkige Gefäße aus weichem Stein, die durch ihre eigenartige Verzierung miteinander in Verbindung zu bringen sind. Diese scheint auf ursprüngliche Korb-Flechtmotive zurückzugehen und zeigt Dreiecksformen, sphärische Quadrate, sich überschneidende Wellenbandlinien u. ä. Bei einigen der besser erhaltenen Gefäße sind auch figürliche Darstellungen zu erkennen, ebenso darf eine Art Zelteingang als besonders charakteristisches Motiv dieser Gefäßgruppe angesehen werden. Vorderasiatische Fundstücke dieser Gruppe stammen aus Kisch, Lagasch, Adab, Khafadschi, Ur und Mari, auch aus dem elamischen Susa, und legen im ganzen ein Datum zwischen der Dschemdet-Nasr-Zeit und der frühdynastischen Zeit nahe, also in der ersten Hälfte des 3. Jahrtausends.

Ein Fragment eines solchen Gefäßes ist nun auch in einer unteren Schicht von Mohendscho Daro gefunden worden, weitere Stücke in den baludschistanischen Fundorten der Kulli-Kultur, wo es sich um tönerne Nachahmungen handelt, und den iranischen Fundgruppen von Seistan und Bampur, so daß *Piggott* die Vermutung geäußert hat, man müsse hier geradezu den Ursprungsort all dieser Gefäße annehmen. Von hier aus sollten die Gefäße, gefüllt mit Salben, Ölen oder Gewürzen, in westlicher Richtung nach Mesopotamien und östlich nach Indien verbreitet worden sein. Dagegen muß man einwenden, daß gerade die am sorgfältigsten ausgeführten Stücke aus Mesopotamien stammen, namentlich die figürlichen Darstellungen, und daß diese Gefäße im Stil der Verzierung den Tongefäßen der Scharlachware gleichen, d. h. einer der charakteristischen frühdynastischen Gefäßgattungen. So mag ein mesopotamischer Ursprung dieser Gruppe von Steingefäßen wahrscheinlicher sein, doch unabhängig von solchen Erwägungen ergibt sich für uns die Tatsache unmittelbarer Kontakte zwischen Ost und West in einer vorakkadischen Epoche und damit ein erneuter Hinweis auf die Existenz der frühindischen Kultur bereits in der ersten Hälfte des 3. Jahrtausends.

Vor wenigen Jahren hat eine Beobachtung Aufsehen erregt, die an Hand von spektrographischen Analysen einer Gruppe von Schmuckperlen, die *J. F. S. Stone* durchgeführt hat, veröffentlicht wurde. Danach hat sich die absolute Identität der Zusammensetzung einer Perle von Harappa und einer solchen von Knossos auf Kreta erwiesen, während andere Perlen der gleichen Gattung, die aus el Amarna in Ägypten und aus Ur in Mesopotamien stammten, eine andere Zusammensetzung zeigten *(J.F.S. Stone, Antiquity, XXIII, 1949, 201 ff.)*. Ohne daß man solche Einzeluntersuchungen überschätzen wird, ist doch der Zusammenhang zwischen Fundstücken so entfernter Gebiete besonders beachtenswert, zumal, wie ja schon wiederholt zu bemerken war, nicht selten Übereinstimmungen motivischer und technischer Art gerade nach Kreta wiesen.

Wenn uns die vergleichende Chronologie demnach Daten nahelegt, die von den Anfängen des 3. Jahrtausends bis etwa zur Mitte des 2. Jahrtausends v. u. Zt. reichen, so ist das ein Zeitraum von beinahe 1500 Jahren, der sich uns für die Entwicklung, oder sagen wir besser den Ablauf, der frühindischen Kultur ergibt. Dieser Ablauf der indischen Frühkultur ist, wenn er sich schon nicht nach dem heutigen Stand des Wissens entwicklungsmäßig chronologisch untergliedern läßt, doch andererseits in der territorialen Ausdehnung dank neueren Forschungen weit besser zu erkennen, so daß es sich abschließend lohnen wird, noch einmal die Grenzlandschaften im Süden, Osten und Westen gegenüber den schon länger bekannten Kernlandschaften im Indusgebiet und im Pandschab mit den beiden großen Hauptstädten Mohendscho Daro und Harappa zu berücksichtigen.

Man hat noch bis in die jüngste Vergangenheit hinein immer wieder Versuche unternommen, die Ausdehnung der frühindischen Kultur nach dem Osten zu erforschen, und hat versucht, das Flußsystem der Ganga und Yamuna kulturell mit dem des Indus in Verbindung zu bringen. Diese Versuche kann man nur verstehen, wenn man berücksichtigt, daß die Hauptlandschaften der traditionellen Geschichte Indiens eben in diesem Gebiet des Oberlaufes der Flüsse Ganga und Yamuna liegen und etwas später noch weiter östlich das Gangabecken mit einbegreifen. Lange Zeit galt Kotla Nihang bei Rupar als dieser östlichste Punkt, der zwar etliche hundert Kilometer östlich von Harappa, aber doch innerhalb des Pandschab, also im weiteren Indusbereich, gelegen war. Es war enttäuschend, daß die Gangesebene keinerlei Spuren der frühindischen Kultur vom Harappatypus aufwies. Nach der Abtrennung Westpakistans, die die wichtigsten Fundorte der frühindischen Kultur, Harappa, Mohendscho Daro und Chanhu Daro, auf pakistanischem Gebiet beließ, wurden die Forschungen in den östlich angrenzenden Gebieten mit neuer Energie aufgenommen. Tatsächlich gelang es, den etwas dünnen Kulturstreifen östlich des Indus zu erweitern und durch sorgfältige Beobachtungen bei Forschungsreisen als Bestandteil des altindischen Staates der Harappazeit nachzuweisen. Bei Kotla Nihang entdeckte man die an Bedeutung weit wichtigere Siedlung Rupar, die zugleich wertvolle Funde aus den späteren Perioden, wenn auch nicht den unmittelbaren Anschluß an die Harappazeit erbrachte. Die neuesten Funde bei Meerut, falls sie sich bestätigen, wären nunmehr die ersten Spuren der altindischen Kultur im Gangesgebiet. Doch bleiben sie zur Zeit noch der Einbeziehung in unsere Erörterungen verschlossen.

Die Forschungen in der Zone östlich des Indus wurden von *A. Ghosh* durchgeführt. Etwa 25 Fundhügel verschiedener Größe enthalten Material der Harappazeit, und zwar in dem Gebiet des nördlichen Bikaner, den vereinigten Flußläufen des Ghaggar und der Sarasvati und der südlich davon in westlicher Richtung strömenden Drishadvatti, heute bekannt unter dem Namen Chautang. Der größte unter diesen Fundhügeln scheint Kalibanga in Sarasvatital zu sein, halbwegs zwischen Suratgarh und Hanumangarh gelegen. Die hier und bei der Untersuchung anderer Hügel gefundenen Gegenstände zeigen das typische Kulturbild der Harappastufe: Becher mit verengter Basis, flache Schalen, schwarz bemalte Scherben mit dem typischen roten Überzug, scheibenförmige Schmuckperlen, Tonfiguren, Modellwägelchen, dreieckige und runde doppelkonvexe Terrakottakuchen, Feuersteinklingen u. a.

Die Ausgrabungen *Y. D. Sharmas* in Rupar im Ambala-Distrikt, an einem strategisch wichtigen Punkt des Sutlej-Flusses, haben eine sehr bemerkenswerte Schichtenfolge ergeben, von der uns zunächst nur die unterste, 30 – 50 Fuß unterhalb der Hügeloberfläche gelegene Fundschicht, die der Harappazeit angehört, beschäftigen soll. Hier sind einfache Häuser aus luftgetrockneten Ziegeln, Flußkieseln und geschnittenen Kankar-Steinen erbaut worden, bei denen Schlamm als Mörtel Verwendung fand. Seltener sind hier die gebrannten Lehmziegel. Vier Phasen der Bautätigkeit konnten bisher innerhalb dieser Periode unterschieden werden, aber ein endgültiges Bild ließ sich noch nicht gewinnen, da die Ausgrabungen nur in einer Teilzone der Siedlung durchgeführt wurden. Die Funde entsprechen dem, was soeben für das nördliche Bikaner als bezeichnend genannt wurde. Auffallend groß ist die Zahl der Bronzegeräte. Gewichte verraten die Zugehörigkeit zum Harappasystem. Bemerkenswert ist auch die Auffindung eines Gräberfeldes der Harappazeit, das Begräbnisse in gestreckter Rückenlage mit reichen Beigaben an Gefäßen und persönlichem Schmuck erbrachte. Die Leichen wurden einzeln in rechteckige Gruben gelegt. Diese Gräber entsprechen Funden, die in Harappa, südlich der Zitadelle, gemacht wurden, auf dem sogenannten Gräberfeld R 37, das nicht mit dem späteren Gräberfeld H zu verwechseln ist, mit dessen eigenartigen Funden wir uns noch zu beschäftigen haben werden.

Ohne daß sich aus den noch unvollendeten Ausgrabungen in Rupar bereits die letzten Schlüsse ziehen ließen, ist doch darauf hinzuweisen, daß z. B. die typischen Tonfiguren der Harappazeit fehlen, ebenso die Siegel, mit Ausnahme eines viereckigen Plättchens, das auf der einen Seite eine Harappainschrift (darunter das Fischzeichen), auf der anderen Seite konzentrische Kreise als Verzierung zeigt. Man möchte demnach dem Ausgräber zustimmen und in der Siedlung von Rupar eine späte Phase der frühindischen Kultur vermuten, was zugleich auf ein verhältnismäßig spät einsetzendes Vordringen der Harappakultur aus dem Kerngebiet in die östlichen Lande hinweisen würde.

Während die Funde der Harappazeit im eigentlichen Sind bis an die Mündung des Indus reichen, wo erst vor kurzem unmittelbar bei Karachi neue Fundstätten bekannt wurden, ist die Zugehörigkeit des südöstlichen Gebietes, die Kathiawar-Halbinsel und die Küstenzone im Norden von Bombay, bis vor wenigen Jahren stark umstritten gewesen. Erst die Ausgrabungen und die weiträumigen Forschungen des Entdeckers dieser wichtigen Stadt, *S. R. Rao*, haben die klare

Zugehörigkeit dieser Bereiche zur frühindischen Kultur erkennen lassen, wobei allerdings die eigentliche Südgrenze auch heute noch nicht abzustecken ist. Dabei ist die unmittelbar nördlich von Kathiawar gelegene Zone, die südlichen Teile des Rajputenlandes, bisher ohne Fundstätten der Harappazeit geblieben, so daß eine dauernde Landverbindung zum Indus hin nicht belegbar ist; die Verbindungen führen vielmehr allein über die Küstenzone zur Indusmündung hin.

Lothal, mit dem wir uns zunächst beschäftigen wollen, ist ein mächtiger Fundhügel von etwa 600 Meter Länge, über 300 Meter Breite und etwa 8 Meter Höhe. Die 1956 begonnenen Ausgrabungen lassen eine lange und verhältnismäßig einheitliche Besiedlung erkennen, die durch keine Siedlungslücke oder einen wesentlichen Kulturwechsel gestört wurde. Weit mehr als die Plätze in den soeben beschriebenen östlichen Bereichen hat sich die Stadt Lothal, ihr alter Name ist unbekannt, als kulturell beinahe identisch mit Mohendscho Daro und Harappa erwiesen, so daß es bei der Lage dieser Stadt nicht unmöglich erscheint, in ihr den eigentlichen Zugang zur See, die Hafenstadt des frühindischen Staates, zu erkennen. Gebrannte Ziegel, Gefäßformen und Verzierungsweisen, Baderäume und Abflußkanäle, Tonfiguren und Siegel, alle diese typischen Funde der Harappakultur erstrecken sich von der ersten Besiedlung über dem natürlich gewachsenen Boden bis zur Hügeloberfläche. Um so bedeutsamer muß es erscheinen, daß selbst hier, bei sorgfältig durchgeführten Grabungen, noch kaum Elemente der Entwicklung innerhalb dieser Epoche zu erkennen waren.

Lediglich das Auftauchen einer neuartigen Tonware neben den üblichen Harappatechniken muß von der obigen Feststellung ausgenommen werden. Es ist dies eine Gruppe von Gefäßen, die als schwarz-rote Ware bezeichnet wird, meist unbemalt ist und auf eine besondere Brennmethode zurückgeführt wird. Die Schwärzung des oberen Teiles des Gefäßes sowie der Innenseite gegenüber der roten Färbung der unteren Außenwand wird durch eine invertierte Brennmethode erklärt, ähnlich wie sie auch bei gewissen ägyptischen Gefäßen der spätvordynastischen Zeit, aber auch in Indien selbst in späterer Zeit zu finden ist. Wir werden also noch Gelegenheit haben, gerade dieser Tonware besondere Aufmerksamkeit zu schenken.

Die Häuser von Lothal liegen auf künstlich errichteten, im wesentlichen aus regelmäßig geformten Lehmziegeln geschaffenen Terassen oder Plattformen, die an der Böschungsseite noch mit gebranntem Ziegelwerk verstärkt waren. Es sind mehrere solcher Plattformen aus verschiedenen Bauphasen freigelegt worden. Die Plattformen wurden im Laufe der Zeit erhöht und die Lücken zwischen ihnen gefüllt, so daß die Stadt allmählich immer höher hinaufwuchs. Über den Sinn dieser Plattformen darf man sich der Ansicht des Ausgräbers *S. R. Rao* anschließen und vermuten, daß es sich um Befestigungen handelte, wenn auch nicht solche von militärischer Art, sondern um Schutzburgen vor den alljährlichen Überflutungen, die, wie die Spuren von Einstürzen verraten, zuweilen katastrophale Ausmaße erreicht haben müssen.

(T. 16) Die Bauten von Lothal lassen jene sorgfältige Bauweise erkennen, die für die Harappastädte bezeichnend ist, die gepflasterten Baderäume und die gemauerten Entwässerungskanäle, ebenso wie das Gleichmaß der Ziegelgrößen, seien diese gebrannt oder ungebrannt. In den 5 Unterperioden, die man heute für Lothal unterscheidet, erweist sich die 3. und 4. Periode als die eigentliche Blütezeit. Erst in der 5. Periode sind die strengen Anordnungen, die bis dahin für die Ausrichtung der Wohnbauten entlang den geradlinigen Straßenzügen galten, durchbrochen worden. *(T. 25)* An bemerkenswerten Einzelbauten ist ein Komplex von zwölf kubischen, aus ungebrannten Ziegeln errichteten Baublöcken freigelegt worden, die durch gepflasterte Gänge voneinander getrennt waren. Der Ausgräber hat in diesem Baukomplex, dessen Gänge in Abzugskanäle ausmünden, eine größere Brennerei vermutet, namentlich auf Grund der Feststel-

lung, daß der Boden der Gänge und die Seiten der Blöcke rot gebrannt waren und in den Gängen große Mengen von Asche, sogar ein Stückchen verbranntes Holz gefunden wurden. An einer Stelle wurden etwa 100 in Ton gebrannte Siegelabdrücke gefunden. Auf die Bedeutung dieses Fundes für die bisher umstrittene Deutung der Indussiegel wurde bereits hingewiesen.

Die Zahl der Siegel aus Lothal wächst ständig. Auch einige neuartige Motive tauchen hier auf, z. B. die Darstellung eines Ibex vor dem hohen Gestell, das gewöhnlich vor dem Einhorn steht, oder der bereits erwähnte Vogel mit dem Fischzeichen im Schnabel. Besonders zahlreich sind die ausgezeichnet gearbeiteten Perlen, die auf etwa 500 000 geschätzt werden, unter denen sich etwa 1000 winzige Goldperlen befinden. Man kann sogar vermuten, daß Lothal, ähnlich wie Chanhu-Daro, ein Zentrum der Schmuckherstellung gewesen ist.

Es war bereits von der prinzipiellen Bedeutung dieser Ausgrabungsstätte die Rede, insofern als diese die lang umstrittene Zugehörigkeit Sauraschtras zur Harappa-Kultur endgültig beweist, zugleich auch alle Zweifel bezüglich des schon länger bekannten Fundortes Rangpur beseitigt. Im Gegensatz zu Lothal hat das weiter westlich gelegene Rangpur eine ganze Folge verschiedener Kulturen ergeben, von denen mindestens drei, die mikrolithische (ohne Tonware), die chalkolithische (harappazeitliche) und eine spätere dekadente Phase derselben Kultur sowie schließlich eine etwas jüngere, aber wohl immer noch bronzezeitliche Kultur mit unterschiedlichen Merkmalen zu unterscheiden sind. Auch hier tauchen die schwarz-roten Tonwaren auf, allerdings erst in den spätesten Siedlungsphasen.

Die Zone südlich Ahmedabad ist heute ein ausgesprochenes Baumwollzentrum, und es darf als sehr wahrscheinlich gelten, daß dies bereits in der Harappazeit der Fall war. Ausgedehnte Forschungsreisen haben eine Vielzahl weiterer, meist kleiner Siedlungen dieser Epoche erkennen lassen, bemerkenswerterweise meist in der Nähe der Mündungen größerer Flüsse in das Arabische Meer. Hervorzuheben sind hier noch einmal Mehgam an der Mündung des Narmada, nahe dem später so bedeutenden Hafen Broach, sowie der bisher südlichste Fundort, Bhagatrav, an der Mündung des Kim-Flusses, nur etwas über 20 km nördlich von Surat.

Es ist heute schon möglich, auch in dieser südlichen Zone wie bereits in der östlichen die letzten Ausläufer der altindischen Hochkultur zu erkennen, insofern hier, im Gegensatz zum eigentlichen Kerngebiet, ein Verfall des kulturellen Hochstandes in den späteren Phasen und die Herausbildung neuer Kulturen in Anknüpfung an die Hochkultur der Harappazeit sichtbar werden. Weit mehr als in Sind und im Pandschab haben wir hier den Eindruck der Kontinuität altindischer Kulturentwicklung. Obwohl diese Fragen dem nächsten Kapitel vorbehalten bleiben sollen, sei doch hier schon darauf hingewiesen, daß die Ergebnisse der verdienstvollen Forschung junger indischer Archäologen, auf eine Formel gebracht, darin bestehen, der alten West-Ost-Richtungsforschung die neue Nord-Süd-Richtungsforschung gegenübergestellt zu haben, wobei bereits ermunternde Resultate, wenn auch noch nicht endgültige Lösungen, zu verzeichnen sind.

Die westlichen Grenzlande, Nord- und Südbaludschistan, scheinen auch in der Epoche des altindischen Staates in der Hauptsache eine Fortsetzung oder Spätphasen jener frühbäuerlichen Kulturen aufzuweisen, von denen im vorangehenden Kapitel eingehend gesprochen wurde. Die zeitliche Parallelstellung zur Harappa-Kultur ergibt sich durch den Vergleich einiger Kulturelemente. Die Verzierung der Nal-Gefäße mit dem Rapportmuster der sich überschneidenden Kreise etwa, das indische Buckelrind und das Pipalblatt als Verzierungsmotiv der Kulli-Ware sind als derartige Kriterien der Gleichzeitigkeit anzusehen, obwohl man sich natürlich davor hüten muß, diese Gleichzeitigkeit etwa als eine Gleichstufigkeit anzusehen. Das Nebeneinander von städtischer Kultur im Industal und bäuerlicher Kultur in den westlichen Nachbargebieten unterscheidet sich jedoch grundsätzlich von den Verhältnissen im Osten und im Süden, wo nirgends die Spuren einer älteren, vorharappazeitlichen bäuerlichen Kultur und nur in den Endphasen die Gleichzeitigkeit anderer Kulturen mit der frühindischen zu erkennen sind. Wir werden also den Ausdehnungsdrang der Harappa-Kultur nach dem Süden und in gewissem Maße auch nach Osten den relativ stabilen Verhältnissen in den westlichen Grenzgebieten gegenüberstellen müssen, wo eher umgekehrt der städtischen Hochkultur gewisse Gefahren drohten.

Man darf durchaus annehmen, daß das Verhältnis der indischen Städte zu den Nachbarn im Westen keineswegs immer ein friedliches war und daß sich die Verteidigungsmaßnahmen in einigen gegen Westen vorgeschobenen befestigten Siedlungen gegen die Völkerschaften Baludschistans richteten, die in Zeiten der Dürre und Not den Reichtum der fruchtbaren Flußtäler und die blühende Kultur der frühen Inder sicher als lockende Beute empfanden. Wir werden gelegentliche Raubüberfälle ebenso zu vermuten haben wie die vorübergehende Arbeitnahme sogenannter Saisonarbeiter, ähnlich wie dies in Sumer und Babylonien mit den dortigen östlichen Grenzbewohnern der Fall war. Für Kriege größeren Umfangs jedoch scheint die Kraft der Bergbewohner nicht ausgereicht zu haben, jedenfalls fehlen hierfür die Zeugnisse bei den Ausgrabungen, sowohl die Spuren der Vernichtung der Bauten als auch Anzeichen der Veränderung der Waffentechnik und dergleichen.

Umgekehrt scheint jedoch der technische Fortschritt in den Bergtälern, bei dem Reichtum an Erzen wenig verwunderlich, beträchtlich gewesen zu sein und allmählich auch eine Überlegenheit der Bergbewohner herbeigeführt zu haben, ein Vorgang, der ganz entsprechend im Vorderen Orient im Verhältnis der Kulturen des Zweistromlandes zu ihren östlichen Nachbarn zu beobachten ist. Wenn auch diese Überlegenheit nicht zur militärischen Vernichtung des frühindischen Staates geführt hat, wie dies wiederholt für den sumerischen und babylonischen Staat festzustellen ist, scheint sich doch im Westen Indiens eine wirksame Barriere herausgebildet zu haben, die den Kontakt des altindischen Staates zum Vorderen Orient allmählich völlig drosselte. Hierin liegt auch die eigentliche Erklärung für die Stagnation der frühindischen Kultur.

Unter den südbaludschistanischen Fundorten ragt die bereits genannte befestigte Siedlung Sutkagen Dor hervor, die man geradezu als einen Außenposten der Harappa-Kultur angesprochen hat. Doch wird man auch hier mehr Vorsicht walten lassen müssen, zumal z. B. so charakteristische und wohl doch speziell für den Handel bezeichnende Funde wie die Siegel indischer Prägung hier völlig fehlen. Man hat auch die kleine Bronzetänzerin auf diesen Zusammenhang hin untersucht und in ihr auf das Modell eines jungen Mädchens aus dem Kulli-Volk geschlossen, wobei man vermutete, daß solche Mädchen vielleicht als Sklavinnen in den Indusstädten lebten. Das mag stimmen, besagt jedoch kaum mehr, als wir ohnehin über die Zusammensetzung der Bevölkerung wissen. Haben doch die anthropologischen Untersuchungen, die neuerdings auch Skelettfunde in Lothal mit einbeziehen können, eine sehr gemischte Zusammensetzung der Harappabevölkerung ergeben und australoide, altmediterrane und sogar mongolische Bevölkerungselemente erkennen lassen.

Die neuen Ausgrabungen in Afghanistan geben den wertvollsten Aufschluß über die Veränderung der kulturellen und wirtschaftlichen Verhältnisse in den Westländern, zeigen sie doch, daß auch hier Ansätze zu einer höheren städtischen Kulturentwicklung bestanden. Von diesen erfolgreichen Ausgrabungen des französischen Archäologen *J. M. Casal* in Mundigak war bereits die Rede. *(T. 26)* Mundigak, „der kleine Hügel“, liegt etwa 24 km nordöstlich von Kandahar und erhob sich vor der Ausgrabung bis zu etwa 20 Metern. Die dreizehn Fundschichten, die bisher unterschieden werden konnten, verteilen sich nach Meinung der Ausgräber auf die Zeit von etwa 4000 v. u. Zt. bis in den Anfang des ersten Jahrtausends, doch ist der Fundbestand an datierbarem Material noch verhältnismäßig gering. Tonwaren der 7. bis 8. Schicht, vom natürlichen Boden her gezählt, scheinen der Quetta-Kultur anzugehören.

In der 10. Schicht von Mundigak taucht nun ein mächtiges Bauwerk auf, der sogenannte Pfeilerbau, zunächst noch in Verbindung mit der lederfarbenen Tonware. Ein Umbau erfolgt in der 11. Schicht zugleich mit einem Wechsel der Tonware, die nunmehr als rotgrundig und mit purpurfarbenen geometrischen Verzierungen versehen zu erkennen ist. Dieses Gebäude ist von besonderem Interesse. Von Norden her wird eine aus Halbsäulen gebildete Fassade sichtbar, deren Westflügel noch recht gut erhalten ist. Allein der Mittelteil, der fast bis zur Unkenntlichkeit zerstört ist und vermutlich keinen Säulenschmuck trug, hat die Länge von 35 Metern. Die Halbsäulen sind der eigentlichen Fassade vorgesetzt und haben eine Höhe von 1,35 Meter. Über den Halbsäulen befindet sich ohne Architrav ein Schmuckaufsatz aus rohen Lehmziegeln in der Form von dreistufigen Zinnen. Man denkt hier unwillkürlich an gewisse stufenförmige Verzierungsformen der nordbaludschistanischen Keramik.

Die ganze Fassade war wiederholt mit einem weißen Anstrich versehen worden, und ein Tor, das zwischen den Halbsäulen des Westflügels in das Innere führt, zeigt Spuren roter Farbe. Die Baulichkeiten hinter der Fassade, so der ganze Ostflügel, sind im Laufe der Zeit durch Wetterunbilden fast völlig zerstört worden. So war auch der Verwendungszweck dieser Räume kaum erkennbar und wurde zunächst ganz allgemein auf den Kultus bezogen, obwohl man neuerdings eher dazu neigt, in dem Bauwerk einen Palast zu erkennen. Wie immer man dies beurteilen mag, es steht fest, daß dieses Bauwerk beträchtlich das einfache Gefüge bäuerlicher Kulturen überragt, aber in seinen Einzelzügen, soweit erkennbar, eher Zusammenhänge mit altmesopotamischen Bauten als mit solchen des Indusgebietes zeigt.

Auch die Kleinfunde sind nicht ohne Interesse. So lassen die Stempelsiegel mit ihrer geometrisch-stufenförmigen Verzierung ebenfalls wie die Zinnen des Pfeilergebäudes westiranische Verbindungen erkennen. Dagegen gleicht das Fragment einer Tonfigur im Typus den Kulli-Frauenstatuetten, und auch die Schmuckstücke und einige Tierfiguren lassen sich eher mit dem baludschistanischen und im weiteren Sinne auch mit dem indischen Material vergleichen.

(T. 35 oben) Beachtlich ist die Tonware aus der Zeit des Pfeilergebäudes, besonders eierförmige Becher auf hohem Fuß, nicht unähnlich in der Form unseren modernen Kognakgläsern, auf denen in einer breiten Schulterzone Tierfriese, Ibex und Vogel, aber auch symmetrisch angeordnete Pipalblätter aufgemalt sind. Ein Kontakt mit der etwa gleichzeitigen städtischen Kultur Indiens ist somit sehr wahrscheinlich.

Der Pfeilerbau repräsentiert keineswegs die letzte Bauphase des Fundhügels Mundigak. Vielmehr findet in der folgenden Schicht 12 eine allgemeine Nivellierung statt, mit der auch ein neuerlicher Wechsel in den Tonwaren verbunden ist. Diese neuen Gefäße sind dunkelgrau oder orangerot. Größere Bauwerke aber finden sich erst wieder in der Schicht 13, und es sind diese, die die äußere Form des Fundhügels bis zur Zeit der Ausgrabung bestimmt haben. Eine große massive Konstruktion aus Lehmziegeln war schon zu stark zerstört, um in ihrer ursprünglichen Bedeutung erkannt zu werden. Wichtig sind jedoch Silos, kofferartige Aufbauten aus Stampflehm sowie größere Getreidespeicher von der Art der indischen Speicher der Harappazeit. Es mag noch erwähnt werden, daß ein nahe gelegener zweiter Fundhügel Wohnhäuser zutage brachte, die etwa aus der Zeit des Pfeilerbaus und der darauffolgenden Besiedlungsstufen stammen mögen. *(T. 27)*

Wenn wir abschließend noch einmal die Harappa-Kultur in ihrer Gesamtheit, also einschließlich der angrenzenden Kulturlandschaften überblicken, so müssen wir erneut betonen, daß heute eine typisch indische Frühkultur von gewaltiger territorialer Ausdehnung erkennbar geworden ist. Ohne daß es bereits möglich wäre, die Geschichte im einzelnen zu verfolgen, ist doch ein zusammenhängendes, materialgefülltes Kultur- und Staatsterritorium zu erkennen, das mit seinen Hauptstädten Mohendscho Daro und Harappa, den zahlreichen Mittelstädten, z. B. Chanhu Daro, Lothal, Rangpur und Rupar, von kaum zu überschätzender Bedeutung für die frühe Geschichte Indiens, aber auch des gesamten Altertums gewesen ist. Die Expansivität im Sinne kultureller Ausbreitung, weniger militärischer Eroberung, richtet sich vor allem nach dem Innern des indischen Landes, also nach Südosten, während die westlichen Nachbarlande sich ursprungsverbunden, später jedoch als Barriere gegenüber den Kulturen des Vorderen Orients erweisen und damit zur Isolierung und endlich zum Verfall dieser frühindischen Kultur wesentlich beigetragen haben.

III

Archäologische Quellen aus der Zeit des Zusammenbruchs der frühindischen Kultur und der großen Völkerbewegungen

Es wäre vielleicht einfacher und verständlicher gewesen, diesem Kapitel, der üblichen Terminologie entsprechend, die Bezeichnung „Zeit der arischen Einwanderung" zu geben. Damit erfolgt jedoch eine einseitige Festlegung auf die Aussage der späteren Schriftquellen, die im Interesse einer objektiven Prüfung der archäologischen Quellen zur Geschichte der auf die Harappazeit folgenden Periode vermieden werden sollte. Handelt es sich doch um die bisher dunkelste Periode indischer Geschichte, für die archäologische Quellen bis vor wenigen Jahren kaum verfügbar waren und die auch aus der vedischen Literatur nur in groben Umrissen, als Kulturgeschichte gleichsam, erkennbar wird.

Die Schriftquellen lassen in grober Schätzung zwei Perioden erkennen, eine altvedische Periode von etwa 1500 – 1000 und eine jungvedische Periode, die sich etwa bis 550 erstrecken mag. Für die altvedische Zeit besteht das Quellenmaterial in den älteren, d. h. der Mehrzahl, der rigvedischen Hymnen sowie in den ältesten Teilen des Atharvaveda. Nur wenige Hymnen enthalten eine geschichtliche Aussage, handelt es sich doch fast ausschließlich um Götterlieder, und immer gilt die Einschränkung, daß die sprachliche Abfassung dieser Hymnen kaum vor dem ersten Jahrtausend vorgenommen sein kann. Dennoch wird es ratsam sein, einiges von den gegebenen Aussagen der Schriftquellen zu wiederholen, wobei man sich auf zahlreiche Darstellungen stützen kann, wie in den Zusammenfassungen der Bücher indischer Geschichte etwa bei *E. Waldschmidt* in der Bruckmannschen Veröffentlichung und danach noch in der *Historia Mundi* gegeben ist.

Zur Zeit der Abfassung der Hymnen war das Siedlungsgebiet der noch halbnomadischen Arier das Siebenstromland des Indus und seiner Nebenflüsse, also der nördliche Teil jenes Territoriums, das wir im vorangehenden Kapitel als zur Harappa-Kultur zugehörig erkannten. Es läßt sich ziemlich genau nachweisen, daß die frühvedische Kultur in Indien nach dem Osten hin etwa die gleichen Grenzen besaß wie die Harappa-Kultur, das Land zwischen den beiden Stromsystemen des Indus und der Ganga, in dem auch der im Veda meistgenannte Strom, die heute so unscheinbare Sarasvati, liegt. Bekanntlich haben hier die Forschungsreisen *A. Ghoshs* zahlreiche Siedlungen der Harappazeit erkennen lassen, und ebenso deutlich sprechen die rigvedischen Hymnen von einer arischen Bevölkerung in dieser Zone. Gerade hier stellt sich also in territorialer Begrenzung das Problem der etwaigen Identität von Harappa-Kultur – nach den archäologischen Quellen – und von früharischer Kultur – nach den Schriftquellen – bzw. ein zeitliches Nacheinander beider Kulturen mit besonderer Schärfe heraus.

Im Rigveda werden die ältesten Bewohner des Landes, soweit sie mit den Ariern in Berührung kamen, als *dasyu* oder *dasa*, als Unholde oder Barbaren bezeichnet. Auch finden sich die Ausdrücke „von dasischer Farbe", „schwarzhäutig", was auf die Dunkelhäutigkeit der Vorbevölkerung Bezug nimmt, sowie „nasenlos" oder besser „flachnasig" und „von feindlicher Sprache" oder „mißredend" gebraucht im Zusammenhang mit diesen Bevölkerungteilen. Sie besagen nicht viel für den Vergleich mit der Harappa-Kultur, müßten weit eher als hochmütige Anmaßung der relativ kulturlosen Halbnomaden gegenüber der städtischen Bevölkerung angesehen werden, falls es sich bei dieser Kennzeichnung tatsächlich um die Harappaleute handeln sollte. Eine derartige Haltung findet sich bekanntlich auch bei den noch halbnomadischen Griechen gegenüber ihren hochzivilisierten orientalischen Nachbarn, die sie als Barbaren bezeichneten. Aber es bleibt doch die Frage offen, ob mit diesen dunkelhäutigen Barbaren nicht viel eher jene noch vielfach in steinzeitlichen Verhältnissen lebende indische Urbevölkerung gemeint war, die sich ja auch in der Nachbarschaft der Harappa-Kultur feststellen ließ.

Etwas weiter kommen wir mit einer anderen Bemerkung im Rigveda, die mit Abscheu von den *sisnadeva*, den Phallusverehrern, spricht. Hier deckt sich die sprachliche Aussage mit dem kulturell-archäologischen Befund, wobei zugleich ein deutlicher Beweis gegeben wird, daß die Verächter des Phalluskultes, d. h. also die arischen Einwanderer, kaum mit dessen Anhängern, als welche wir die Träger der frühindischen Kultur erkannten, identisch sein können. *Piggott* und *Wheeler* haben mit Nachdruck auf die Erwähnung von „pur", befestigten Siedlungen oder Burgen, im Rigveda hingewiesen und hierin die Harappa-Wohnweise gegenüber den primitiven Wohnverhältnissen der Arier in Hütten und leichten Holzhäusern erkennen wollen.

Als Burgenzerstörer, *puramdara*, wird Indra, der Hauptgott der Indoarier, angerufen, als Bezwinger der sieben Burgen der Dasyus oder der hundert Burgen eines ihrer Fürsten. Im Gedicht Rigveda I, 53 heißt es.

„Mit dem alles überwältigenden Wagenrad hast Du, o Indra,
Du Weitberühmter, die zweimal zehn Menschenherrscher gestürzt.
Mit sechzigtausend neunundneunzig Gefährten
Schreitest Du von Kampf zu Kampf, ohne zu zittern,
Zerstörst Du Burg um Burg, hier, voller Kraft."

In derartigen Textstellen wird es tatsächlich deutlich, daß dem Eindringen der Arier in Indien die Existenz einer älteren Besiedlung vorangeht, mit ebensolchen Burgen oder befestigten Städten, wie sie in Mohendscho Daro und Harappa durch die Ausgrabungen bekanntgeworden sind. Man kann auch durchaus die Auffassung unterstützen, daß zur Zeit der geschilderten Kämpfe diese befestigten Siedlungen noch vorhanden und bewohnt waren. Was jedoch nicht mit Sicherheit aus derartigen Textstellen hervorgeht, ist die Beweisführung, daß die arische Einwanderung unmittelbar auf die Harappa-Kultur folgt, daß die Arier die tatsächlichen Zerstörer dieser Kultur waren. Archäologisch gesprochen, ist durchaus die Möglichkeit gegeben, daß die Indoarier nicht direkt mit der Harappa-Kultur in Berührung kamen, sondern auf Barbaren stießen, die vor ihnen ins Land gekommen und die Kultur der Harappa-Bevölkerung bis zu einem gewissen Maße übernommen hatten. Auch eine solche Bevölkerung konnte noch die alten „Burgen" bewohnen, ohne die staatliche Organisation übernommen zu haben, konnte als mißredend und nasenlos zu kennzeichnen sein, falls sie etwa aus den ostiranischen Bereichen herstammte, und konnte aus eben diesem Grunde auch zu den „Phallusverehrern" gezählt werden. Wir werden später noch erörtern, was für eine solche Lösung des Problems an archäologischen Beweisen anzuführen wäre.

In den vedischen Texten finden sich keine deutlichen Erinnerungen an eine frühere Heimat, wie überhaupt die Frage der Einwanderung in Indien nirgends direkt erwähnt wird. Letzten Endes ist die sogenannte Einwanderung eine, wenn auch sehr wahrscheinliche Hypothese, die indirekt auf der Sprachverwandschaft der altindischen mit den iranischen, griechischen, lateinischen, germanischen und all jenen anderen Sprachen beruht, die man als indoeuropäische Sprachfamilie bezeichnet.

Für die vedischen Arier war der Besitz an Viehherden die Quelle des Wohlstandes und letzter Sinn ihres Daseins. Gerade die ältesten Hymnen sind von einer natürlichen Lebensfrische und

Problemlosigkeit, die in einem merkwürdigen Kontrast steht zu der metaphysischen Zweideutigkeit, die zuweilen in sie hineingeheimnist wird. Die religiöse Spekulation, philosophische Erörterungen, die Herausbildung einer allmächtigen Priesterkaste, der Brahmanen, das alles sind erst charakteristische Züge einer späteren Zeit, in denen sich bereits längere Seßhaftigkeit auf indischem Boden und die Übernahme vorarischer Anschauungen ausdrücken.

Wie wenig jedoch die Arier in ihrem Kontakt mit der Harappa-Kultur, sei es direkt oder indirekt, profitiert haben, zeigt am besten wohl die archäologische Fundlücke, die trotz aller inzwischen herbeigebrachten Materialien die ältere vedische Epoche kennzeichnet. Es fehlt jede nennenswerte Architektur ebenso wie Plastik und sonstige Bildkunst. Auch die Schrift ging in dieser Epoche, soweit wir dies heute zu erkennen vermögen, wieder verloren. Wie, wenn nicht durch die Gleichsetzung der arischen Kultur mit der im vorigen Kapitel beschriebenen frühindischen, könnte man behaupten, daß die Arier als die kulturell Überlegenen ins Land kamen und daß erst mit ihrem Kommen eine Phase gereifter Kunst, Wissenschaft, Religion und Philosophie beginne? Es war eine Kultur nomadisierender Rinderhirten und tüchtiger Kriegsleute. Ihre besseren Waffen verschafften ihnen die Überlegenheit über die Ortsansässigen und die Voraussetzung zu dauerhaftem Verweilen im Lande. Ihre Hauptwaffe war der schnelle, von Pferden gezogene Kampfwagen, der den Kriegern eine absolute Überlegenheit in der Manövrierfähigkeit, rasche Einsatzfähigkeit und die Überwindung größerer Entfernungen verschafft haben muß. Das Pferd, auch im Sinne seiner militärischen Verwendbarkeit, ist zum Hauptkennzeichen des frühen Auftretens dieser Arier geworden, was wiederum, und diesmal als ein sehr gewichtiges Argument, gegen die Gleichsetzung mit der frühindischen Kultur spricht, für die, jedenfalls nach Aussage sämtlicher archäologischer Quellen, der Darstellungen sowohl als auch der Knochenfunde, das Pferd nirgendwo eine Rolle spielte.

Es bleibt auch auffällig, daß die charakteristischen Tiere der Harappa-Kultur, wie sie etwa auf den Siegelbildern zu erkennen sind, in den altvedischen Texten kaum noch Erwähnung finden. Der Elefant, das „Tier mit der Hand“, wird geradezu als Kuriosum bewertet, während der Tiger überhaupt nicht nachzuweisen ist. Gegenüber der Betonung des männlichen Stieres tritt nunmehr das weibliche Tier, die Kuh, in den Mittelpunkt. Die süße und saure Milch, das Butterschmalz, spielen eine große Rolle auch im vedischen Kult. An die Stelle des Tigers tritt der Löwe, und man muß sich fragen, wie es möglich ist, daß in einem so kurzen Zeitabstand, falls tatsächlich die Arier unmittelbar auf die Harappa-Kultur stießen, ein derart radikaler Wechsel der Fauna des gleichen Gebietes überhaupt möglich ist.

Die geographischen Bezeichnungen in den vedischen Hymnen hat in einem Beitrag zur Ethnographie des alten Indien *Robert Shafer* mit den Listen im avestischen Vendidad verglichen. Durch den Vergleich der Reihenfolge der Flußnamen und der auf Flußnamen zurückzuführenden Länderbezeichnungen hat *Shafer* nachzuweisen versucht, daß die Reihenfolge bei Indoariern und Iraniern von Osten nach Westen führt. Er schließt daraus auf eine gemeinsame Heimat in den nordöstlichen Gebieten, in denen die großen Ströme Indiens entspringen, also in der Region südlich des Berges Meru am See Manasa-Sarovara, ein Gebiet, das sich bis zum heutigen Tage des Rufes größter Heiligkeit erfreut.

Es bleibt abzuwarten, inwieweit solche Auffassungen die Billigung anderer Forscher finden und sich endgültig durchzusetzen vermögen. Wenn wir das archäologische Material auch in dieser Richtung befragen, liegt darin noch kein Entscheid über die Gültigkeit der neuen Thesen. Immerhin würde diese Nord-Süd-Bewegung der einwandernden Arier, die zunächst im nordöstlichen Pandschab mündet, etwa im Bereich solcher Siedlungen wie Rupar, vorausgesetzt, daß im nordwestlichen Indien schon zuvor altiranische, vorarische Stämme die Harappa-Kultur überlagerten, nicht schlecht zu dem archäologischen Befund passen. Gilt es doch nach der Theorie von *Shafer* zu bedenken, daß die Iranier vor den Indoariern ins Land kamen. So könnte man z. B. erklären, daß Indra, der göttliche Heerführer der Indoarier, nicht nur als Feind der Dasa, sondern zuweilen auch als Feind der Arya bezeichnet wird, insofern hier die später folgenden Indoarier die bereits in Indien weilenden iranischen Arier verjagten. Dies ist jedoch nur möglich, wenn diese Einwanderung nicht aus westlicher, sondern aus nördlicher oder nordöstlicher Richtung erfolgte. Eine nordsüdliche Stoßrichtung der Einwanderer würde mühelos erklären, weshalb sich die Harappa-Kultur nach dem Süden verlagern mußte, ebenso, warum späte Elemente dieser Kultur in den westlichen Nachbargebieten zu beobachten sind. Die unmittelbaren Nachfolgekulturen der Harappa-Zeit wären dann ebenfalls nicht mehr in östlicher Richtung, sondern vielmehr im Mittelland Indien zu suchen. Es mag hier noch erwähnt werden, daß *Shafer* als die Urbevölkerung des nordwestlichen Indiens eine dunkelhäutige, den heutigen Bhils verwandte Rasse vermutet, während er das nordöstliche Indien von tibeto-burmesischen, mongolischen Gruppen bevölkert glaubt.

Eine weitere These, die auf der Basis des späteren, linguistisch-ethnographischen und anthropologischen Materials aufgestellt wurde, bezeichnet die Bevölkerung des nordwestlichen Indiens vor der arischen Einwanderung als eine dravidische, d. h. natürlich auf Grund der gemeinsamen Sprache als verwandt mit der heutzutage in Südindien lebenden Bevölkerung. Dabei wurde vor allem auf einen Rest dravidischer Sprache im Gebiet westlich des Indus hingewiesen, der sich bei den dort siedelnden Brahuis findet. Man glaubte demnach, eine einheitliche Bevölkerung in ganz Indien voraussetzen zu dürfen, die erst unter dem Ansturm der arischen Einwanderer nach dem Süden hin ausweichen mußte. Es war nur natürlich, daß gerade diese Theorie sich nach den Entdeckungen in Sind und im Pandschab großer Beliebtheit erfreute und auch heute noch Anhänger findet.

Die südindischen, dravidischen Länder sind in ihrer älteren Geschichte noch sehr wenig bekannt, und die sehr lückenhaften Schriftquellen reichen kaum bis in die Mauryazeit, also etwa das 3. Jahrtausend v. u. Zt. zurück, erreichen also nicht das Alter der vedischen Urkunden. Obwohl dies natürlich nicht ausschließen würde, daß die dravidischen Sprachen in Indien dennoch ein höheres Alter als die arischen hätten, ist zunächst der zeitliche Abstand zwischen den Dravidastaaten im Süden und der Harappa-Kultur doch mit weit über 1000 Jahren anzusetzen. Andererseits werden wir feststellen müssen, daß im ersten Jahrtausend v. u. Zt. in Südindien die archäologischen Funde auf eine Kultur hinweisen, die sich sehr beträchtlich von der frühindischen Kultur im Nordwesten des Landes unterscheidet. Die Schwierigkeit besteht auch hier in der Gleichsetzung eines so unterschiedlichen Quellenmaterials, wie es die Bodenfunde ohne lesbare Inschriften einerseits, die Literatur einer weit späteren Kulturentwicklung andererseits enthalten.

Bevor wir uns nunmehr den Bodenfunden zuwenden und die linguistisch-historischen Vorbemerkungen über Arier und Dravider abschließen, um wieder in die Anonymität der archäologischen Interpretation überzugehen, sei noch einmal auf *Shafers* ethnographische Beobachtung hingewiesen, und zwar auf einige Bemerkungen, die zwar etwas drastisch formuliert sind, aber doch im wesentlichen den Mythus von der alleinarischen Kultur Indiens zerstören. So schreibt *Shafer* in seinem Eingangskapitel:

„Nimmt es Wunder, daß die einheimische Bevölkerung mit höherer Kultur, die in befestigten Städten und Ortschaften lebt, zur Rebellion schreitet gegen die arischen Horden der Ochsen verschmausenden, Soma schlürfenden Krieger und Rinderhirten, deren Könige die meiste Zeit damit verbrachten, in den Hügeln umherzuwandern, in den Wäldern zu jagen und die sich deshalb zivilisiert nannten, weil sie badeten und kämpften? Die Arier verstanden so wenig vom Regieren, daß sie die Massen versklavten oder degradierten und alle Personen mit Vermögen oder in höheren Positionen derart ausbeuteten, daß die einheimische Ökonomie zusammenbrach und die große Rebellion des Mahabharata begann. Indem sie diesen Gesichtspunkt übersahen, haben die Forscher den ganzen Hintergrund des Krieges im Mahabharata mitßverstanden ... Der Mythus, der die Arier ‚die Fackel der Zivilisation' nach Indien tragen läßt, wurde durch die Entdeckungen in Mohendscho Daro, Harappa und anderen Orten zerstört. Die Deutung des großen Epos jedoch, die aus diesem Mythus bereits in jenem Jahrhundert vor den Ausgrabungen im jetzigen Pakistan entstanden war, übt immer noch einen derart starken Einfluß auf zahlreiche Forscher aus, daß einige unter ihnen sich bis heute weigern, die historische Bedeutung der Funde anzuerkennen."

Wie immer man zu den ethnographischen Thesen *Shafers* stehen mag, die obige Kennzeichnung deckt sich mit dem zuvor Gesagten und faßt, von anderer Seite her und mit etwas schärferen Worten, die heutige Situation noch einmal zusammen.

Die archäologischen Quellen zur vedischen Zeit, die sich in den letzten Jahrzehnten beträchtlich vermehrt haben, sind, von einigen Zeitschriftenaufsätzen abgesehen, noch nicht in gebührender Ausführlichkeit bearbeitet worden. Im Indusgebiet hat bereits der frühzeitig verstorbene indische Archäologe *Majumdar* eine ganze Kulturfolge erkannt, deren erste Phasen uns bereits bekannt sind. Vier aufeinanderfolgende Kulturen, die teils in kontinuierlicher Schichtenfolge, teils durch Vergleiche und Überschneidungen in eine zeitliche Beziehung zueinander gesetzt werden konnten, wurden hier festgestellt: die Amri-, Harappa-, Jhukar- und Jhangar-Kultur, jedweils nach dem wichtigsten Fundort benannt und, mit Ausnahme von Harappa, sämtlich im Industal gelegen. In Chanhu Daro zum Beispiel, einer der größten Siedlungen östlich des Indus, wurden die drei letzten Phasen in stratigraphischer Folge erkannt: Harappa-, Jhukar- und Jhangar-Kultur, während die anderen Siedlungen, z. B. in Amri, die Aufeinanderfolge Amri-, Harappa-Kultur erkennbar war.

Das kennzeichnende archäologische Material der sogenannten Jhukar-Kultur ist die Tonware, Gefäße, die eine mehrfarbige Bemalung auf gelblich-rosafarbenem Grund aufweisen. Die Malmotive sind von durchaus eigener Art, in breiten Zonen angeordnete vegetabilische Muster, Blätter und sphärische Dreiecke sowie ein besonders auffälliges Augenmotiv. Auch die Gefäßformen sind vielfach neuartig, doch scheinen die spitzbogigen Gefäße, die man in den Boden stecken bzw. in Standringen aufstellen konnte, aus dem älteren Formenbestand übernommen worden zu sein. Die Amri- und Jhukar-Stufe eint dagegen die Bichromie der Bemalung.

Man wird die Kulturstufe, die durch diese charakteristische Tonware repräsentiert wird, in Zusammenhang mit den vorharappazeitlichen buntkeramischen Kulturen bringen müssen und in ihr eine Art Rückfall in die Kultur der vorstaatlichen Periode bzw. einen Zerfall des Harappa-Staates erkennen dürfen. Dafür spricht die Ärmlichkeit der übrigen Funde, obwohl auch einige entwickelte Formen von Metallgeräten, wie es scheint, auf die Jhukar-Zeit zu beziehen sind. Die Schrift der Harappa-Zeit ist völlig verlorengegangen. Einige Stempelsiegel sind zwar gefunden worden, zeigen jedoch einen ganz abweichenden tierfigürlichen Bildschmuck sowie einfachere ornamentale Motive. *(T. 62)* An die Stelle der Harappa-Tierwelt sind die Tiere der Bergzone, Ziegen und Antilopen, getreten. Größere szenische Darstellungen fehlen, und die Anordnung der Tiere im Bildgrund entspricht auch viel eher den frühen westiranischen und nordmesopotamischen Stempelsiegeln als jenen der Harappastufe. Bei den Waffen handelt es sich vor allem um ein geschäftetes Axtbeil, das in den obersten Schichten von Mohendscho Daro gefunden, mit ähnlichen Funden in der Jhukar-Schicht von Chanhu Daro in Verbindung gebracht wurde. Man hat hier an Verbindungen bis hin nach Westiran gedacht und Vergleichsfunde aus Tepe Hissar herangezogen. *(Abb. 25)*

Bei der Beurteilung dieser relativ bedeutungslosen Dorfkultur wird darauf hinzuweisen sein, daß sie bisher nur im Industal belegt ist, im Pandschab dagegen und in den südlichen Provinzen der Harappa-Kultur bisher nicht festgestellt werden konnte. Hier stoßen wir bereits auf die Hauptproblematik dieser ganzen Epoche, die offensichtliche Kulturzersplitterung in Indien, das Nebeneinander mehrerer Kulturen in der Ablösung der durch ihre kulturelle Einheitlichkeit gekennzeichneten Harappa-Kultur.

(T. 62 unten) Nur an wenigen Fundplätzen im Industal festgestellt, bietet die stratigraphisch auf die Jhukar-Kultur folgende Jhangar-Kultur ein noch bescheideneres Kulturbild. Auch hier ist die Tonware kennzeichnend, eine völlig neuartige, handgefertigte, dunkelgraue Ware mit primitiven Ritzungen verziert. *(Abb. 12)* Diese bauchigen Gefäße zeigen keinerlei Zusammenhang mehr mit den Formen der Verzierungsweisen der Buntkeramik. Ob sie andererseits den Namen einer selbständigen „Kultur" verdienen, bleibt in Ermangelung sonstiger Funde höchst zweifelhaft. Man kann höchstens von einer lokal sehr eng begrenzten Erscheinung im Indusgebiet sprechen, die vielleicht auf das Auftreten einiger Stämme hinweist, die aus dem westlichen iranischen Nachbargebiet gekommen, sich auf den Ruinen der frühindischen Kultur niederlassen. Wie die Jhukar-Kultur ist auch die Jhangar-Ware in ihrer Bedeutung erheblich überschätzt worden, als sonst noch wenig über die älteren archäologischen Funde Indiens bekannt war.

Bei den Ausgrabungen in der Stadt Harappa im Pandschab sind Funde zutage gekommen, die mit den sonstigen Funden der Harappa-Zeit keinerlei Gemeinsamkeiten aufwiesen und von den Ausgräbern als später, die eigentliche Harappa-Kultur ablösend, gekennzeichnet wurden. Es handelt sich um ein Gräberfeld, welches südlich der Zitadelle liegt und den Namen Gräberfeld H trägt. In einer natürlichen Senke angelegt, sind hier später Aufschüttungen vorgenommen worden, so daß echte Harappa-Scherben die Funde einbetten. Innerhalb dieses Gräberfeldes H wurden zwei Schichten unterschieden. Die ältere zeigt die Toten in gestreckter Lage bestattet, ähnlich jenen der Harappa-Gräber von R 37 und des Bestattungsfeldes von Rupar. Einen völlig anderen Typus dagegen zeigt die zweite Schicht. Hier finden wir die Teilbestattung, die Beisetzung einzelner Körperteile in größeren Töpfen. In der älteren Gruppe sind es die zahlreichen Beigaben, auch Speiseopfer, z. B. eine ganze Ziege, und die Tongefäße, die uns Rückschlüsse auf die Kultur erlauben. Für die jüngere Gruppe dagegen sind die Totengefäße selbst das charakteristische Kulturelement.

Diese Gräberware, Beigaben und Bestattungsgefäße der beiden Schichten, weicht in Form und Verzierungsweise von allen älteren, aber auch den späteren indischen und ostiranischen Tonwaren erheblich ab. Hartgebrannte, rotgrundige, mit glänzendem rotem Farbüberzug versehene Gefäße lassen auch in der raffinierten Bemalungsweise eine künstlerisch hoch entwikkelte Töpferei erkennen, die nichts mit primitiver bäuerlicher Keramik zu tun hat und an Einheitlichkeit und kompositioneller Geschlossenheit auch die Harappa-Ware weit überragt.

(Abb. 11) Sterne und wirbelförmige, zahnradähnliche Sonnen, winzige Dreiecke, Häkchen, Blatt- und Ovalformen füllen das Blickfeld. Inmitten dieser flimmernden Fülle stehen Tierfiguren eigentümlicher Zeichnungsart, Hirsche mit stolzem, die Körperlänge überragendem Geweih, schlanke Rinder und Buckelochsen, zwischen deren Hörnern eine Art Dreizack aufgestellt ist. *(Abb. 9)* Ein häufiges figürliches Element sind die Pfauen, die mit kreisrundem oder ovalem Körper, einem prachtvollen Federbusch und mächtigen Schwanzfedern charakterisiert

sind. Die symmetrische Gruppe eines Tierbezwingers, Mann oder Frau zwischen Rindern, ist von eigentümlicher Art. Die Rinder werden am Hals durch ein schräg nach vorn laufendes Band festgehalten. An dem Punkte, wo die beiden Bänder der gegenüberstehenden Tiere am Boden zusammenstoßen, steht die menschliche Figur, die mit fast waagerecht gehaltenen Armen die Bänder kurz unter dem Tierhals gepackt hält.

Sehr bezeichnend ist die Darstellung des menschlichen Körpers. Den Oberkörper bildet ein spitz auslaufendes Dreieck, das in die kugelförmigen Hüften übergeht. Auf der waagerechten Schulterlinie sitzt ein Häkchen, das den Kopf andeutet, und darüber wieder ein unverhältnismäßig hoher Aufbau, die Haare mit dem Kopfputz. Wo immer dies möglich ist, z. B. innerhalb des Pfauenkörpers, sind Binnenzeichnungen angebracht, Schraffuren, Hörner, Kreismotive usw., die gleichsam eine ornamentale Verbindung zwischen dem figürlichen Element und den Füllmotiven des Bildfeldes schaffen. Man hat den Eindruck, als ob die Tiere sich vor einem reich geschmückten Bühnenhintergrund bewegen, auf dem Himmel und Erde, pflanzliches Wachstum und die Gestirne des Kosmos dargestellt sind.

Obwohl sich in der älteren Kunst nur wenig Vergleichbares findet, sei doch an die frühen nordsyrischen Tongefäße der Tell-Halaf-Gattung erinnert, auf denen in ähnlicher Weise fliegende Vögel vor einem Sternenhimmel wiedergegeben sind. Von dieser mehr allgemeinen Kennzeichnung einer landschaftlichen Gesamtdarstellung ausgehend, sind natürlich auch gewisse Übereinstimmungen mit der Harappa-Ware erkennbar, nur ist bei dieser auf den völlig abweichenden Stil der Einzeldarstellung hinzuweisen. Obwohl man häufig feststellen kann, daß eine für Bestattungszwecke benutzte Tonware spezialisierter und kompositionell verfeinerter ist als die übliche Siedlungskeramik, wird man doch die Tonware des Gräberfeldes H als eine gesonderte Gruppe ansehen müssen. Dabei erhebt sich dann die Frage, ob hier die Repräsentanten einer neuen Kultur zu erkennen sind, die die Harappa-Kultur abgelöst haben, und tatsächlich haben *Wheeler* u. a. die Vermutung ausgesprochen, daß die Keramik des Gräberfeldes H für die Indoarier in Anspruch zu nehmen sei.

Gegen die Identifizierung der Gräberfeldleute mit den Ariern ist mancher Einwand erhoben worden (vgl. z. B. *B. B. Lal, Ancient India, Nr. 9, 1953, S. 88)*. So ist zunächst auf die Tatsache hinzuweisen, daß keine klare Schichtenfolge zwischen Harappa-Kultur und Gräberfeld H besteht. Eine dicke Schuttschicht liegt zwischen dem Gräberfeld, vielleicht auch einigen zugehörigen Bauresten im Wohnbezirk, und den eigentlichen Harappa-Funden. Es könnte also stratigraphisch eine längere Siedlungspause angenommen werden. Auch steht die Untersuchung des Skelettmaterials nicht im Einklang mit der Ariertheorie. Soweit bisher untersucht, handelt es sich um protoaustraloide und armenoide Typen, die hier bestattet worden sind. Dagegen sind Skelettformen aus den nördlichen Steppenzonen bisher nicht nachgewiesen worden.

Das Hauptargument in der Zurückweisung der Ariertheorie bezieht sich jedoch auf die Isolierung der oben ausführlich beschriebenen Tonware. Sie ist bisher noch an keinem anderen Fundort aufgetaucht. Bei der späteren Verbreitung und Bedeutung des arischen Bevölkerungselementes müßte man aber annehmen, daß auch die charakteristischen Kulturelemente eine ebenso weite Verbreitung gefunden hätten, was jedoch nicht zutrifft. So scheinen uns diese Einwände berechtigt und gegen die Identifizierung des Gräberfeldes H mit den arischen Einwanderern zu sprechen. Anklänge zu der zeitlich und räumlich fern gelegenen syrischen Tonware von Tell Halaf, eine gewisse Verwandtschaft mit der Samarra-Ware spricht für buntkeramische Zusammenhänge, sind aber ebenso wie eine generelle Übereinstimmung mit ostasiatischen Landschaftsdarstellungen zu vage, um irgendwelche Schlußfolgerungen zu gestatten. Man wird diese Kultur als eine Sonderform zunächst nur registrieren können, ohne sie nach den heutigen

Kenntnissen in die geschichtliche Situation des späten zweiten und frühen ersten Jahrtausends v. u. Zt. sicher einordnen zu können.

Es mag hier noch ergänzend erwähnt werden, daß auch die Jhukar-Ware, von anderen wieder die Jhangar-Ware, als arisch gedeutet wurden, so daß wir insgesamt bereits drei voneinander völlig verschiedene Anwärter kennengelernt haben, die in der Nachfolge der Harappa-Kultur auf dem Boden des Pandschabs und in Sind auftreten und als mögliche Repräsentanten der Arier gewertet wurden. Hier spricht bereits die archäologische Vielfalt gegen die Deutung, ist es doch unmöglich, die kulturelle Einheit des Rigveda mit drei so verschiedenen Kulturströmen in Zusammenhang zu bringen. Die Verhältnisse komplizieren sich jedoch weiter, wenn wir nunmehr die Nachfolgekulturen der Harappa-Zeit außerhalb des oben umrissenen Territoriums verfolgen und dort noch weit mehr Varianten neuer Kulturerscheinungen erkennen.

Von größerem Interesse sind die Forschungen, die in den letzten Jahren in Rajasthan, im Gebiet des Chambal, in der Küstenzone südlich von Kathiawar, durchgeführt worden sind, also in jenem Gebiet, das neuerdings auch Spuren der Harappa-Kultur, z. B. Lothal und Rangpur in Kathiawar, ergeben hat. Wir erwähnten bereits die verschiedenartige Interpretation der Funde von Rangpur. *Vats* hatte hier die Harappa-Kultur festgestellt, ohne allerdings Skeptiker überzeugen zu können. Noch *Wheeler (Indus Civilization, 1953, vgl. Fundliste!)* und *Gordon (Ancient India Nr. 10/11, S. 171)* erklären die Funde in Rangpur als eine späte, auf die Harappa-Kultur folgende Phase. Aber die neuen Ausgrabungen in Lothal und die zahlreichen Forschungsreisen der letzten Jahre haben jeden Zweifel zum Erlöschen gebracht und erwiesen, daß eine identische Kultur, die Harappa-Kultur, auch im nordwestlichen Küstengebiet, bis in die Gegend von Surat hinunter, existierte.

Dabei ist jedoch in diesem Gebiet die stratigraphische, kulturgeschichtliche Einordnung und Deutung der Harappa-Funde verschieden von jener des Indusgebietes und des Pandschab. Wir kennen aus diesem Gebiet a) vorkeramische, mikrolithische Kulturen, b) Tonwaren anderer Art, die gleichzeitig mit der Harappa-Ware auftreten, c) einen späten, vielleicht als Degenerationserscheinung zu deutenden Bestand an Funden der Harappa-Tradition und d) Nachfolgekulturen, die teilweise an ältere Kulturerscheinungen anknüpfen, z. B. an die mit Harappa gleichzeitigen Tonwaren, zum anderen Teil mit iranischen Fundorten gewisse Verbindungen aufweisen.

Wenn wir diese archäologischen Feststellungen in ihrer Gesamtheit analysieren, dann läßt sich folgendes aufzeigen. Die Grundlage, auf der hier die Harappa-Kultur erwächst, ist, im Gegensatz zum Indusbereich, sekundärer Art. Mikrolithische Kulturen, die am Indus Vorläufer der Amri-Kultur waren, liegen hier unter der bereits voll entwickelten Harappa-Kultur. Daraus könnte man schließen, daß bei einer einheitlichen Vorbevölkerung im nordwestlichen Indien die Harappa-Kultur sich zunächst im Indusgebiet herausbildet und erst später nach Gudscherat vordringt.

Ferner muß man den archäologischen Funden entnehmen, daß in der nordwestlichen Küstenzone ein ständiger Kontakt mit den iranischen Kulturen bestanden hat, auch zu jener Zeit, als die Harappa-Kultur ein eigenes Staatswesen bildete und Teile dieses Gebiet okkupierte. Mit dem Niedergang dieser Kultur werden die iranischen Beziehungen wieder stärker. Andererseits leben hier die Harappa-Traditionen im Gegensatz zum alten Kerngebiet dieser Kultur auch nach dem Untergang des Harappa-Staates weiter. Sie vermögen sich sogar weiter ins Innere Indiens auszubreiten und scheinen von hier aus die spätere indische Kultur erheblich beeinflußt zu haben.

Endlich haben diese neueren archäologischen Entdeckungen das Gesamtbild unserer Vorstellungen vom kulturellen Hintergrund der Harappa-Kultur in Indien erheblich revidiert. Bäuerliche, d. h. bronzezeitliche Kulturen sind nicht auf ein enges Gebiet im äußersten Nordwesten beschränkt, sondern überziehen bereits große Teile des mittelindischen Landes bis zum Gebiet südlich der oberen Godavari. Das heißt aber auch, daß die arische Einwanderung, vom archäologischen Material her gesehen, kaum mit diesen westindischen Kulturen in Verbindung zu bringen ist, vielmehr von vornherein auf den Raum im mittleren und östlichen Teil Nordindiens beschränkt ist, der auch in den Quellen und, wie wir noch sehen werden, vielleicht in gewissen archäologischen Funden als zugehörig zu erkennen ist. Aus diesem Grunde ist es aber für den weiteren Verlauf der geschichtlich-archäologischen Untersuchung nach den allgemeinen Bemerkungen über die nordwestliche Küstenzone nötig, zunächst noch die Situation im Norden, im ostiranischen sowohl als auch im Ganges-Yamuna-Raum kennenzulernen.

Gordon hatte in seiner obenerwähnten Ablehnung eines Harappa-Datums der Rangpur-Tonwaren diese mit der Trihni-Kultur verbunden. Es handelt sich hierbei um eine Kultur, von der kaum mehr als ihre Tongefäße, auch hier nur einige Scherben, bekanntgeworden ist, die nach der Lage der Fundorte, Lal Chatto bei Trihni, Shah Hasan und Lohri am See Manchar sowie Chanhu Daro, im Zentralgebiet des Indus gelegen ist. Die Trihni-Ware zeichnet sich durch eine kühne pflanzliche Verzierung aus und wurde in Chanhu Daro in engem stratigraphischem Zusammenhang mit der Jhukar-Ware geborgen.

Mit diesen Indusfunden nun lassen sich einige Scherben im Zhobtal verbinden, sämtlich mit rosa oder bräunlicher Bemalung, aufgetragen auf einem cremefarbenen Überzug. *Gordon* gruppiert alle diese Fundstücke, die nach seiner Auffassung territorial von Nordbaludschistan bis nach Sind und im Süden bis nach Kathiawar reichen, zusammen und datiert sie in die Zeit zwischen 1400 und 1200. Es erscheint jedoch ratsam, an alle diese Kulturerscheinungen, die in ihrem Nebeneinander und in ihrer Mannigfaltigkeit eine so verwirrende Situation schaffen, ein allgemeineres Kriterium anzulegen, das wir schon eingangs im Zusammenhang mit der Harappa-Kultur benutzt hatten. Inwieweit kann man diese Kulturen als der Buntkeramik zugehörig ansprechen und damit in eine Tradition stellen, die wir bis in die Harappa- und Jhukar-Periode hinein bereits verfolgt haben.

Die letzte buntkeramische Phase von Rana Ghundai, dem schon oft genannten Fundort in Nordbaludschistan, Rana Ghundai III, endet mit heftigen Zerstörungen, vermutlich militärischer Art. Es folgt die Phase Rana Ghundai IV, die eine völlig neue Tonware bringt, eine grobe graue Ware, deren gelegentliche Bemalung, ganz roh aufgetragen, erheblich von den verfeinerten Motiven der älteren Buntkeramik abweicht. In Rana Ghundai V verschwindet die Bemalung der Gefäße völlig. Die Tonwaren werden jetzt mit Stempelmustern verziert.

(T. 37) Eine engere Verbindung mit der älteren Buntkeramik bezeugen die Funde nahe der Makranküste, *(T. 62)* insbesondere das Gräberfeld von Shahi Tump. *(Abb. 13, 26)* Hier sind auch die Beigaben, Siegel, Waffen und Geräte, eng mit den Funden der Jhukar-Kultur verbunden, so daß speziellere Zusammenhänge anzunehmen sind. Wir unterscheiden also in den ostiranisch-indischen Beziehungen der auf die Harappastufe folgenden Epoche zwei Gruppen. Die nördliche Gruppe scheint ihre Impulse von dem nordwestiranischen Fundort Tepe Hissar zu beziehen, von wo die grauen und schwarzen Tonwaren herzuleiten sind, während die buntkeramischen Anklänge nur sehr oberflächlich sind. Diese nördliche Gruppe beeinflußt eine südliche Gruppe hinsichtlich einer fortgeschrittenen Waffentechnik, die sich aber in ihren sonstigen Kulturäußerungen, namentlich in den Tonwaren, noch völlig an die buntkeramischen Tra-

ditionen hält. Diese Differenzierungen sind keineswegs nur im ostiranischen Raum zu beobachten, sondern ebenso in Westiran und Mesopotamien, wo sie gegen Mitte des zweiten Jahrtausends in dem Auftreten gut bewaffneter, kriegerischer Bergvölker noch vor der Mitte des zweiten Jahrtausends festzustellen sind, wobei auch dort ältere buntkeramische Traditionen eine erhebliche Rolle spielen.

In Zusammenhang mit den Jhukar- und Jhangar-Kulturen wurden diese iranischen Beziehungen schon gestreift. Dabei wurde bereits festgestellt, daß wir diese Kulturen nicht als Belege für die arische Einwanderung ansehen können, insofern auch sie in ihrer Struktur nicht völlig einheitlich sind. Dagegen läßt sich ein gewisser kriegerischer Aspekt dieser Kulturen, ebenso wie in Vorderasien, vielleicht durch den Einfluß jener nomadischen Rinderhirten erklären, die aber erst weit im Hinterland, den buntkeramischen Strom vor sich hertreibend, zu verspüren sind. Man fühlt sich versucht, hier von einer Art Völkerwanderung zu sprechen, die, wellenmäßig vorwärtstreibend, auch seßhafte Bauern aus ihren Sitzen verdrängt und dadurch solche nur kurzlebige, kriegerische und bald wieder bäuerlich seßhafte Kulturen schafft wie diejenige von Jhukar.

Es mag im Zusammenhang mit dem eben Gesagten noch eine Spätphase ostiranischer Kultur Erwähnung finden, die vielleicht mehr als ihre Vorgänger Anspruch darauf erheben darf, mit den arischen Wanderungsbewegungen in Zusammenhang gebracht zu werden. Es ist dies die sogenannte Londo-Kultur, für die die Rundgräber von Moghul Ghundai und zahlreichen anderen Fundorten charakteristisch sind. Die Träger dieser Kultur haben jedenfalls das Pferd gekannt und mit sich geführt. Doch ist das Datum der Londo-Funde heute noch sehr umstritten, schwankt es doch zwischen dem Ende des zweiten und der ersten Hälfte des ersten Jahrtausends, so daß wir diese archäologischen Zeugnisse einstweilen unbeachtet lassen können.

Auf der Suche nach Fundorten der Harappa-Kultur im östlich angrenzenden indischen Gebiet im östlichen Pandschab und dem sogenannten Doab, dem Gebiet des Oberlaufes der Ganga und der Yamuna, sind einige archäologische Quellen zugänglich geworden, die, wenn sie auch nicht viel Aufschluß über die Harappa-Kultur selbst vermitteln, doch für die Geschichte der vedischen Zeit von großer Bedeutung sind. Als das vermutlich älteste archäologische Material dieser Gebiete muß eine Gruppe von Bronze- und Kupfergeräten bezeichnet werden, die den rein technischen Namen „Kultur der Kupfer-Sammelfunde" erhalten hat. Es handelt sich bei diesen Funden um eine Fülle sehr ausgeprägter, zweifellos zusammengehöriger Metallgeräte, die meist in Sammelfunden von der oberen Ganga bis zur Küste des Golfes von Bengalen und im Süden weit bis nach Orissa hinein schon längere Zeit bekannt sind. Flache Beile, Schulterbeile, Doppeläxte, Harpunen, Antennenschwerter, Ringe aus Kupfer und vor allem merkwürdige, stark abstrahierte, menschliche Idole aus Kupfer sind die wichtigsten Leitformen dieser „Kultur". *(T. 63)*

Lange Zeit waren diese Sammelfunde nur lose miteinander zu verknüpfen. Der weitaus größte Fund dieser Art wurde bei Gungeria, südlich des Oberlaufes des Narmada-Flusses, gemacht. Schon vor dem Jahre 1870 entdeckt, verteilen sich die Fundstücke heute auf die Museen in Kalkutta, London, Dublin und Edinburgh. 424 kupferne Flachbeile ergaben allein ein Gewicht von 829 Pfund, so daß es sich hier um einen der größten Metallfunde der alten Welt überhaupt handelt. Dazu kommen noch zahlreiche Gegenstände aus Silber. Neuerdings ist es gelungen, die Sammelfunde mit stratigraphisch gesicherten, in Ausgrabungen erschlossenen Schichten zu verbinden und dabei auch eine bezeichnende Tonware, die sog. ockergemalte Ware, für diese Kultur zu beanspruchen.

In Rajpur Parsu, bei Hastinapura am oberen Ganges, und in Bisauli, östlich der Ganga, etwa auf der Höhe von Delhi, ist die ockerbemalte Ware für die unterste Schicht nachgewiesen worden. Durch die Stratifikation von Hastinapura ist es möglich geworden, ein ungefähres Datum anzugeben. Die zeitliche Ansetzung der darüberliegenden Schicht reicht noch in das zweite Jahrtausend v. u. Zt. zurück, so daß auch die Kupferfunde und die entsprechende Keramik wahrscheinlich noch der zweiten Hälfte des zweiten Jahrtausends zuzurechnen sind. Damit aber geraten wir zeitlich in die unmittelbare Nähe der Harappa-Kultur.

Die merkwürdigen anthropomorphen Idole stehen bisher unter den Funden Indiens völlig vereinzelt da. Die Figur ist wie ein Bildschriftzeichen aus den langen spitzzulaufenden Beinen, den volutenförmig an beiden Seiten eingerollten Armen und einem halbkreisförmig auf den Schultern ruhendem Kopf zusammengesetzt. Arme und Beine der ohnehin flachen, nur am Kopfrande aufgewulsteten Figur sind gehämmert und nach dem Rande hin verjüngt. Nach einer Liste, die *B. B. Lal* in einer Zusammenfassung *(Ancient India, Nr. 7)* veröffentlicht hat, sind im ganzen sieben solcher Idole gefunden worden. Je drei stammen aus Bisauli und Sheorajpur (im Cawnpore-Distrikt), eines aus Fatehgarh, auf halbem Wege zwischen diesen beiden Fundorten. Unterschiede ergeben sich nur in den leicht variierenden Proportionen, doch ist die Einheitlichkeit dieser Typen unbestreitbar, obwohl die äußerste Distanz zwischen den Fundstätten etwa 200 km beträgt.

Auch dieser Fundkomplex ist mit den Ariern in Verbindung gebracht worden, insbesondere durch *Heine-Geldern* und *Piggott.* Beide zogen einige jener Waffenfunde heran, die im Nordwesten Indiens bekanntgeworden sind und seit jeher auf die Arier bezogen wurden. *B. B. Lal* jedoch konnte überzeugend nachweisen, daß gerade die obengenannten typischen Beilformen der Sammelfunde bei den westlichen Einzelfunden nicht auftreten und daß daher eine saubere Trennung in typologischer Beziehung durchführbar ist. Damit aber fällt jeglicher Beweis, die „Kultur der kupfernen Sammelfunde“ mit den Ariern in Zusammenhang zu bringen. Die Deutung dieses Fundkomplexes ist darüber hinaus noch nicht weit gediehen. Seine Bedeutung liegt weit mehr in den indirekten Folgerungen, die er ermöglicht, als in der Aussage der Funde selbst.

Eine solche indirekte Aussage ist beispielsweise jener stratigraphische Befund in Hastinapura, der über der Schicht mit ockerbemalter Tonware eine Schicht mit einer für uns neuen, grau bemalten Ware erbrachte. Die grau bemalte Ware ist für das mittlere Nordindien in dem uns interessierenden Zeitraum von so großer Bedeutung, daß wir uns hier etwas näher mit Formen und Verzierungsweisen sowie mit ihrer Verbreitung beschäftigen müssen.

(T. 64, 65) Die Tonware hat einen feinkörnig hellgrauen Kern, dessen Oberfläche von aschgrauer bis zu schwarzgrauer Farbe variiert und mit schwarzer Farbe bemalt ist. Dieselbe Ware tritt in einer Variante auch mit einem braunroten Tonüberzug versehen auf. Obwohl die meisten Gefäße auf der schnellen Drehscheibe gefertigt sind, scheint es auch einige handgefertigte Stücke zu geben. Die Formen sind vor allem steilwandige, tiefe Näpfe, deren Seiten mit vorgezogenem oberen Rand meist leicht konvex sind. Es gibt aber auch tiefe kugelbodige Schalen, ferner flache Schalen sowie solche mit reliefiertem Profil.

Bezeichnend ist die Bemalung, eine abstrakte Verzierungsweise aus konzentrischen Kreisen, Spiralen, Wirbeln, Hakenkreuzen, parallelen S-Linien, gelegentlichen Volutenstämmen und kettenartigen Zickzackmotiven. Soweit bisher bekannt, scheint die figürliche Verzierung, aber auch das pflanzliche Element völlig zu fehlen. Diese charakteristische Ware mit dem unverkennbaren Dekor ist in den letzten Jahren an so vielen Fundorten festgestellt worden, daß sich heute bereits wichtige Schlußfolgerungen ziehen lassen.

Zahlreiche Fundorte an der oberen Yamuna, südlich des Sutlej, in Bikaner, eben jenem Gebiet, in dem auch Harappasiedlungen von *Gosh* nachgewiesen werden konnten im Sarasvatigebiet, scheinen das eigentliche Zentrum dieser grauen bemalten Tonware zu bezeichnen. Einzelfunde dagegen führen noch weit über dieses Kerngebiet hinaus, bis nach Ujjain im Südwesten, nach Kausambi in der mittleren Gangeszone. Meist ist die bemalte graue Ware bezeichnend für die untersten Schichten, ausgenommen jene Fundorte wie Hastinapura, wo die Kupfer-Hort-Kultur, Rupar, Kotla Nihang und die Fundorte in Bikaner, wo die Harappa-Kultur als Vorläufer der Grauware-Kultur zu erkennen ist. Leider sind die Schichtverhältnisse der letztgenannten Gruppe nicht deutlich genug, um die unmittelbare Aufeinanderfolge zu gewährleisten. So ist beispielsweise am wichtigsten Fundort, Rupar, eine sterile Schicht zwischen der Harappaware und der darauffolgenden bemalten grauen Ware festzustellen, so daß ein gewisser zeitlicher Abstand beider Kulturen möglich ist. Dieser Abstand kann jedoch nicht sehr erheblich sein, spielt aber eine Rolle in der Argumentation, die sich auf die Deutung der Grauware-Kultur bezieht. Wie der Leser bereits vermuten wird, ist auch diese auf die Indoarier zurückgeführt worden, und man kann es gleich vorwegnehmen, mit weit mehr Gründen als irgendeine der obengenannten Kulturen.

Es ist ein großer Vorteil für die Erörterung dieser Frage, daß wir uns diesmal auf mehrere sorgfältig durchgeführte und vorsichtig beobachtete Grabungsergebnisse stützen können, die ausschließlich neueren Datums sind. Das Kulturbild der Grauwareschichten entspricht durchaus dem, was wir von den kulturellen Gegebenheiten bei den Indoariern, gestützt auf die frühen Schriftquellen, erwarten müßten. Lehmmauern und Lehmziegel lassen nur spärliche Architekturreste erkennen. Landwirtschaft und Rinderzucht, dazu die Knochenreste von Schaf, Ziege und Schwein, verraten die Ähnlichkeit mit den in den vedischen Texten geschilderten wirtschaftlichen Verhältnissen. Zum ersten Male wurde in Schichten dieser Kultur der Reis an Hand von Körnerfunden nachgewiesen. Besonders wichtig aber sind auch die Funde von Pferdeknochen sowie eine Pferdedarstellung in Ton. Kupfergeräte einfacher Art sowie ein Eisenklumpen (jedoch keine Geräte aus Eisen!) ergänzen das Bild der materiellen Kultur, das in Anbetracht der wenigen gründlichen Untersuchungen in diesem Riesenterritorium wahrscheinlich bei weiträumigeren Grabungen, also Flächengrabungen statt Schichtenuntersuchungen, die freilich für den Anfang die wichtigeren sind, noch erheblich ergänzt werden könnten.

Wenn man so mit bisher größter Wahrscheinlichkeit die Kultur der grauen bemalten Tonware mit den Indoariern in Verbindung setzen kann, dann hieße das zugleich für die z. B. in Hastinapura voraufgehende Schicht der ockerbemalten Ware, daß diese der vorarischen Bevölkerung im oberen Gangesgebiet zuzuweisen wäre. Wenn man sich der oben zitierten Auffassung von *Shafer* erinnert, der sich jedoch kaum auf dieses archäologische Material stützt, würde diese eine tibeto-mongoloide Bevölkerung sein.

Bei aller geratenen Vorsicht sei dennoch erwähnt, daß viele der Ausgrabungs- und Fundorte der grauen bemalten Ware tatsächlich historische Stätten sind, die noch bis in die Gegenwart mit der frühen Geschichte der vedischen Völkerschaften, hauptsächlich den Ereignissen der jungvedischen Epoche, verbunden sind. Unter diesen Fundstätten befinden sich Panipat, Mathura, Kurukshetra und Hastinapura, die Hauptstadt der Kauravas des Mahabharata. So deckt sich hier in weitgehend überzeugender Weise das Fundbild einer Kultur mit den Zeugnissen der späteren Schriftquellen. Wenn jedoch die Arier Träger der grauen bemalten Ware waren, dann sind sie nicht diejenigen, die im Indusgebiet und im Pandschab die Harappa-Kultur zum Erliegen brachten, sondern trafen erst in diesem Lande ein, als die alte Hochkultur bereits erloschen war und sich nur kümmerliche Reste bei lokalen Nachfolgekulturen erhalten hatten.

Wenn wir somit noch einmal, und diesmal in einem zeitlich weit gesteckten Rahmen, die archäologischen Funde im Norden überprüft haben, sind wir nunmehr in der Lage, zum eigentlichen Kerngebiet der späten Harappa-Zeit, dem nordwestlichen Indien, südlich und südöstlich des Indus, vorzudringen und auch hier die Verhältnisse eingehender zu prüfen. Wir beobachteten bereits, daß auch in dieses Gebiet die Kultur der grauen Ware vorgedrungen war, wenn auch wohl nicht im Sinne der Eroberung oder Besiedlung. Einzelfunde ermöglichen jedoch zumindest eine zeitliche Koordinierung. Es ist die Zone westlich des Chambal-Flusses, zugleich die Nord- und Ostgrenze jener Kulturen, mit denen wir uns nunmehr beschäftigen müssen.

Auch hier sind die Forschungen erst in den letzten Jahren begonnen worden, handelt es sich doch um das nordwestliche Grenzterritorium des heutigen Indiens. Dabei sind grob etwa drei Teilgebiete zu unterscheiden. Im Nordosten Rajasthan und Malwa, im Südwesten Kathiawar, im Südosten der Unter- und Mittellauf der Narmada und der Tapti und der Oberlauf der Godavari, d. h. also größere Teile von Bombay Staat und Madhya Pradesh. Glücklicherweise sind auch für dieses Gebiet eine Reihe von stratigraphischen Untersuchungen vorhanden, von denen hier die wichtigsten genannt sein mögen. Nagda und Ujjain im oberen Chambalgebiet, Rangpur, Prabhas Patan und Lothal in Kathiawar, Maheswar, Navdatoli, Prakash, Bahal und Nevasa im Osten und Süden des Territoriums.

Als Kulturabfolge sind in diesem Gebiet die folgenden Gruppen zu unterscheiden. Zunächst mikrolithische, ja teilweise sogar paläolithische, vorkeramische Kulturen, die uns hier nicht mehr interessieren. Es folgen schichtenmäßig die Harappa-Kultur, gleichzeitig oder etwas später eine verwandte Kultur mit Buntkeramik, dunkler Bemalung auf rotem Grund, doch abweichenden Malmotiven und Gefäßformen. Mit dieser Schicht ist in den untersten Lagen oftmals eine dicke graue Tonware verbunden. Darüber findet sich als nächste Gruppe die schwarz-rote Tonware, also jene uns bereits bekannte Töpferei, die durch invertiertes Brennen zweifarbig geworden ist. In Kathiawar, Lothal u. a. ist diese Ware schon parallel zu den Harappawaren vorhanden, tritt aber stets getrennt von der anderen bronzezeitlichen, schwarzbemalten Ware auf, und zwar immer auf diese folgend. In Nagda, Prakash, Ujjain u. a. sind die schwarz-roten Waren mit Auftreten von Eisen verbunden. Als nächste und letzte uns noch interessierende Kulturgruppe ist diejenige der glänzend roten Tonware zu nennen, die bereits an das Ende des ersten Jahrtausends gehören muß. Zusammengefaßt dürfen wir also drei aufeinanderfolgende Kulturen auseinanderhalten: 1. Bronzezeitliche Harappa- und verwandte bemalte Tonwaren; 2. Eisenzeitliche Schwarz-Rot-Waren; 3. die glänzend rote Ware der frühen geschichtlichen Zeit (im Sinne der Schriftquelle).

Eine Warnung ist hier jedoch am Platze. Sowohl die schwarz-roten Waren als auch die glänzend rote Ware finden sich auch in anderen Landesteilen Indiens. Es ist heute noch nicht mit Sicherheit zu ersehen, ob hier verwandtschaftliche Beziehungen oder gar Identität, z. B. zur schwarz-roten Ware der südindischen Megalithen vorliegt, oder nur nichtssagende technische Gemeinsamkeiten. Auch ist Kulturabfolge nicht im Sinne eines Bevölkerungswechsels zu deuten. Dagegen spricht die Verbindung Harappa-Kultur und schwarz-rote Tonware. Doch wollen wir versuchen, aus den obigen Aufstellungen über die Kulturabfolge einige Schlußfolgerungen zu ziehen.

Die wichtigste Feststellung ist die enge Verbindung der Harappa-Kultur mit den Nachbarkulturen. So tritt die Harappaware, ebenso wie die bemalte rote Ware, gemeinsam mit schwarzroter Ware auf, jedoch niemals finden sich die beiden Tonwaren, die wir zur Buntkeramik rechnen, gemeinsam am gleichen Orte. Ein Fundort ist entweder bestimmt durch die Harappa-

Kultur, und das sind die meisten in Kathiawar und einige in den südöstlich und nordöstlich angrenzenden Gebieten, oder aber er ist bronzezeitlich bestimmt durch die von der Harappaware abweichende schwarz bemalte rote Tonware. Zu letzterer Gruppe gehört die Mehrzahl der Fundorte südlich des Taptiflusses sowie in Malwa und Rajasthan.

(Abb. 14, 15) Jene der Harappa-Kultur parallel angesetzte bemalte Keramik zeigt in den Malmotiven hauptsächlich ornamentale Motive, Dreiecke, Schraffuren, Zickzackbänder, daneben aber auch Figürliches, Antilopen, Bergziegen sowie tanzende menschliche Figuren, sämtlich in einer Art gestaltet, die an die Bemalung der Tonwaren des westlichen Iran erinnert. Die Gefäßformen lassen sich, wie etwa der Fruchtständer, aus Harappaformen ableiten, zeigen jedoch andererseits für Indien völlig neue Typen, so vor allem Ausgußgefäße, die geradezu als Leitmerkmal dieser Ware dienen können und ebenfalls auf iranischen Ursprung hindeuten. Soweit die Schichtengrabungen, die noch kaum durch Flächengrabungen ergänzt worden sind, dies erkennen lassen, ist diese bemalte Ausgußware, die wir sie der Kürze wegen einmal nennen wollen, Teil einer Kultur, die sich von der Harappa-Kultur erheblich unterscheidet. Die etwas gründlicheren Untersuchungen in Navdatoli haben eine Siedlung dieser Kultur wieder erstehen lassen. Rundbauten, errichtet aus einem lehmverschmierten Bambus- oder Holzgerüst, und enge Durchgänge zwischen den Häusern zeigen einen völlig andern Wohnstil als die Harappasiedlungen.

An Kleinfunden und Geräten sind die zahlreichen Kupferwerkzeuge beachtenswert. Landwirtschaft ist bezeugt durch Funde von Weizenkörnern, aber auch von Reis, Erbsen, Sesam u. a. Die Ausgräber datieren Navdatoli zwischen 1200 und 700 v. u. Zt. und lassen die folgende Schicht mit der glänzend roten Ware etwa um 500 beginnen.

Wir müssen uns hier einer bisher noch unbeachtet gebliebenen Tonware zuwenden, die ihren Ursprung allerdings nicht in dem von uns jetzt betrachteten Gebiet, sondern vielmehr im Ganges-Yamuna-Gebiet hat. Es handelt sich um die sogenannte schwarzpolierte Ware, eine glänzende, irrig als poliert bezeichnete, meist unverzierte schwarze Ware, die in jenem Gebiet die graue bemalte Keramik ablöst. Diese Ware setzt sich in der zweiten Hälfte des ersten Jahrtausends ein, vielleicht noch etwas früher, und ist deshalb so wichtig, weil ihre Verbreitung weit über die der bemalten grauen Ware hinausgeht. Als eine unverzierte Ware darf sie mit der glänzend roten Ware der Westgebiete in Zusammenhang gebracht werden, und tatsächlich tritt sie sehr häufig in Verbindung mit dieser auf. Wenn man in der grauen bemalten Ware das kulturelle Leitmerkmal der früharischen Zeit erkennen will, so darf man die glänzende schwarze Ware (NBP = *Northern black polished ware*) als das Kennzeichen der spätvedischen und frühbuddhistischen Epoche ansehen.

Wenn wir das Fazit der bisherigen Betrachtung des archäologischen Materials der Harappazeit ziehen, lassen sich trotz der verwirrenden Fülle der archäologischen Einzelheiten, die hier noch um der vereinfachten Darstellung willen zum größten Teil unberücksichtigt blieben, für die Geschichte Indiens wichtige Schlußfolgerungen ziehen. Neben der nordindischen sogenannten arischen Kultur, repräsentiert durch die graue bemalte und die schwarz glänzende Ware, gibt es ein weiteres Kulturzentrum im Westen Indiens, das in unmittelbarem archäologisch erweisbaren Zusammenhang mit der Harappa-Kultur steht und sich durch die schwarzbemalte rote Ware, die schwarz-roten Waren und die glänzend rote Ware von den Gebieten im Norden und Nordosten Indiens deutlich unterscheidet. Andererseits werden die Verbindungen durch Einzelfunde der grauen bemalten und schwarzglänzenden Ware im Westen, durch Funde der roten glänzenden Ware in Bihar und Orissa bezeugt. Das heißt aber, daß zwei Kulturen nebeneinander existieren, die vedisch-arische und die vorarische Kultur, wobei letztere als die wesentlich ältere für die gesamte weitere Kulturentwicklung eine entscheidende Rolle spielt. Dabei ist auch noch zu beachten, daß bis etwa zur Mitte des ersten Jahrtausends v. u. Zt. die beiden Kulturen in einer räumlichen Trennung voneinander existierten und daß erst seit etwa 500 v. u. Zt. die Elemente beider Kulturen sich zu einer Einheit zu verschmelzen beginnen.

Wir haben bei all unseren bisherigen Diskussionen den Süden Indiens so gut wie völlig außer acht gelassen. Tatsächlich waren die archäologischen Funde in diesem Teil des großen Landes bis vor wenigen Jahren auch noch kaum geeignet, irgendwelche Zusammenhänge mit den nördlichen Landesteilen erkennen zu lassen. Größere Ausgrabungen im Dekkan und an der Ostküste Indiens erlauben uns heute, ein archäologisches Resumé zu geben, das, wie wir hoffen, auch zu weiteren Schlußfolgerungen in bezug auf die Nord-Süd-Verbindungen Anlaß geben wird. Wenden wir uns also zunächst diesem archäologischen Neuland zu.

Die Entdeckung *Wheelers* von Scherben der römischen Arretinerware als Import nach dem südöstlichen Indien schuf die Grundlage für eine unabhängige relative Chronologie dieser Gebiete, die sich nunmehr auf ein gesichertes archäologisches Datum, wenn auch ein spätes, stützen konnte. Die Ausgrabungen *Wheelers* in Arikamedu im Jahre 1945 ließen diesen Küstenplatz an der Koromandelküste als einen wichtigen Hafen des ersten Jahrtausends erkennen. Die rotglasierte Tonware und die charakteristische Gefäßform der Amphora, eines zweikehligen großen Gefäßes, in dem vermutlich der Weintransport jener Gegend vorgenommen wurde, sind die Marksteine der Ärchäologie Südindiens geworden, von denen aus die zeitliche Bestimmung der älteren Epochen durchzuführen war.

Von den paläolithischen und mesolithischen (?) Kulturen abgesehen, sind bisher drei aufeinanderfolgende Kulturepochen Südindiens durch die Ausgrabungen erschlossen worden: die südliche Steinbeil-Kultur, die Megalith-Kultur und die Kultur der Andhra. Die letztere war durch ihre architektonischen und plastischen Denkmäler längst bekannt, aber eben durch jene Verbindung mit der mittelmeerischen römischen Antike zum archäologischen Fixpunkt für alle weiteren Forschungen geworden. Mit der römischen Importware, die wohl auch lokal imitiert wurde, geht eine einheimische Tonware parallel, die man, nicht ganz gerechtfertigt, als Andhraware bezeichnet, eine gelb und weiß bemalte rostfarbene Keramik.

Die Ausgrabungen in Brahmagiri und Chandravalli im Chitaldrug-Distrikt in Mysore erbrachten den Nachweis, daß diese rostfarbene Tonware eine ältere schwarze und rote Ware überlagert. Diese Ware, deren Eigenart auf den technischen Prozeß des Brennens mit der Öffnung des Gefäßes nach unten zurückgeführt wird, hatten wir bereits in der Zone östlich und nördlich von Bombay kennengelernt. Hier im Dekkan ist die schwarz-rote Ware mit den megalithischen Denkmälern verbunden. Die obere Abgrenzung durch die rostfarbene Ware weist ihr, jedenfalls in ihren letzten Ausläufern, ein verhältnismäßig spätes Datum zu, wohl das erste Jahrhundert.

Hier seien einige Bemerkungen über die megalithischen Gräber Indiens gestattet, die erst neuerdings gründlicher erforscht wurden. Unter diesem Begriff werden verschiedenste Typen von Grabstätten zusammengefaßt, u. a. Steinkreise, Dolmen, aus Steinen errichtete Hügel oder auch einfache Gefäßbestattungen, über die ein Steinplatte gedeckt wurde. Die indischen Megalithe, in ihrer großen Mehrzahl im Dekkan und in Südindien gelegen, sind seit jeher mit ihren Verwandten im Westen in Zusammenhang gebracht worden, also jenen Steinmonumenten sepulchralen Charakters, die an den östlichen Küsten des Atlantischen Ozeans, den Küsten des Mittelmeeres und des Schwarzen Meeres zu finden sind. Der Unterschied besteht weniger in der Formengebung und dem Verwendungszweck dieser Megalithe als in dem Charakter der Beigaben der zugehörigen Kultur, die jeweils beträchtlich variieren und auf sehr unterschiedliche Zeitansätze schließen lassen. Während die europäischen Megalithe meist steinzeitlich sind, bezeugen die indischen eine wesentlich spätere Entwicklungsstufe, allein durch das Auftreten eiserner Gerätschaften und einer scheibengefertigten Tonware. Auch unterscheiden sie sich dadurch, daß sie im Gegensatz zu den europäischen Megalithen nicht so sehr an den Küsten, als vielmehr im Innern des Landes gelegen sind.

Wenn also vorerst die Zusammenhänge dieser territorial so weit voneinander entfernten Denkmälergruppen im Dunkel liegen, so sind doch die indischen Megalithe als eine in sich geschlossene Gruppe von höchster Bedeutung für die Untersuchung der frühgeschichtlichen Verhältnisse in diesem Lande. Ihre Geschlossenheit als Gruppe zeigt sich in dem eisenzeitlichen Charakter der ganzen Kultur und in der Gleichartigkeit der Beigaben. Als eisenzeitliche Kultur darf die megalithische zeitlich in Zusammenhang gebracht werden mit den Kulturen der rotglänzenden Ware im Westen und der schwarzglänzenden Ware im Norden des Landes. Wir werden aber zugleich daran erinnert, daß auch die schwarz-roten Tonwaren im Westen Indiens bereits mit eisenzeitlichen Funden verbunden waren, woraus schon hier gefolgert werden mag, daß die schwarz-roten Waren dieses Gebietes teilweise älter, was ja auch aus der Verbindung mit der Harappa-Kultur hervorgeht, teilweise jedoch erst eisenzeitlich und gleichzeitig mit der megalithischen Tonware gleichen Charakters sind.

Es ist schließlich noch zu beobachten, daß sich die Verbreitung der Megalith-Kultur mit der Verbreitung der dravidischen Sprachen Indiens deckt, so daß es nur natürlich ist, daß die Megalithleute mit den Dravidern für identisch erklärt wurden. Diese Theorie steht jedoch im Gegensatz zu jener, die die Dravider als die Träger der Harappa-Kultur erklärt. Das einzige Bindeglied wären hier die schwarz-roten Tonwaren, die, wie wir gesehen haben, in Lothal jedenfalls als harappazeitlich bezeugt waren. Daraus ergäben sich sehr interessante Perspektiven, die tatsächlich eine Bevölkerungsbewegung in nord-südlicher Richtung, zugleich aber einen Kulturwechsel von bronzezeitlichen zu eisenzeitlichen Kulturkomplexen andeuten. Doch ist bei so weitreichenden Schlußfolgerungen zunächst noch Vorsicht geboten, zumal auch die Ausgräber von der Identität der schwarz-roten Waren in den verschiedenen Landesteilen noch nicht völlig überzeugt sind.

Die Gründe für die Identifizierung der Megalith-Kultur mit den Dravidern, wie sie vor allem von *Christoph von Fürer-Haimendorf* vertreten wird, sind die folgenden. Zunächst die bereits genannte Überschneidung dravidischer und megalithischer Kulturelemente im gleichen geographischen Bereich. Hinzu kommen in Südindien gefundene Edikte des Maurya-Herrschers Aschoka (III. Jahrhundert v. u. Zt.). Sie wenden sich an die Megalithleute und nicht an die primitiven Vorgänger derselben, von denen noch zu sprechen sein wird. Endlich scheint auch die fortgeschrittene keramische Technik für ein Eindringen von außen und nicht für eine Evolution zu sprechen, ebenso wie die Eisentechnik. So bedeutet diese Identifizierung der Megalithleute mit den Dravidern zugleich die Auffassung, daß die Dravider nicht die älteste Bevölkerung im südlichen Indien waren, sondern erst etwa im 7. Jahrhundert dort eingewandert sein mögen.

Da, wie bereits bemerkt, auch die Urnenbestattungen mit den eigentlichen Megalithgräbern infolge der Identität der Beigaben zusammengehören, mag man die ältesten Tamildichtungen Südindiens als literarische Zeugen für die frühe Kultur heranziehen und besitzt damit auch sprachliche Denkmäler, deren künstlerische Form ein wenig Licht auf eine sonst sehr prosaische Kultur wirft. Nach einer englischen Übersetzung seien hier zwei Dichtungen angeführt, die sich mit dem Töpfer befassen.

„Oh du Töpfer, der du die Gefäße für den Begräbnisort fertigst und so viel Rauch aus deinem Brennofen hervorsendest, daß sich dieser wie eine große Wolke erhebt, so als wäre alles Dunkel der Welt auf einen Punkt gebannt. Oh du Töpfer, ich frage dich, was du jetzt tun wirst? Deine Sorgen sind beklagenswert. Der große Sproß aus dem Geschlechte der Sembiyar (der Cola), dessen Heere über die Erde verbreitet sind, dessen Weisheit die Wissenden preisen, die ihn mit der Sonne und ihren weitreichenden Strahlen vergleichen, der große und mächtige Valavan (der Cola-König), dessen Elefanten seine unbesiegbaren Banner tragen und hoch im Winde flattern lassen, er hat die Welt der Götter betreten. Du benötigst eine mächtige, weit geöffnete Urne, um einen solchen erhabenen Herrscher zu bestatten. Kannst du anders, als die große Erde zur Töpferscheibe zu wählen und den großen Berg als Lehmklumpen zu benutzen?“

Dieses Gedicht von Aiyur Mudavanar auf den Tod eines Cola-Königs wird in seiner eindringlichen und ergreifenden Sprache noch übertroffen durch die folgende, intimere, jedoch anonyme Dichtung der gleichen Zeit:

„Oh Töpfer, der du die Töpfe fertigst. Oh Töpfer, der du Gefäße für die Bestattung herstellst. Habe Mitleid mit mir. Erweise Wohltat derjenigen, die wie die kleine weiße Eidechse sich an die Speichen des Rades klammert, das unter der Achsen Verschluß sich dreht, in ihres Gatten Gesellschaft so lange Zeit auf den engen und mühsamen Pfaden (des Lebens) gereist ist. Oh willige ein, die Grab-Urne groß genug zu fertigen, um auch sie mit einzuschließen!“

(Beide Gedichte s. Ancient India, Nr. 2, S. 13).

In einem schon wiederholt untersuchten Fundort nahe dem mittleren Tungabhadra, im Herzen Indiens, halbwegs zwischen Bombay und Madras, in Maski, wurden im Jahre 1954 noch einmal Grabungen durchgeführt, die wichtige Aufschlüsse über die Kulturenfolge im südlichen Indien gewährten. Unter der Schicht der Periode II, die die soeben beschriebene eisenzeitliche Megalith-Kultur enthielt, befindet sich die Schicht der Periode I, eine von den Ausgräbern als chalkolithisch bezeichnete Kultur, die wir jedoch, entsprechend der zuvor angewandten Terminologie, als bronzezeitlich ansehen würden. Wenn auch die Mehrzahl der Werkzeuge und Waffen aus Mikrolithen besteht, so ist doch das Kupfer nachgewiesen, ebenso die Kenntnis der Landwirtschaft, Anbau und Viehhaltung. Pfostenlöcher und Erdaufschüttungen deuten auf Bauten aus vergänglichem Material, Bambus oder Holz.

Hier, unmittelbar von einer Schicht der Megalith-Kultur überlagert, finden wir also die Spuren einer ganz ähnlichen Kultur, wie sie weit höher im Norden, in Navdatoli, zuvor beschrieben wurde. Die Übereinstimmungen gehen sogar noch weiter. Auch die Tonware enthält Elemente einer Buntkeramik, und zwar in den alleruntersten Schichten einen mit rotem Überzug versehenen Scherben, der schwarz oder schokoladenfarbig mit einfachen linearen Mustern bemalt war. Die Hauptware dieser Epoche war jedoch eine dicke grobe meist graue oder lederfarbene Ware, die uns unverzüglich an das gemeinsame Auftreten von bemalter roter und grober grauer Ware in der voreisenzeitlichen Kultur der nördlichen Bombay-Provinz erinnert, wobei dort, im Gegensatz zu Maski, die bemalten Waren überwiegen.

Wir sind nunmehr in der Lage, mit Hilfe des archäologischen Quellenmaterials nicht nur zwei, sondern sogar drei nebeneinander bestehende Kulturgruppen in Indien zu unterscheiden, die sämtlich etwa in die vedische Zeit gehören. Im Norden und Nordosten die Kultur der grauen bemalten Tonware, abgelöst durch die schwarzglänzende Ware; im mittleren Westen die Kultur der schwarzbemalten roten Ware, begleitet von der schwarz-roten Ware und abgelöst durch die glänzend rote Ware; und im Süden die Kultur der groben grauen Ware, abgelöst durch die schwarz-rote Ware der Megalith-Kultur. Jeweils ist die zweite Periode eisenzeitlich, die ältere dagegen mit terminologischen Schwankungen als chalkolithisch, kupfer- oder bronzezeitlich zu bezeichnen.

Die gegenseitigen Beziehungen der nördlichen und westlichen Kulturen hatten wir bereits erwähnt. Es bleibt uns, noch einmal an die Beziehungen der westlichen und südlichen Kulturen zu erinnern. Hier geht die Linie der zuvor beobachteten Harappakontinuität weiter. Die schwarzroten Tonwaren, die frühzeitig in Kathiawar auftreten, werden bezeichnend für die späteren eisenzeitlichen Kulturen im Süden. Umgekehrt bezeugt die grobe graue Ware, daß eine gemeinsame, noch recht primitive Urbevölkerung im mittleren westlichen und südlichen Indien angenommen werden darf, die ursprünglich wohl auf dem Boden der reinen Steinzeit stand, allmählich jedoch durch die Nachbarn im Westen und Nordwesten beeinflußt wurde.

Wenn wir dieses archäologische Fundbild von der Kenntnis der Schriftquellen späterer Zeit her ergänzen und erklären, so ergibt das zusätzlich zu dem bereits Gesagten, daß neben der arischen Kultur im Norden, der Harappa- und deren Nachfolgekulturen im Nordwesten und Westen nun noch ein drittes Element, das sogenannte dravidische, hinzutritt. Dabei muß es erst weiteren Untersuchungen vorbehalten bleiben, ob man diese Dravider mit der südlichen Urkultur verbindet, was unwahrscheinlich ist, oder vielmehr die Dravider unmittelbar mit der Megalith-Kultur verbindet, diese jedoch aus der nordwestlichen Küstenzone herleitet und in einer späteren Phase der Harappa-Kultur, wie sie etwa in Lothal und andernorts zu erkennen ist, als eng verbunden mit der Harappa-Kultur erklärt. Dabei ist natürlich der Begriff „Megalith"-Kultur nur ein technischer; denn die eigentlichen Megalithe treten erst später in eisenzeitlichem Zusammenhang auf. Bei all diesen Beobachtungen auf archäologischer Grundlage wird es überaus deutlich, welche beherrschende Stellung für die gesamte indische Kulturentwicklung gerade die Harappa-Kultur besessen hat. Allein in der Auseinandersetzung mit dieser frühen Hochkultur Indiens ist die spätere kulturelle Einheit des Landes erwachsen.

Es mag hier noch erlaubt sein, einige ergänzende archäologische Materialien aus dem südlichen und östlichen Indien anzuführen, die in die soeben aufgezeigten Zusammenhänge allerdings nur peripherisch eingeordnet werden können. Dabei handelt es sich um die älteren neolithischen Kulturen, die durch polierte Steinbeile charakterisiert sind. Von den zwei Gruppen dieser Steinbeilkulturen, der südlichen und der östlichen, scheint die östliche die weitaus ältere zu sein, während die südliche Gruppe ihre Spuren auch in den seßhaften Kulturen der frühen Metallzeit hinterlassen hat, so z. B. in Maski, wo in der Periode I auch Steinbeile als zugehörig erwiesen werden konnten.

Als ein charakteristisches Merkmal der polierten Steinbeile im Osten wird der Typus des Schulterbeiles genannt, den wir bereits in seiner metallischen Prägung als charakteristisch für die Kupfer-Sammelfunde erkannt hatten. *B. B. Lal* hat darauf hingewiesen, daß die Entsprechungen dieser östlich-indischen Steinbeilkultur in den angrenzenden östlichen Ländern zu finden sind, in Burma, Malaya und Indochina, selbst in Südchina. Danach sei es wahrscheinlich, daß die östliche Steinbeilkultur über die nordöstliche Landbrücke nach Indien eingedrungen ist, und zwar bereits in der ersten Hälfte des zweiten Jahrtausends, denn nur so erkläre sich der Zusammenhang dieser Kultur mit der metallzeitlichen Kultur der Kupfer-Sammelfunde, die ja auch im östlichen Teile Indiens zu lokalisieren sind.

So wird von Osten her ein vierter Kulturkomplex sichtbar, der sich, obwohl selbst ursprünglich steinzeitlich, in die bronzezeitliche Kulturentwicklung Indiens einfügt. Ein Vordringen nach dem Westen oder gar in die alten Kulturzentren des Nordwestens scheint dieser Kultur jedoch verwehrt worden zu sein, so daß sie ihren Niederschlag in den östlichen Küstengebieten, vor allem in Orissa, dann aber auch im Süden des Landes gefunden hat, wo sie, vielleicht auf Grund einer entwickelteren Waffentechnik, die ältere Bevölkerung überlagern und sich mit dieser vermischen konnte. Die entscheidenderen Impulse jedoch gelangten, wie bereits bemerkt, aus nordwestlicher Richtung nach dem Süden. Sie trugen dazu bei, daß sich südlich der Vindhyaberge, mit diesen als Kulturscheide, eine von der nördlichen deutlich geschiedene Kulturentwicklung vollzog, die sich weit in die historische Zeit hinein fortsetzte und erst in unserer Gegenwart, dank der Bemühungen eines modernen indischen Nationalstaates, allmählich überwunden werden kann.

IV

Das altindische Erbe in archäologischer Sicht

„Überreste bedeuten mehr als Überlieferungen", hat *Droysen* einmal gesagt. Wir werden uns an dieses Wort halten, wenn wir nunmehr die Spuren der altindischen Kultur des 3. und 2. Jahrtausends in eine Epoche hinein verfolgen, die länger bekannt und zum Teil recht gut erforscht worden ist und die zugleich reich ist an Schriftquellen und Überlieferungen. Die Zeit der kleinen Dynasten in der Gangesebene, von denen die buddhistische und dschainistische Überlieferung viel zu berichten weiß, das großindische Reich der Maurya mit seinem Mittelpunkt in Pataliputra am Ganges bilden den ersten Abschnitt dieser Entwicklung, von der man auch im herkömmlichen Sinne als einer historischen sprechen kann, insofern Inschriften und Münzfunde neben dem überliefertem Schrifttum ausreichende zeitgenössische Schriftquellen vermitteln (etwa 600 v. u. Zt. – 200 v. u. Zt.). Die folgenden Jahrhunderte stehen bereits im vollen Licht der Geschichte, wenn auch die Zerrissenheit des Landes, der rasche Wechsel der Dynastien, die geschichtliche Entwicklung erst allmählich, aus Tausenden von Einzelteilen zusammengefügt, erkennen lassen. Die Dynastien des Dekkan und des südlichen Indien, Shunga, Andhra und Kschatrapa, beherrschen diesen Zeitraum neben den Fremdherrschern im nordwestlichen Landesteil, den Griechen, Parthern und Kushana, die sich zum Teil als sehr einflußreich erwiesen (2. Jahrhundert v. u. Zt. bis etwa 4. Jahrhundert u. Zt.). Einen Höhepunkt mit vorübergehender Zusammenfassung großer Territorien des Landes, unter Berufung auf die Tradition der Maurya-Herrscher, bildet die Guptazeit (4. – 6. Jahrhundert), deren kulturelle Blüte jedoch noch weit in die zweite Hälfte des ersten Jahrtausends ausstrahlt.

Diese über tausend Jahre währende Epoche der indischen Geschichte kann hier unmöglich in allen Einzelheiten behandelt werden, obwohl sie bis vor noch nicht langer Zeit als die Epoche der indischen Frühgeschichte galt. Schon die kurze obige Zusammenstellung muß einem Historiker als frevelhaft erscheinen, sind doch die Dynastien und die zahlreichen Einzelherrscher meist mit genauen Jahreszahlen zu belegen und wären unzählige Feldzüge, territoriale Veränderungen u. ä. zu nennen, die diese Geschichte nach den herkömmlichen Vorstellungen erst lebendig erscheinen ließe. In diesem kurzen abschließenden Kapitel ist jedoch etwas völlig anderes beabsichtigt. Indem wir die Methode der archäologischen historischen Betrachtung beibehalten, wollen wir uns in stärkerem Maße mit der kulturellen und kunstgeschichtlichen Kontinuität befassen und dabei vor allem das Erbe der frühindischen Kulturperioden zu erkennen versuchen. Dabei ist zu hoffen, daß die archäologische Betrachtung sogenannter historischer Perioden, wenngleich sie an Detail erheblich einbüßt, doch an zusammenfassender Schärfe gewinnt und den Blick festigen hilft für die großen Zusammenhänge der indischen Kulturentwicklung.

Es sei eingangs noch einmal gestattet, auf die Beziehung Indiens zu den Nachbarkulturen, namentlich im Westen, hinzuweisen und auch für den nunmehr zu behandelnden Zeitraum die Frage der eventuellen Kulturbeeinflussungen zu stellen. Für die Zeit, in die die ältesten buddhistischen Überlieferungen zurückführen, also die Mitte des ersten Jahrtausends v. u. Zt., besitzen wir bereits Zeugnisse von außerhalb Indiens, die uns zugleich die Möglichkeit zu absoluten Datierungen geben, andererseits auch aufzeigen, daß die Kontakte nach dem Westen hin für Indien immer eine wichtige Rolle spielten.

Da sind zunächst die persisch-achämenidischen Quellen zu nennen, die leider nur wenig verwertbares Material enthalten, aber immerhin bezeugen, daß seit der Zeit des Perserkönigs Kyros (559 – 529) der äußerste Nordwesten Indiens unmittelbar in den Herrschaftsbereich dieses mächtigen westlichen Staates geriet und daß sich dieser indische Besitz gegen Ende des 6. Jahrtausends sogar noch erweiterte. Im frühen 5. Jahrhundert nimmt ein indisches Truppenkontingent an den persischen Kämpfen in Griechenland teil, von dem *Herodot* zu berichten weiß, daß es in Baumwollkleider gehüllt war und über Rohrpfeile mit Eisenspitzen verfügte. Es gab auch berittene Inder und solche, die auf Wagen fuhren, vor die Pferde und Wildesel gespannt waren. Am Ende des 4. Jahrhunderts, als *Alexander* gegen *Dareios III.* zu Felde zog, befanden sich Inder im persischen Heer. Wir werden also damit zu rechnen haben, daß im 6., 5. und 4. Jahrhundert der persisch-achämenidische Einfluß bis an die Nordwestgrenzen Indiens reichte. Hier bestand eine nach dem Westen offene Verbindung, über die manches Kulturgut hinüber und herüber gelangen konnte.

Mit dem Indienzug Alexanders beginnt eine zweite Phase unmittelbarer Beziehungen zu den westlichen Ländern. Leider ist auch diese Zeit mit nur wenigen konkreten historischen Ergebnissen und Berichten verbunden, jedenfalls soweit sie den Indien-Historiker interessieren. Die griechischen Quellen über das Indien des vierten und dritten Jahrhunderts sind so genau studiert worden, weil sie lange Zeit das einzige Wissen über Indien bildeten. Sie sind andererseits so subjektiv und unzureichend, daß wir hier von ihnen nicht viel Nutzen haben. Ebenso negativ haben sich die Forschungen nach den Spuren des Alexanderzuges in Indien erwiesen, ja, es ist als besonders bemerkenswert empfunden worden, daß nicht einmal der Name des großen Welteroberers auf dieses Land Eindruck gemacht zu haben scheint. Das einzige ungewollte, aber für den Historiker kaum zu überschätzende Resultat dieser zweiten Phase der westlichen Beziehungen ist die sichere Datierung des ältesten indischen Großreiches der Maurya in die unmittelbar auf den Alexanderzug folgenden Zeit. Damit war auch für die indische Geschichte der Ausgangspunkt gefunden, den solche Historiker, die nur die Schriftquellen gelten lassen, als Beginn der indischen Geschichte bezeichnen. Nach allem, was wir inzwischen über die ältere Kultur Indiens erfahren haben, wird uns dieser Standpunkt um so merkwürdiger erscheinen, stützt er sich doch auf einen bloßen Zufall, ein von Indien unbeabsichtigtes und unverschuldetes Sichberühren mit dem Griechentum. Was für die griechische Geschichte ein epochales Ereignis war, blieb für Indien kaum mehr als ein weiterer jener seit Jahrtausenden andauernden kriegerischen Einfälle an der Nordwestgrenze des Landes.

Eine kulturgeschichtliche Merkwürdigkeit mag hier nicht unbeachtet bleiben, nämlich die Parallelität der geschichtlichen und allgemein kulturellen Entwicklung in Griechenland und Indien. Wir meinen die Wiederholung des Prozesses der Staatenbildung sowohl in Griechenland als auch in Indien, einmal im Zeichen einer bronzezeitlichen Kultur, erneut in der frühen Eisenzeit. Eine solche Parallele, die man natürlich nicht bis in alle Einzelheiten hinein übertreiben darf, hilft uns jedoch beim Verstehen der lokalen geschichtlichen Gegebenheiten, indem sie eine gewisse gegenseitige Kontrolle ermöglicht. Es ist ja auch für die griechische Entwicklung kennzeichnend, daß die geschichtlichen Quellen literarischer Art erst aus späterer Zeit stammen. In ihnen sind die Frühphasen des gesellschaftlichen Aufstieges eines zuvor barbarischen Volkstums, der Übergang zu staatlicher Festigung, wie in Indien, nur widergespiegelt. Es ist daher kein Zufall, daß auch in Griechenland die gleiche Epoche entwicklungsgeschichtlich als die dunkle Periode der Geschichte angesehen wird. In Indien, wie in Griechenland, bedarf es für diese Epoche einer Rekonstruktion aus der epischen Literatur, die naturgemäß in ihren Einzelheiten unbestimmt sein muß.

Dann folgt, und wieder ist die Parallele höchst bemerkenswert, eine Beleuchtung sowohl der griechischen als auch der indischen Geschichte vom vorderasiatischen Raum her, gleichsam als wollte dieses uralte Kulturzentrum noch einmal auf seine schöpferische Rolle als Keimzelle altorientalisch-antiker Kultur hinweisen. Vom Achämenidenreich wird die Geschichte Griechenlands aus ihrer lokalen Isolierung ebenso herausgerissen wie diejenige Indiens, nur daß in letzterem Falle die Verbindungen lockerer und die Auswirkungen entsprechend geringfügiger waren. Nach der Zäsur des Alexanderreiches entstehen im antiken Bereich die Diadochenreiche, in Indien das Mauryareich, ein absolutes Königtum ganz ähnlicher Art.

Es ist fast Zug um Zug eine Art Schicksals- oder Geschichtsparallelität zu erkennen, die ihre Erklärung eben vom Zentrum des Geschehens her findet, vom altorientalischen Kulturzentrum her, für die beide Länder, Griechenland und Indien, als peripherisch zu gelten haben. Die ursprünglichen engen kulturellen Verbindungen des Vorderen Orients zu Kreta und Griechenland im Westen, zu Indien im Osten, erweisen sich hier noch einmal als geradezu gesetzmäßig in ihren Auswirkungen auf die peripheren Kulturgebiete. Für uns mag in dieser Parallelität der Entwicklung zugleich auch ein Hinweis darauf gegeben sein, in welch hohem Maße die frühindische Harappa-Kultur Teil der indischen Geschichte, ja Grundlage der indischen Kultur ist, im gleichen Maße, wie dies die kretisch-mykenische Kultur für die spätere griechische Kultur ist.

Immer wieder wird man die Behauptung hören können, die indische Kunst und Kultur sei durch und durch religiös bestimmt und daher auch nicht ohne eine gründliche Beschäftigung mit indischer Religion wirklich zu verstehen. Hier wird meist die Religiosität im Sinne der Weltanschauung mit der spezifischen Religion verwechselt. Es stimmt allerdings, daß die Religiosität mit der Weltanschauung einer bestimmten gesellschaftlichen Entwicklungsstufe verbunden ist und mit dieser zusammen erkannt und studiert werden muß. Der Erkenntnisprozeß setzt jedoch keineswegs die Gläubigkeit voraus, wie dies insbesondere die Nichthistoriker wahrhaben wollen. Die indischen Religionen sind genauso historisch differenziert und variiert, wie die Religionen anderer Völker. Doch ist es deshalb nicht notwendig, an Shiva zu glauben, um eine Höhlenskulptur zu würdigen, ebensowenig wie man in jedem Bewunderer griechischer Skulptur bereits einen Anbeter des Zeus und der Athena vermuten wird. Leider ist Indien zum Schaden des Landes und kaum durch eigenes Verschulden in den Ruf eines Landes der Religion *per excellence* geraten. Wir haben schon betont, daß sogar die indische Geschichte vorwiegend aus der religiösen Literatur erschlossen worden ist. Die Veden, das buddhistische und dschainistische Schrifttum haben das Ihrige dazu beigetragen, von vornherein auch die neuere Geschichtsschreibung religiös zu beeinflussen. Zu dem besonderen Ruf Indiens hat auch der sich immer wieder erneuernde Hinduismus beigetragen, der wiederholt in religiös gefärbten politischen Kämpfen, zuletzt in der antibritischen Freiheitsbewegung erstarken konnte. Es wird sich in Indien erweisen, wie andernorts schon längst bezeugt ist, daß die moderne Erforschung der eigenen Geschichte und Kultur ein Nationalbewußtsein zu schaffen imstande ist, das jene auch in Indien längst veralteten und unpassenden Anschauungen, die bis vor kurzem im Sinne der nationalen Behauptung noch notwendig waren, voll ersetzen und überwinden kann. Dadurch wird an die Stelle der religiösen Stagnation eine kulturelle Dynamik treten, die zunächst politische und wirtschaftliche, später aber bestimmt auch künstlerische Auswirkungen zeigen und neue Schöpfungen auf neuer Basis erzeugen wird.

Man hat die indische Kunst auch als das Produkt der klimatischen und geographischen Besonderheiten des Landes angesehen und auch mit dieser Auffassung Ursache und Wirkung des geschichtlichen Werdens in unzulässiger Weise vereinfacht. Die indische Kunst zeigt in ihren Anfängen bei aller Eigenart doch genügend Übereinstimmung mit den künstlerischen Erzeugnissen in völlig anderer geographischer Lage, ebenso wie spätere indische Kunstformen in anderen Ländern Aufnahme finden konnten. Das tropische Klima Indiens und die geographische Abschnürung und Isolierung der Halbinsel haben zweifellos das Werden und die besonderen Formen der indischen Kunst beeinflußt. Doch kann man die klimatischen und territorialen Faktoren deshalb nicht zum Schöpfer werden lassen und der Natur des Landes nicht die göttliche Funktion des Künstlers zubilligen. Auch hier sind sämtliche geschichtliche Faktoren, wie sie gerade im archäologischen Material sichtbar werden, mit einzubeziehen und die Fülle der Schöpfungen indischer Kunst im Zusammenhang mit der gesellschaftlichen Entwicklung, der kulturellen Kontinuität seit der Frühzeit sowie bestimmten nachweisbaren Einflüssen von außen usw. in enge Verbindung zu bringen.

Wenn wir uns hier hauptsächlich der Kunst innerhalb des eingangs umschriebenen Zeitraumes zuwenden, so muß diese, nach der großen Mehrzahl der erhalten gebliebenen Denkmäler, den Kultstätten der buddhistischen Religion, den Tschaityas und Stupas, zugeordnet werden. Aber hier bereits wird deutlich, daß viele der Kunstformen älter sind als die spezifische Religion, der sie nunmehr angehören. Die Form des Stupa, eines halbkugeligen, später sich nach oben streckenden Monumentalbaus ohne bauliche Innengestaltung, eines plastischen Baukörpers gleichsam, geht vermutlich auf den weit älteren Grabhügel zurück. Man darf hier an die Megalithgräber des südlichen Indiens erinnern, die teilweise wohl ebenfalls oberhalb der Erdoberfläche durch Aufschüttungen als Grabhügel gekennzeichnet waren, ebenso wie auch aus den nordwestlichen Grenzbereichen – gedenken wir der Steinkreisbestattungen von Moghul Ghundai – Vorstufen bekanntgeworden sind. Dagegen sind die einstmals als vedische Bestattungen gedeuteten Hügel von Lauriya Nandangarh inzwischen längst als buddhistische Bauwerke erkannt worden und können leider nicht als Zwischenstufen besonderer Art gewertet werden. (Vgl. *J. E. Lohuizen de Leeuw, Artibus Asiae, Vol. XIX, 279 ff.).*

Der bildliche Schmuck der buddhistischen Bauwerke an den Zäunen und Toren der Stupas, ebenso wie am Äußeren des Baukörpers läßt nicht selten die religiöse Grundstimmung und den Ernst der buddhistischen Lehre ebenso vermissen, wie dies in manchen der Texte, etwa in den Dschatakas, der Fall ist. Lebendige Sinnesfreude und weitschweifige Erzählkunst unterstreichen vielmehr die Vergnügungen des Alltags, anstatt diese im Sinne der strengen Lehre zu diffamieren und zu negieren. Man kann sich hier des Eindrucks nicht erwehren, daß sowohl in den Geschichten der Dschatakas, als auch in den figürlichen Darstellungen volkstümliches Erzähl- und Bildgut überwiegt. Dieses sollte wohl um seiner Popularität willen in betont pädagogischer Kontrastwirkung herangezogen und somit den religiösen Zwecken dienstbar gemacht werden. Aber es wird doch auch hier deutlich, daß im eigentlichen Sinne von buddhistischem Kunst- und Kulturgut hier nicht die Rede sein kann. Lernten wir doch in einem früheren Kapitel bereits ein Beispiel kennen für eine bis in die Harappa-Zeit hinaufreichende Erzählung, die sich erst jetzt, in den Dschakatas, gleichsam buddhistisch gefärbt, wiederfindet.

Es finden sich auch genügend Einzelformen in der figürlichen Gestaltung der Bildwerke, in den Tierdarstellungen, der Bevorzugung bestimmter Haltungen der menschlichen Figuren, aber auch in einzelnen Bildtypen, die auf eine Kontinuität zu der älteren Kunst hinweisen. Obwohl hier zahlreiche Zwischenformen anzunehmen sind, etwa eine verlorengegangene Holzschnitzerei, für die technische Einzelheiten sprechen, oder Skulpturen in Ton, von denen einige bekanntgeworden sind, ist der Zusammenhang mit der frühindischen Kunst von Harappa unverkennbar. Wir werden einige dieser Übereinstimmungen noch zu erwähnen haben, wollen uns vorerst jedoch, dem oben umrissenen Vorhaben gemäß, einer kurzen zusammenfassenden Darstellung der neueren archäologischen Entdeckungen dieses Zeitabschnittes zuwenden.

Am Reichtum historischer Fundstätten gemessen, dürfte Indien in der ganzen Welt weitaus an der Spitze stehen. Die wissenschaftliche Erforschung dieser Fundplätze ist eben durch die große Zahl derselben außerordentlich erschwert worden. Städte des von uns zu behandelnden Zeitabschnittes sind bereits von *Sir John Marshall* ausgegraben worden, zum Teil mit großem Erfolg. Eine systematische Forschung setzte jedoch erst nach dem zweiten Weltkrieg ein, als sich die Einsicht festigte, daß ohne die genaue stratigraphische Bestimmung und die Untersuchung der archäologischen Leitformen, d. h. insbesondere der Tonwaren, die zeitliche Bestimmung und damit die Verbindung archäologischer und inschriftlich-historischer Fakten nicht auf eine sichere Grundlage gestellt werden könne.

Im vorangehenden Kapitel wurde die graue bemalte Tonware als die wichtigste archäologische Leitform der vedischen Periode erkannt, während die Tonware der frühen historischen Zeit, also der hier zu behandelnden Periode, die nördliche schwarzglänzende Ware (NBP) ist. Wie dies der Name bereits aussagt, ist diese Ware durch eine metallisch glänzende Oberfläche ausgezeichnet, die von tiefem Schwarz bis zu Stahlblau variiert, gelegentlich aber auch einen rötlichen oder silbrigen Glanz zeigt. Die Hauptformen sind Schalen und Teller von zweckmäßiger Gestalt und scharf profiliertem Umriß. Das ursprüngliche Verbreitungszentrum dieser Ware lag vermutlich im mittleren Gangestal, die Verbreitung der Funde scheint dem Herrschaftsbereich der Maurya-Dynastie parallel zu gehen.

Neben den Tonwaren kommt jetzt den Münzfunden eine entscheidende Bedeutung bei der zeitlichen Bestimmung einer Fundschicht zu. Obwohl man ohne weiteres voraussetzen darf, daß sich die indischen Münzprägungen nicht unbeeinflußt durch die Anregungen westlicher, griechisch-persisch-kleinasiatischer Vorbilder entwickelt haben, wofür die Inschriften und einzelnen Bildtypen genügend Beweise liefern, gibt es andererseits eine spezifische Form der einheimischen Münzprägung, die sich prinzipiell von den westlichen Gattungen unterscheidet. Ihres häufigen Vorkommens wegen sind aber gerade diese Münzen von großer Bedeutung für die archäologischen Untersuchungen. Wegen ihrer eingestempelten Bildzeichen, die, wie es scheint, in unterschiedlicher Bedeutung Vorder- und Rückseite der Münze charakterisieren, bezeichnet man diese Münzen als „punch marked coins“, mit dem altindischen Namen als *karsapanas.* Sie weisen auf eine Vielzahl lokaler Prägungen hin, die auch heute noch, zum Teil wenigstens, schwer zu identifizieren sind. Es handelt sich um meist rechteckige Metallplättchen aus Silber, Kupfer und verschiedenen Legierungen. Von größtem Interesse sind die eingestempelten Bildzeichen, unter denen sich manche Motive erhalten haben, die als Tier- und Pflanzensymbole bereits in der Harappa-Zeit auftreten: der Elefant und das Zebu ebensowohl wie das Fischzeichen und der Pipalbaum. *(Abb. 50, 51)*

Einige interessante Beobachtungen hat *Kosambi* über diese Münzen gemacht, die hier erwähnt werden mögen, da sie auf die uns beschäftigenden Probleme Bezug nehmen. So haben Kosambis Messungen von Münzen dieser Art ergeben, daß 95 Prozent der Münzen des Sammelfundes von Taxila, die er dem Magadha-Typus zuweist, in ihrem Gewicht dem D-Gewicht der in Mohendscho Daro gefundenen Steingewicht auf das genaueste entsprechen, was für die traditionelle Beibehaltung bestimmter Gewichtssysteme spricht *(Kosambi, Introduction of the Study of Indian History, 1956, S. 165).*

Die umfangreichsten, langwierigsten Ausgrabungen, die bisher in Indien durchgeführt wurden, ausgenommen die Stadtgrabungen von Mohendscho Daro und Harappa und neuerdings von Lothal, dienten der Wiedererschließung eines alten Zentrums im äußersten Nordwesten des Landes, der Stadt Taxila (Takshashila). Man unterschied hier sechs verschiedene Siedlungsperioden, die sich auf drei einander ablösende Stadtgründungen verteilen, den Bhir-Hügel, Sirkap und Sirsukh. Die Fundschichten erstrecken sich über einen Zeitraum von insgesamt etwa 800 Jahren, von der Vor-Maurya-Zeit (ca. 600 – 300), über die Maurya-, vorgriechische und griechische Stufe bis zur skythoparthischen und Kushana-Zeit (ca. 50 – 200 u. Zt.).

Bereits in der ältesten Schicht tritt die oben erwähnte schwarzglänzende Tonware auf, die wir auch im folgenden immer wieder als die charakteristische Leitform der Frühzeit des hier betrachteten Zeitabschnittes finden werden. Persisch-achämenidischer Einfluß macht sich hier in Taxila bereits seit der Gründung der Stadt bemerkbar, liegt diese doch im ehemaligen Herrschaftsbereich dieser Dynastie. *(Abb. 52)* Von der Maurya-Zeit an überwiegt jedoch der indische Charakter des archäologischen Materials, wenngleich stark durchsetzt mit griechisch-hellenistischen Einzelfunden. Neben den außerordentlich wichtigen Sammelfunden von indischen Stempelmünzen kommt noch den Terrakotten besondere Bedeutung zu, da sie, bisher meist typologisch datiert, nunmehr durch zahlreiche Schichtgrabungen auch in ihrer chronologischen Entwicklung zu erkennen sind.

Eine ähnliche Fundfolge zeigt auch die bereits wiederholt genannte Siedlung Rupar am Sutlej, darüber hinaus noch zwei ältere Schichten, die älteste harappazeitlich, die darüber liegende durch die graue bemalte Ware gekennzeichnet. Mit der Schicht III beginnt hier eine Kulturfolge, die in zahlreichen Einzelteilen den Schichten I und II von Taxila entspricht. Neben einer einfachen grauen Tonware, die als lokale Nachfolgerin der grauen bemalten Ware zu bezeichnen ist, erscheint die nördliche schwarzglänzende Ware. Die indischen Stempelmünzen, zum Teil mit den Bildzeichen der Taxila-Funde, finden sich hier in Rupar zusammen mit charakteristischen Denkmälern der Mauryazeit. Zu diesen gehört das Bruchstück eines polierten Steinringes mit Reliefverzierung von der Art ähnlicher Funde in Taxila und Patna. *(T. 70 unten)* Auf diesen Schalen bzw. Ringsteinen ist eine nackte Frau in frontaler Stellung mit seitlich herabhängenden Armen dargestellt, die als Göttin der Fruchtbarkeit oder als Erdgöttin gedeutet wurde und ihre Abstammung von der Harappa-Fruchtbarkeits- und Muttergottheit kaum verleugnen kann.

In der Schicht IV von Rupar (ca. 200 v. u. Zt. – 600 u. Zt.) dominieren die Funde der Kushana-Periode, u. a. einige vorzügliche Tonfiguren. Die Gefäße dieser Zeit sind von roter Farbe und vielfach mit eingeritzten oder gestempelten Verzierungen versehen, die zum Teil den Stempelzeichen der Münzen sehr ähnlich sehen. Die Schichten V und VI führen in die mittelalterliche und islamische Zeit, so daß Rupar dank dieser Schichtenfolge etwa fünf Jahrtausende indischer Kulturentwicklung widerspiegelt.

Weiter südöstlich, am oberen Ganges, liegen zwei bedeutende Städte und Zentren altindischer Geschichte, die erst neuerdings erforscht, aber noch nicht in ihrem vollen Umfang ausgegraben werden konnten. Es sind dies Ahichhatra, die Hauptstadt des alten nördlichen Pantschala, und die weiter südlich gelegene Stadt Hastinapura, die Residenz der Könige des Mahabharata-Epos. In Ahichhatra enthält die unterste Schicht die bemalte graue Ware, während darüber, Stratum VIII, nördliche schwarzglänzende Ware in Verbindung mit Tonfiguren und Münzen gefunden wurde. Die folgenden Schichten lassen eine stärkere Differenzierung der Fundfolge in den nächsten Jahrhunderten erkennen, namentlich an Hand von Münzen, so daß sich bis zum 11. Jahrhundert u. Zt. neun verschiedene Siedlungsperioden unterscheiden lassen.

In Hastinapura wird etwa der gleiche Zeitabschnitt in einer Unterteilung in 5 Perioden beobachtet. *(T. 65)* Hier geht der Schicht mit der grauen bemalten Tonware noch eine Schicht mit einer schlecht gebrannten ockerfarbenen Tonware voran, die im vorigen Kapitel als eng verbunden mit den Kupfer-Sammelfunden gekennzeichnet worden ist. In Schicht III erscheint dann die nördliche schwarzglänzende Ware. Um das Jahr 250 v. u. Zt. etwa muß die ganze Stadt durch eine gewaltige Feuersbrunst eingeäschert worden sein. Sie wurde aber noch in der Maurya-Zeit wieder aufgebaut, wie Funde der Schicht IV erkennen lassen. Die Schicht V gehört nach einer längeren Siedlungslücke etwa dem 12./13. Jahrhundert an.

Im mittleren Gangestal häufen sich die Städte, von denen hier nur einige erwähnt werden mögen: Kausambi, das moderne Kosam, nahe Allahabad gelegen. Nachfolgerin Hastinapuras; Bhita, ein in den Jahren 1909/1912 unzureichend ausgegrabener Ort; ferner die alten Hauptstädte Rajagriha (Rajgir) und Pataliputra (Patna). Eine primitive graue oder rote Tonware scheint hier überall der nördlichen schwarzglänzenden Keramik voranzugehen; die Spuren der grauen bemalten Ware fehlen jedoch, je mehr wir uns nach Osten zuwenden. In Rajagriha und Pataliputra sind Teile der alten Befestigung sowie andere ältere Bauwerke erhalten geblieben, von denen noch später zu sprechen sein wird.

Die Ausgrabungen in Kausambi haben die überlieferte Verbindung dieser Stadt mit der frühen Ausbreitung des Buddhismus bestätigt und eine Fülle datierbaren Materials der Maurya-, Shunga-, Kushana- und Gupta-Zeit zutage gebracht.

Neuerdings ist auch der westliche Regierungssitz der Maurya, Ujjayini (Ujjain), eine Stadt, in der beispielsweise Aschoka als Vizekönig regierte, bevor er die Nachfolge in der Reichsherrschaft antrat, ausgegraben worden. Diese von *N. R. Banerjee* durchgeführten Grabungen zeigen Reichtum an Kleinfunden und Tiefe der Schichten, so daß hier wichtige Aufschlüsse zu erwarten sind. Als charakteristisch für die Maurya-Zeit sind hier, ähnlich wie in Pataliputra, die Holzbauten zu erwähnen. Die Schicht I ist hier durch die schwarz-rote Tonware gekennzeichnet und bezeugt die Verbindungen zur westlichen Küstenzone. Eine Scherbe der grauen bemalten Ware bezeugt ein Datum noch in der ersten Hälfte des 1. Jahrtausends, obwohl die Schicht I deutlich als der Eisenzeit zugehörig erwiesen werden konnte. Große Mengen von Eisenschlacke, Klumpen von Eisenerz, ebenso wie die außergewöhnlich hohe Zahl von Eisengeräten und Waffen, die für alle Siedlungsperioden in Ujjain typisch sind, lassen auf lokale Eisengewinnung schließen. Die Schicht II ist durch das Auftreten der nördlichen schwarzglänzenden Ware gekennzeichnet. Eine rote Tonware begleitet die drei Meter starke Schicht III, die im wesentlichen der Shunga-Zeit anzugehören scheint, während Schicht IV zu den Anfängen der islamischen Herrschaft in Malwa überleitet. Soweit bereits erkennbar, läßt sich in Ujjain eine stark befestigte Zitadelle von der außerhalb liegenden Wohnstadt unterscheiden, eine Anlage, die bereits mit der Gründung der Stadt, in Schicht I, geschaffen wurde.

Auch im östlichen Indien sind die archäologischen Forschungen mit großem Elan wieder aufgenommen worden, nicht zuletzt dank der Initiative der Universität Kalkutta. Ausgrabungen in Bangarh und in Tamralipti (Tamluk), dem wichtigsten Hafen in Westbengalen, sowie in Chandraketugarh nahe Kalkutta lassen auch hier schichtenmäßig erfaßbare ältere Kulturen erkennen, deren Datierung durch das Auftreten der nördlichen schwarzbemalten Ware erleichtert wurde. Es hat jedoch den Anschein, als ob erst in der Zeit des Auftretens dieser Tonware, d. h. nach der Mitte des 1. Jahrtausends, diese Siedlungen gegründet wurden, dann allerdings, namentlich im 1. Jahrtausend u. Zt., eine ungeahnte Blütezeit erlebten.

Weiter südlich, in der Küstenzone von Orissa, waren erfolgreiche Ausgrabungen in Sisulpalgarh sehr aufschlußreich für die Verbindungen nach dem südlichen Indien. Auch hier erwies sich die nördliche schwarzglänzende Ware für die Datierung der Schichten von entscheidender

Bedeutung. Sisupalgarh ist von einigen Gelehrten mit der in der Aschoka-Inschrift von Dhauli erwähnten Stadt Tosali identifiziert worden. Es handelt sich um eine stark befestigte Siedlung, im Rechteck angelegt, deren aus Ziegelsteinen oder Lateritplatten errichtete Häuser an einem regelmäßigen rechtwinkligen Straßensystem gelegen war. Im Gegensatz zu der bronzezeitlichen Bauweise, wie sie etwa in Navdatoli im Westen Indiens zu beobachten war, ist hier wohl schon eisenzeitlich ein Stadtgrundriß zu erkennen, der mit den Planungen der Industädte manches gemeinsam hat.

Eine ältere graue bzw. rote Tonware wird abgelöst von einer schwarz-roten Ware, bezeichnend für die südindische Megalithkultur. In dieser Schicht, also verhältnismäßig spät, setzt in Sisupalgarh die Bautätigkeit ein. Neben der schwarz-roten Ware erscheint als für diesen Fundort charakteristisch eine hellrote polierte Tonware, über deren sonstige Verbreitung im östlichen Indien noch wenig bekannt ist. In die gleiche Zeit (etwa zwischen 200 v. u. Zt. und 100 u. Zt.) fällt auch das Auftreten einiger Scherben der nördlichen schwarzglänzenden Ware einerseits und Scherben der Arikamedu-Ware, die als andhrazeitlich durch die beigegebene Arretiner-Ware erkennbar ist, andererseits. Hier begegnen sich also die nördlichen und südlichen Kulturströmungen. Die Ausgrabungen in Jaugada, ebenfalls in Orissa gelegen, bestätigen das in Sisupalgarh gewonnene Fundbild. Noch weiter südlich, am Unterlauf der Krishna, liegen dann die Fundorte der Andhra-Zeit, von denen bereits im vorangehenden Kapitel die Rede war.

Wir können dieser nur sehr lückenhaften Übersicht der neueren archäologischen Entdeckungen in Indien entnehmen, daß es nunmehr auch gelungen ist, für die sogenannte frühhistorische Zeit ein eigenes chronologisches Gerüst zu schaffen, ohne welches es bisher nicht möglich war, die reichlich fließenden historischen Einzelüberlieferungen und zahlreichen isolierten Denkmäler mit der großen Masse der archäologischen Funde zu verbinden. Unabhängig von der Erforschung der Schriftdenkmäler und ihrer Aussage werden hier die Wechselbeziehungen zwischen den Landesteilen sichtbar, wird insbesondere die Einbeziehung des südlichen Indiens in die Frühgeschichte des ganzen Landes erleichtert. Die Geschichte Indiens auf archäologischer Grundlage ist noch nicht geschrieben worden, aber die gegenwärtig noch andauernden systematischen archäologischen Forschungen präsentieren bereits ein reiches Material, das es ermöglichen wird, eines Tages auch diese Aufgabe zu lösen.

In unserem Zusammenhang sollte mit dieser Übersicht nur eine Grundlage geschaffen werden, um im folgenden abschließend an einigen Beispielen den Überresten der altindischen Kulturschöpfungen in dieser Epoche und damit der Kontinuität indischer Kulturentwicklung nachzuspüren. In der indischen Kunstgeschichte gibt es ein Ereignis, das seit jeher schwierig zu erklären war und zahlreiche Diskussionen unter den Fachgelehrten ausgelöst hat. Es handelt sich um den plötzlichen Durchbruch im 3. und 2. Jahrhundert v. u. Zt. eines voll entwickelten plastischen Stils, der figuren- und formenreich in seinen Motiven, erzählfreudig und von ausgeprägter Profanität in seinen Inhalten in Erscheinung trat.

Schon die frühesten Interpreten der indischen Kunst, die Engländer *Burgess, Fergusson, Marshall,* aber auch deutsche Forscher wie *Grünwedel* und *Bachhofer* haben dieses Phänomen auf eine ältere, verlorengegangene Holzskulptur zurückführen wollen und namentlich aus der Architekturgeschichte die Nachweise erbracht, daß Stilformen der Holzbearbeitung oftmals sinnlos auf das neue Steinmaterial übertragen wurden. So verraten etwa die Steinzäune buddhistischer und dschainistischer Kultbauten in ihrer Imitation horizontaler und vertikaler Balkengefüge hölzerne Vorbilder, wie auch der reiche ornamentale und figürliche Schmuck dieser Steinarchitektur auf ursprüngliches Schnitzwerk zurückgehen könnte.

Mögen solche Erklärungen in vielen Einzelheiten auch stichhaltig sein, so muß man doch vor einer Verallgemeinerung warnen. Jedenfalls muß die Behauptung, daß das Entstehen einer monumentalen Steinplastik – und es handelt sich ja auch um große rundplastische Figuren – aus einer älteren Holzskulptur als ein absoluter Anfang, ja geradezu als eine gesetzmäßige künstlerische Entwicklung anzusehen sei, energisch zurückgewiesen werden. Auf indischem Boden lassen sich dieser Theorie zahlreiche Fakten entgegenstellen, von denen wir die meisten bereits kennengelernt haben. So besitzen wir hier eine weitaus ältere Kleinplastik aus Ton und Stein und sogar entwickelte Kunstschulen, wie etwa jene der Harappazeit, die, soweit dies erkennbar ist, keineswegs auf das Holzmaterial angewiesen waren, obwohl solches in reichstem Maße zur Verfügung gestanden haben muß. Es ist natürlich möglich, daß es eine Holzplastik in Indien gegeben hat, sogar wahrscheinlich, aber ihr kommt keineswegs jene alles erklärende allgemeine Bedeutung zu, wie dies oftmals angenommen wurde. Man wird daher heute mit mehr Sorgfalt auf die archäologisch nachweisbaren forminhaltlichen Traditionen der indischen Kunst achten müssen, wobei die Harappa-Kunst von grundlegender Bedeutung ist.

(T. 68) Weit überlebensgroße monumentale Steinplastik besitzen wir in einer ganzen Gruppe von Yakshafiguren männlichen und weiblichen Geschlechts, die zeitstilistisch der Maurya/Shunga-Periode einzuordnen sind. Diese Bildwerke bezeugen die volle Beherrschung des monumentalen plastischen Stils und weisen auf die Existenz einer Bildhauerschule hin, für die die Gestaltung des großfigurigen Menschenbildes eine Selbstverständlichkeit war. Man muß sich dieser Tatsache immer wieder erinnern, da oft genug Theorien vorgetragen werden, die die monumentale Plastik in Indien erst auf griechischen Einfluß zurückführen wollen. Bei den Yakshafiguren liegt ein solcher Einfluß jedoch nicht vor, allenfalls eine gewisse Übereinstimmung mit der älteren vorderasiatischen Monumentalplastik, die vielleicht auf eine gewisse Parallelität der künstlerischen Traditionen hinweist. Man muß sich dieser Figuren auch deshalb erinnern, da gelegentlich die Auffassung vertreten wird, daß Götterbilder der älteren indischen Kunst unbekannt, ja von dieser als unzulässig abgelehnt worden seien.

Alle diese Theorien zielen auf eine allgemeine These, nach der in der Frühphase arischer Kunst die figuralen Darstellungen unbekannt gewesen sein sollen. Dabei wird besonders auf die frühbuddhistische Kunst hingewiesen, in der die figürliche Darstellung des Buddha noch fehlt und der Erleuchtete stets durch stellvertretende Bildzeichen, den Bo-Baum (Pipal!) als Sinnbild der Erleuchtung, Thron und Rad der Lehre als Zeichen für den Beginn der Lehrtätigkeit des Buddha, der Stupa als Symbol für das Nirvana wiedergegeben werden. Dieses Tabu gegenüber der figürlichen Repräsentation des Buddha, das übrigens sehr bald aufgegeben wird, läßt sich jedoch weder aus der Unfähigkeit der Bildhauer, Menschen darzustellen, erklären, noch aus der Ablehnung von Götterbildern schlechthin, denn es gibt genügend Göttergestalten in der Kunst dieser Zeit, die beide Auffassungen widerlegen. Hier liegt die Erklärung im Gehorsam der Auftraggeber und Künstler gegenüber der strengen Lehre, die für die Gestalt des Verkünders dieser Lehre das körperliche Ebenbild ablehnt und damit wenigstens für die Person des Religionsstifters in der Negierung der körperlichen Realität der Sinnenabgewandtheit der buddhistischen Lehre entspricht.

(T. 67) Der Torso eines nackten Mannes im Museum von Sarnath, dessen glatt polierte Oberfläche auf die eigentümliche Technik der Mauryazeit ebenso deutlich und bestimmt hinweist wie seine Nacktheit auf die Lehre der Dschainas, mag uns hier als ein Beispiel für die Zusammenhänge der figürlichen Skulptur dieser Epoche mit der Plastik der Harappazeit dienen. *(T. 52)* Wenn wir von den Größenunterschieden absehen wollen, so gleichen sich der uns schon bekannte Torso aus Harappa und diese Figur in der grundlegenden plastischen Auffassung des

menschlichen Körpers, dessen Struktur nicht vom Knochengerüst her anatomisch begriffen, sondern vielmehr in seiner fließenden Oberfläche, den Wölbungen der Fleischpartien, sinnlich wahrnehmbar wird. Selbst Einzelheiten wie etwa die Nabelprominenz lassen sich als typisch indisch erklären und immer wieder in der Bildkunst dieses Landes aufzeigen. Das An- und Abschwellen der Hautoberfläche, Körperwölbungen und Muskeln, verbildlichen den Atem, das Leben und die Bewegung des Menschenkörpers. Kann man sich überhaupt einen stärkeren Gegensatz zu den Intentionen der antiken Künstler vorstellen, denen Muskeln und Knochen zum Ausdruck von Kraft und Ebenmaß, der wohlproportionierte Körper zum höchsten Ideal der Menschendarstellung wurde?

Ähnliche Beobachtungen lassen sich auch in bezug auf die Wiedergabe der Tierkörper anstellen. Die liebevolle und fein beobachtende Tierdarstellung, wie sie uns als bezeichnend für die Harappa-Kunst erschien, nimmt auch in der Kunst der Mauryazeit einen Platz von erstrangiger Bedeutung ein. Als Pfeilerkrönung und Kapitellaufsatz, sogar als monumentale, aus dem natürlichen Felsgestein gemeißelte Skulptur begegnen uns die Tiere der indischen Landschaft, *(T. 69)* allen voran der Elefant und das Buckelrind. An die Stelle des Harappa-Tigers ist jetzt der Löwe getreten, während das Pferd, als viertes Tier im Bunde, neu hinzukommt. Besonders die stark reliefierten Darstellungen des Sarnath-Kapitells lassen Zebustier und Elefant den Harappa-Siegel-Darstellungen in der außerordentlich liebevollen Modellierung der Körperoberfläche gleichen, aus der die Vertrautheit mit dem Tier und die sorgfältigste Beobachtung seiner Eigenheiten deutlich wird.

Man hat früher, ohne noch Kenntnis von der älteren indischen Kunst zu haben, derartig vollendete Bildwerke nicht ohne Berechtigung mit Hilfe vorderasiatischer Einflüsse zu erklären versucht. Es muß als das besondere Verdienst von *Stella Kramrisch* gelten, energisch die Kontinuität von Harappa- und Maurya-Kunst vertreten zu haben. Gerade in der Gestaltung der Körper von Tier und Mensch von außen, von der Körperoberfläche her, in der isolierenden Darstellung des Einzelkörpers, der in seiner spezifischen Körperhaftigkeit eine nahezu symbolhafte Bedeutung erhält, wiederholen sich künstlerische Tendenzen der Harappazeit in der Mauryaperiode. Dabei ist eine gewisse Übereinstimmung mit Bestrebungen der vorderasiatischen Kunst nicht zu leugnen, jedoch ist diese bereits in der Harappazeit vorhanden und daher auch im Sinne einer ursprünglichen Entwicklungsgleichheit und Parallelität zu erklären, die den Frühphasen altorientalischer Kultur und Kunst eigentümlich ist. Eine kräftige Welle achämenidischen Einflusses in der frühen historischen Zeit, die aus den politischen Gegebenheiten ohne weiteres verständlich wird, wirkt sich daher nur als ein Zurückfluten altindischer künstlerischer Traditionen und im Sinne einer Bestätigung und Intensivierung der vorhandenen Stiltendenzen aus.

Während die Monumentalplastik immer in hohem Grade Repräsentant ihrer Zeit ist und daher leicht den neuen speziellen Zeitstil erkennen läßt, verbirgt sich in der Kleinkunst ein zeitloser Stil, geeignet für die Konservierung konventioneller, traditionsgebundener Formen und Inhalte. Das gilt in Indien besonders für die Tonplastik, die Figuren von Frauen und Tieren, die auf den alten Komplex der Muttergöttin-Fruchtbarkeitsgottheit und ihre Umgebung zurückgehen. Hier sind demnach nicht allein formale, sondern inhaltliche Beziehungen vorhanden, insofern uralte Glaubensvorstellungen bis in die jüngste Gegenwart hinein im Nebeneinander der verschiedensten, gesellschaftlichen Entwicklungsstufen auf indischem Boden bewahrt blieben. Als ein bemerkenswertes Beispiel lokaler Stagnation in abgelegenen ländlichen Bezirken mag daran erinnert werden, daß die Ausgräber im Indusgebiet den schwerfälligen zweirädrigen Ochsenwagen der Harappazeit an Hand noch existierender Gefährte rekonstruieren konnten.

(Abb. 33) Die weiblichen Figürchen aus gebranntem Ton der Maurya- und Shungazeit lassen sich bis in Einzelheiten der Tracht, *(T. 70 oben)* etwa den breiten Hüftgürtel, den üppigen Hals- und Armschmuck, und vor allem den schwerlastenden Kopfputz mit den Kleinplastiken der Harappazeit vergleichen. Auch die frontale Stellung mit den seitlich etwas abgespreizten oder herabhängenden Armen und die Betonung des Nabels dürfen bei diesen Tonfiguren als Merkmale der Kontinuität der Typen angesehen werden. Neuerdings sind zahlreiche dieser Figuren auch in den sorgfältig kontrollierten Ausgrabungen gefunden worden, so daß es auch möglich geworden ist, auf Grund der Schichtenbeobachtungen eine Entwicklungsreihe der Typen aufzustellen.

Während Einzelheiten des Schmuckes und der Tracht ebenso wie die Gesamthaltung und die Auffassung des Körpers sich nur wenig ändern, ist in der Gestaltung des Kopfes, namentlich des Gesichtes, ein bemerkenswerter Wandel festzustellen. Gegenüber der Primitivität der frühen Tonfiguren, mit der aus dem Ton abgekniffenen, herausspringenden Nase, den als Tonklümpchen aufgesetzten Augen und dem mitten durchgeschnittenen Tonscheibchen, das den Mund bildet, zeigen die Gesichter der Mauryafiguren geradezu ein Interesse für die individuelle Physiognomie. Bei genauerem Hinblicken werden wir jedoch auch in dieser späteren Zeit eine Übersteigerung oder Ignorierung einzelner Gesichtsteile finden. Die Anpassung dieser Kleinfiguren an den Naturalismus der Großplastik ist, wie es scheint, nur widerstrebend vollzogen worden, und bis in die spätesten Epochen hinein neigen diese oft ganz einfachen Darstellungen der Muttergöttin zu einer Überbetonung der körperlichen Merkmale ganz im Sinne ihrer ältesten Vorfahren.

Weitaus schwieriger ist es, das Erbe der Harappa-Kunst in der Archiktektur späterer Epochen aufzuzeigen. Einmal hat die Kontinuität der politischen Geschichte in Indien die Zerstörung fast aller noch über dem Erdboden stehenden Bauten der älteren Perioden bewirkt, so daß erst die Ausgrabungen meist spärliche Aufschlüsse über die frühe Baukunst gewähren, zum anderen ist die Architektur in der Wahl des Baumaterials an die natürlichen Gegebenheiten gebunden. Den Schriftquellen entnehmen wir Berichte über bewunderungswürdige Bauten der letzten Jahrhunderte v. u. Zt., Paläste, Kultbauten, Stadtanlagen, die sogar den an vorderasiatische Bauwerke gewöhnten Griechen Respekt einflößen.

(T. 66 unten) Aus dem 6. Jahrhundert v. u. Zt. haben sich Reste der Befestigung der alten Stadt Rajagriha erhalten, die Mauer ca. 5 – 6 m breit und beinahe 4 m hoch, errichtet in der Art der ostmittelmeerischen Zyklopenmauern aus unbearbeiteten Steinen ohne Mörtel, doch sind wenig Einzelheiten erhalten, um Vergleiche mit den Befestigungsanlagen der Harappazeit anzustellen. Es sei jedoch darauf hingewiesen, daß die sogenannte Neustadt von Rajagriha, die etwas später, aber doch noch in der Mauryazeit erbaut wurde, ähnlich wie Harappa und Mohendscho Daro in eine eigentliche Wohnstadt und eine besonders befestigte Zitadelle geschieden war, letztere im Süden der Stadt gelegen.

Etwas besser bekannt ist die Nachfolgerin Rajagrihas, die am Ganges gelegene alte Hauptstadt der Maurya-Herrscher, Pataliputra. Gegründet etwa um das Jahr 450 v. u. Zt., ist diese Stadt von Megasthenes, dem griechischen Gesandten am Hofe Chandragupta Mauryas, als eine der schönsten und großartigsten Städte, die er kennengelernt habe, beschrieben worden. Megasthenes gibt 80 Stadien als Länge und 15 Stadien als Breite der Stadt an, beschreibt einen Graben, der rings um die Stadt lief, 600 Fuß breit und 30 Ellen tief, sowie die Stadtmauer mit ihren

570 Türmen und 64 Toren. Nach seinen Schilderungen übertraf auch der Palast von Pataliputra die gewaltigen Anlagen der Achämeniden-Herrscher in Susa und Ekbatana. Besonders hervorgehoben wurden die Gartenanlagen.

Leider liegt die heutige Stadt Patna über der alten Siedlung, so daß bisher nur Ausgrabungen in begrenztem Umfange möglich wurden. Einige Funde, u. a. eine Pfeilerhalle und Teile einer hölzernen Palisade, bestätigen die Angaben des Megasthenes, wonach Holz das wichtigste Baumaterial gewesen sei. Zahlreiche Kleinfunde, Reste von Statuen und Tonfiguren bezeugen eine lange Besiedlungszeit, in deren ältesten Phasen sich auch die Scherben der nördlichen schwarzglänzenden Ware wiederfinden. Über die Lage der eigentlichen Wohnstadt wissen wir leider noch wenig. Doch scheint der rechteckige Stadtumriß, der sich auch in Bitha und anderen Orten dieser Epoche wiederfindet, auf ältere Traditionen hinzuweisen.

Auch aus den indischen Regelbüchern der Baukunst, den Silpa Sastras, die erst viel später abgefaßt wurden, aber vermutlich die alten Traditionen treu bewahrt haben, ergibt sich eine Bevorzugung des rechteckigen Stadtgrundrisses, mit einem System breiter, sich rechtwinklig kreuzender Hauptstraßen und paralleler Nebenstraßen. Von derartigen Idealgrundrissen weichen jedoch die erhaltenen indischen Städte im allgemeinen erheblich ab. Einzig in einigen Tempelstädten Südindiens, z. B. in Madura, lassen sich derlei Grundvorstellungen als realisiert bezeichnen. Man darf hier vielleicht auch auf das alte Taxila hinweisen, dessen zweite Stadtgründung, das im 2. Jahrtausend errichtete Sirkap, einen ganz ähnlichen, länglich rechteckigen, von parallelen Straßenzügen gegliederten Grundriß erkennen läßt. Doch bezeichnet man gerade hier den Stadtgrundriß als „die typische griechische Schachbrettanlage“ *(Sir John Marshall!).* Es sei in Erwägung gezogen, ob nicht diese Annahme ebenso ungerechtfertigt oder richtiger ebenso einseitig sein mag, wie jene bereits diskutierte, die die Maurya-Kunst als Ganzes aus achämenidischem Einfluß ableitet. Man kann eben heute nicht mehr davon absehen, die alten Stadtsiedlungen von Harappa, Mohendscho Daro und Lothal in die Gesamtentwicklung einzubeziehen und bei einer Ableitung späterer Formen indischer Stadtanlagen zu berücksichtigen.

Von einzelnen Bautypen, die sich mit solchen der Harappazeit vergleichen ließen, scheiden die buddhistischen Kulthallen (Tschaityas), Klöster (Viharas) und Stupas schon infolge ihrer „modernen“ Zweckbestimmung aus, obwohl für die Grundform des Stupa bereits oben auf die älteren Megalithgräber hingewiesen werden konnte. Ein charakteristischer Bestandteil indischer Kultbauten, der mit dem Hindutempel, aber auch mit buddhistischen Bauwerken eng verbundene Badeteich, darf mit Sicherheit auf Traditionen der Harappazeit zurückgeführt werden. Die rituellen Waschungen, so wesentlich in der vedischen und der späteren hinduistischen Religion, lassen sich kaum trennen von jener auffälligen Betonung der Hygiene, die sich in den Badeanlagen, den privaten und öffentlichen Bädern, seien diese kultisch oder profan gemeint, äußert, aber auch in den Abzugskanälen, den bis in moderne Zeit unerreichten Latrinen mit erhöhtem, gebautem Sitz, wie sie in Mohendscho Daro gefunden wurden, und erweisen die Beharrlichkeit solcher Einrichtungen in der langen Entwicklung indischer Kultur.

An einem Gleichnis, zugleich einem Hauptinhalt aller indischen Kunst, sei abschließend noch einmal die indische Kultureinheit gezeigt. Es gibt keine Epoche indischer Kunst, in der nicht die Frau als Bild lockender Sinnenlust dargestellt worden wäre. In Malerei, Relief und Freiskulptur haben Darstellungen der Frau derart charakteristische Formen bewahrt, daß ihr Anblick auch den oberflächlichsten Betrachter unmittelbar als typisch indisch anspricht. Selbst die puritanisch gesinnten buddhistischen und dschainistischen Lehren machen augenfälligen Gebrauch von derartigen Bildwerken, wie bereits bemerkt, vermutlich mit der Auslegung kontrastierender

Hinweise auf die Notwendigkeit der Enthaltsamkeit. Aber in einer derartigen Propagierung der weiblichen Reize, wie wir sie an den Stupazäunen und -toren von Bharhut und Sanchi, auf den Reliefs von Amaravati, in den Felshöhlen von Karli, *(T. 72)* Adschanta und Aurangabad finden, kann man nicht übersehen, daß hier die Not zur Tugend wurde, dem älteren Kunstgeschmack reichlich Konzessionen gemacht wurden und die Moral erst nachträglich der Rechtfertigung diente.

Die Kunst von Gandhara, in der sich am greifbarsten das Vordringen griechischer Kunstformen in indisches Kunstgebiet nachweisen läßt, mag uns als Beispiel kontrastierender Auffassungen dienen. Hier erstarrt die Sinnlichkeit indischer Kunstform zu geradezu hölzerner Formgebung, sucht sich das Nackte unter faltenreichem Gewand zu verhüllen, und dies, obwohl die antike Kunst von Haus aus doch den nackten weiblichen Körper bevorzugt darstellt. Tatsächlich ist es auch nicht die griechische Kunst in reiner Form, die hier mit der indischen in Berührung kommt, sondern vielmehr eine vorderasiatisch-hellenistische Variante derselben, in der also das altvorderasiatische Kunstgewerbe, seiner Grundhaltung nach völlig verschieden, ebensowohl bestimmend wirkt. Man vergleiche nur etwa die Frauenfiguren von Taxila mit den gleichzeitigen indischen Kunstwerken, auch solchen, die außerhalb der indischen Grenzen gefunden wurden, wie etwa der Elfenbeinstatuette aus Pompeji oder der in Südarabien gefundenen Bronzefigur einer Tänzerin.

Neben diesem mehr äußerlichen Kontrast, Nacktheit und Gewand, gibt es jedoch einen viel tieferen Unterschied, der die Grundkonzeption des indischen Künstlers berührt. Für ihn ist die Darstellung der Frau wichtiger als diejenige des Mannes, was man wohl am besten daraus ersieht, daß sich die männliche Idealfigur dem weiblichen Schönheitsideal nähert und nicht umgekehrt. Die Betonung der Sinnlichkeit des Frauenkörpers ist tiefer in der indischen Kunst verankert als je im Bereich antiker Kunst, ausgenommen die ältesten kretisch-mykenischen Bildwerke.

Die Mutter Indien, ein bildhafter Ausdruck und zutreffendes Gleichnis für dieses Land, steht in der Kunst symbolhaft greifbar vor uns. Die Tonfiguren der Frühzeit, die wundervolle Yakshi von Didarganj, die Pfeilerfiguren von Bharhut und Mathura, die Yakshis von Sanchi, die göttliche Ganga mittelalterlicher Skulptur und wiederum die Tausende von Tonfiguren der späteren Epochen, sie alle repräsentieren uns dieses Land in einem künstlerischen Gleichnis. *(T. 71)* Mag man sie religiös erklären und zurückblicken auf die Stammesahnin und Fruchtbarkeitsgottheit der Frühzeit, mag man sie als einen Ausdruck der Lebensfreude werten und dabei die kleine Bronzetänzerin von Mohendscho Daro ebenso vor Augen haben wie ihre unzähligen Nachfolgerinnen in Kunst und Leben, immer werden diese Gestalten ein Gleichnis der Lebenskraft und erdverbundenen Gesundheit, von Geburt und Wiedergeburt in einem höheren irdischen Sinne bleiben. So fügen sich Anfänge und Gegenwart zu einem geschlossenen Gesamtbild zusammen, bestätigen sich fünf Jahrtausende einer gewaltigen künstlerischen und kulturellen Potenz, die die Mutter Indien befähigen, auch heute voller Kraft und Selbstbewußtsein der Zukunft sicher zu sein.

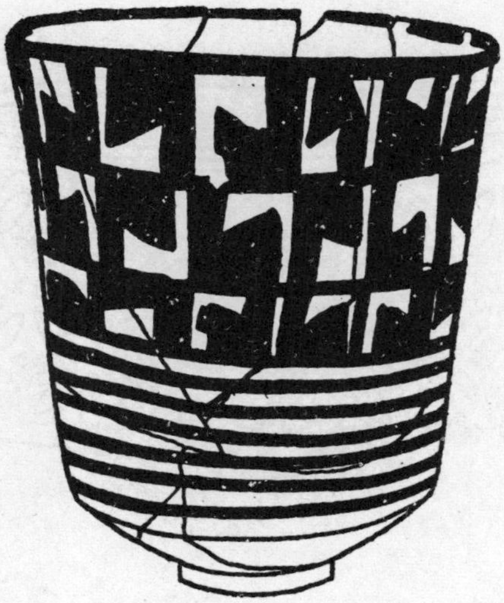

Abb. 1

Abb. 2

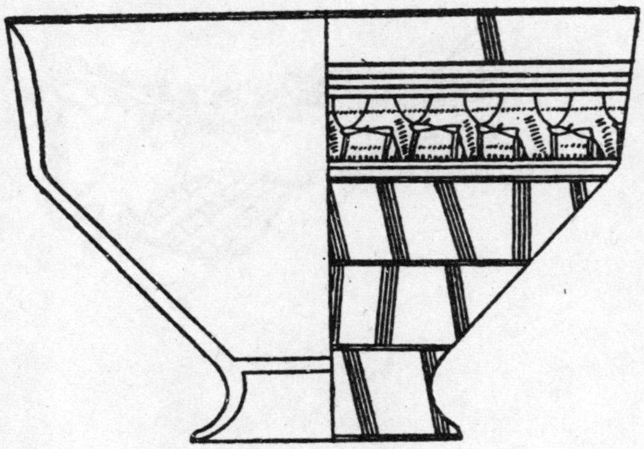

Abb. 3

Abb. 4

Abb. 5

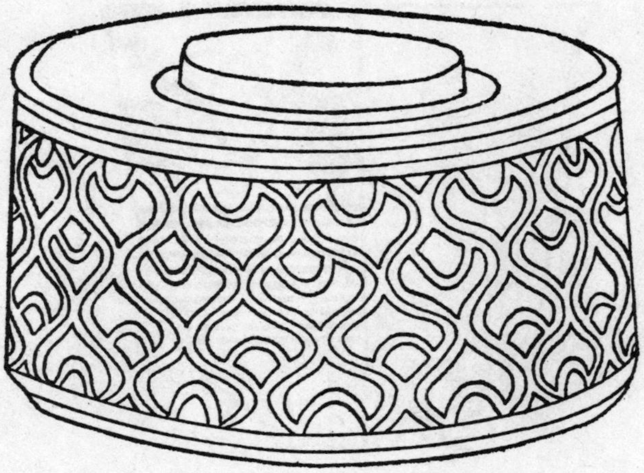

Abb. 6

Abb. 7

Abb. 8

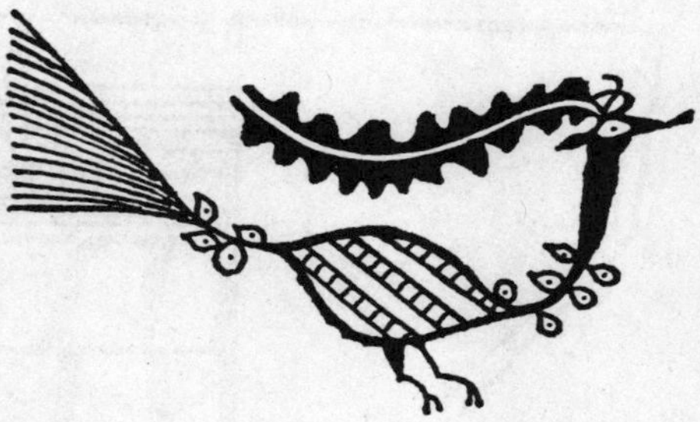

Abb. 9

Abb. 10

Abb. 11

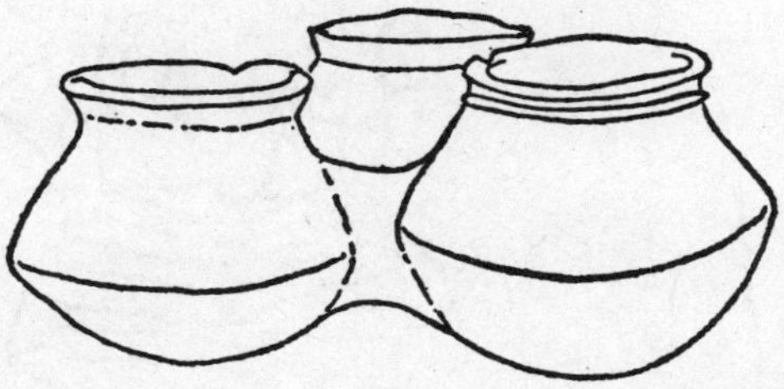

Abb. 12

Abb. 13

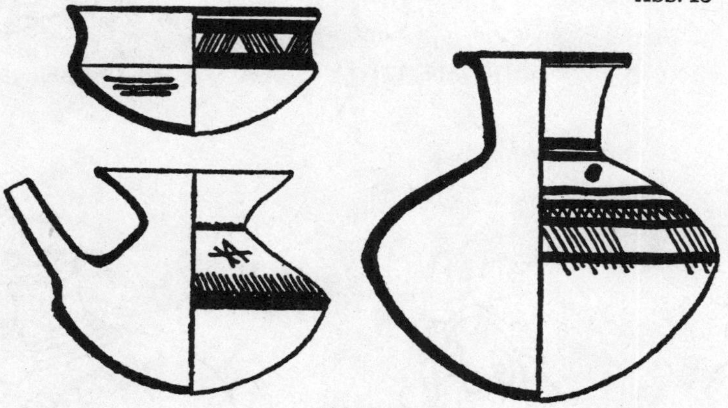

Abb. 14

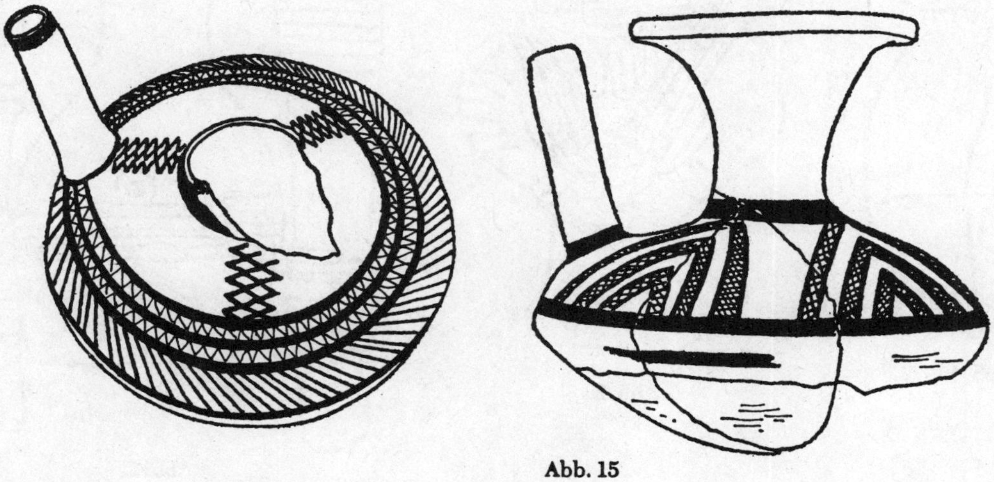

Abb. 15

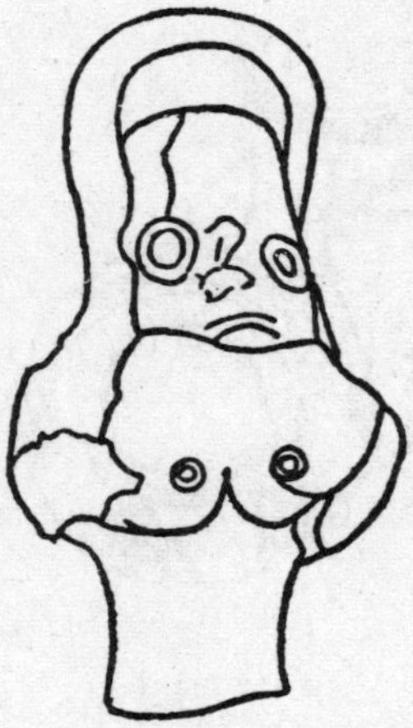

Abb. 16

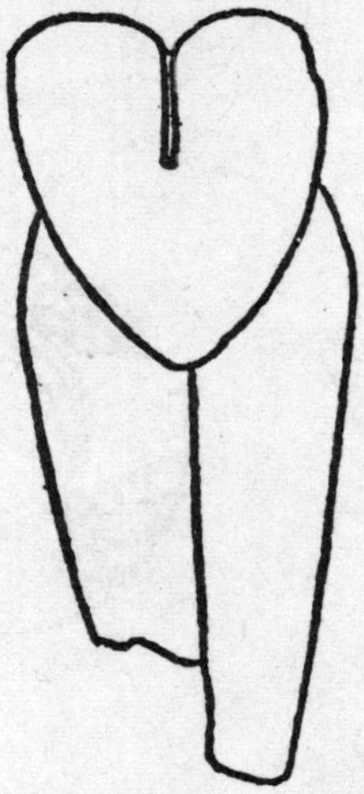

Abb. 17

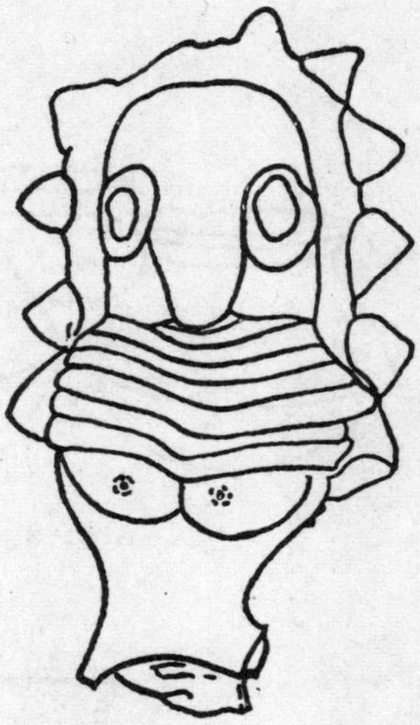

Abb. 18

Abb. 19

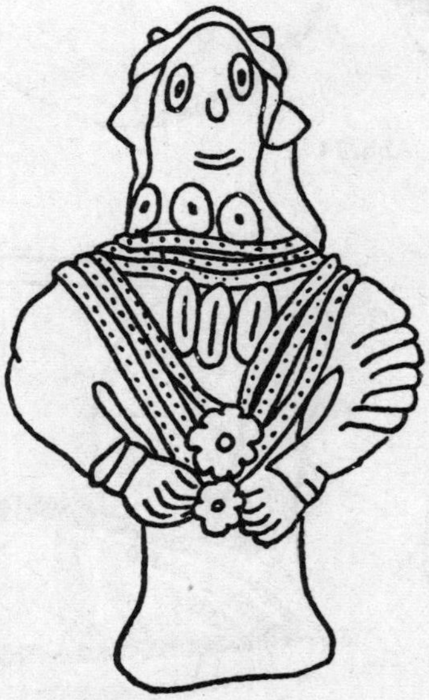

Abb. 20

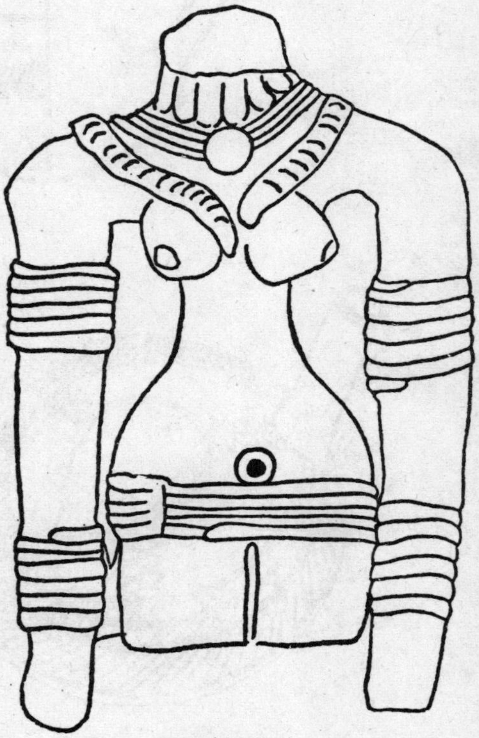

Abb. 21

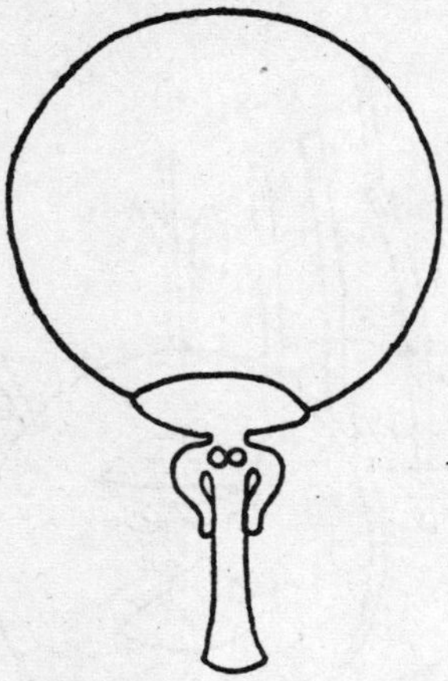
Abb. 22

Abb. 23

Abb. 24

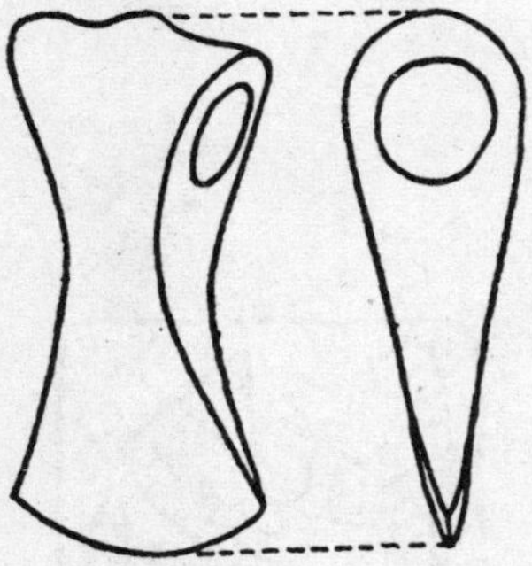
Abb. 25

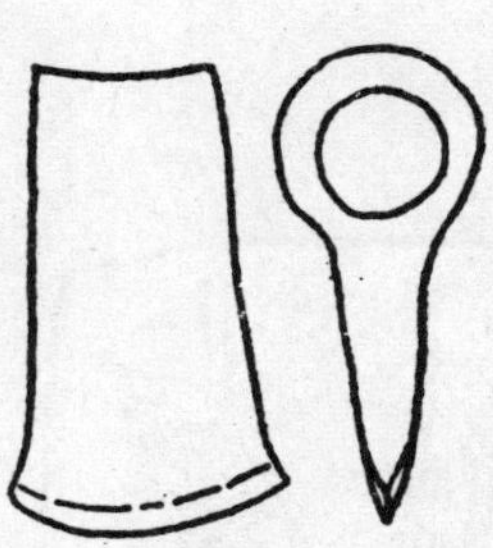
Abb. 26

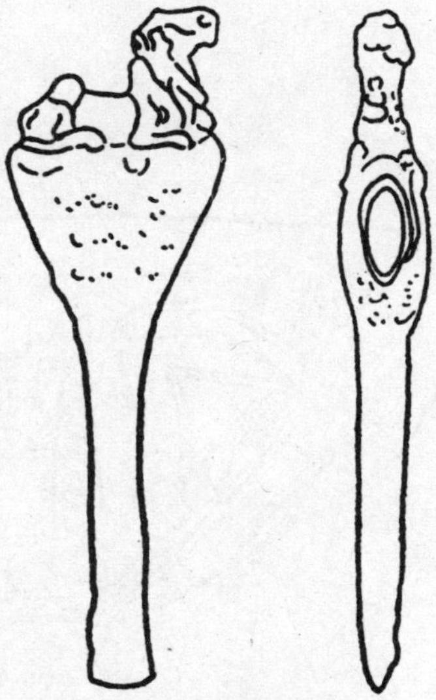
Abb. 27

Abb. 28

Abb. 29

Abb. 30

Abb. 31

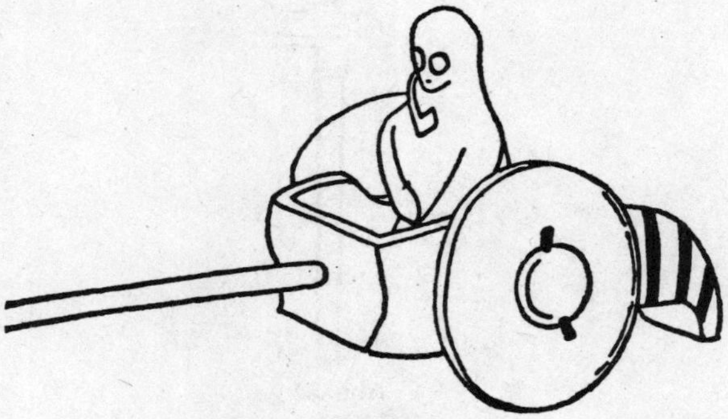

Abb. 32

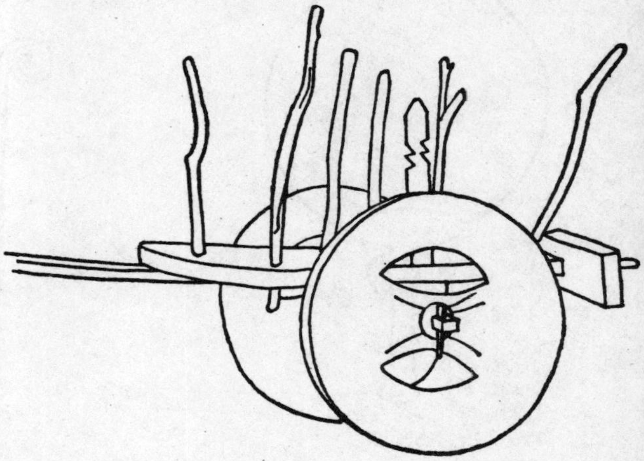

Abb. 33

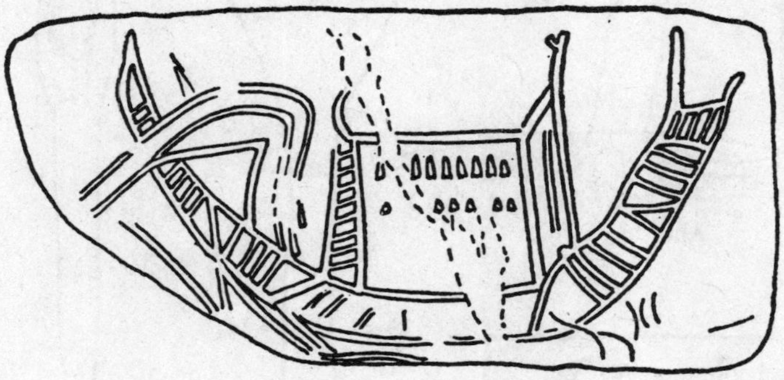

Abb. 34

Abb. 35

Abb. 36

Abb. 37

Abb. 38

Abb. 39

Abb. 40

Abb. 41

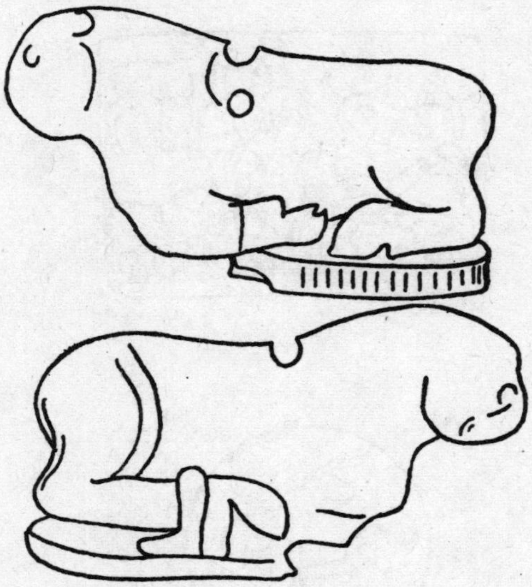

Abb. 42

Abb. 43

Abb. 44

Abb. 45

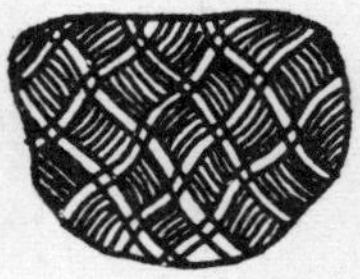

Abb. 46

Abb. 47

Abb. 48

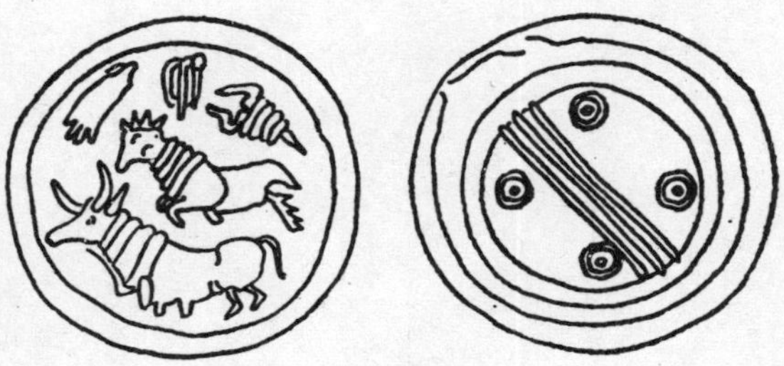

Abb. 49

Abb. 50

Abb. 51

Abb. 52

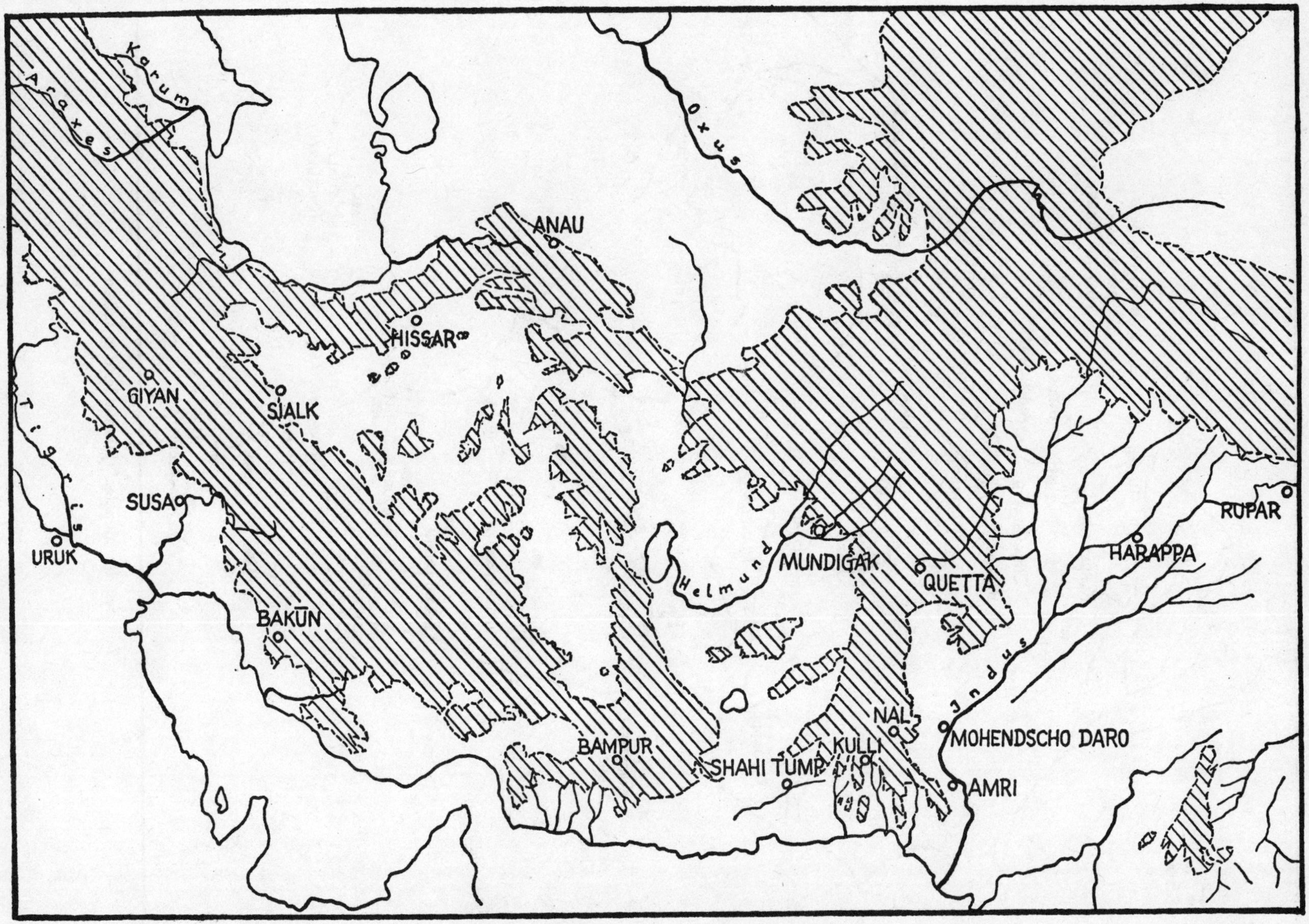

Das Territorium der iranischen und indischen Frühkulturen

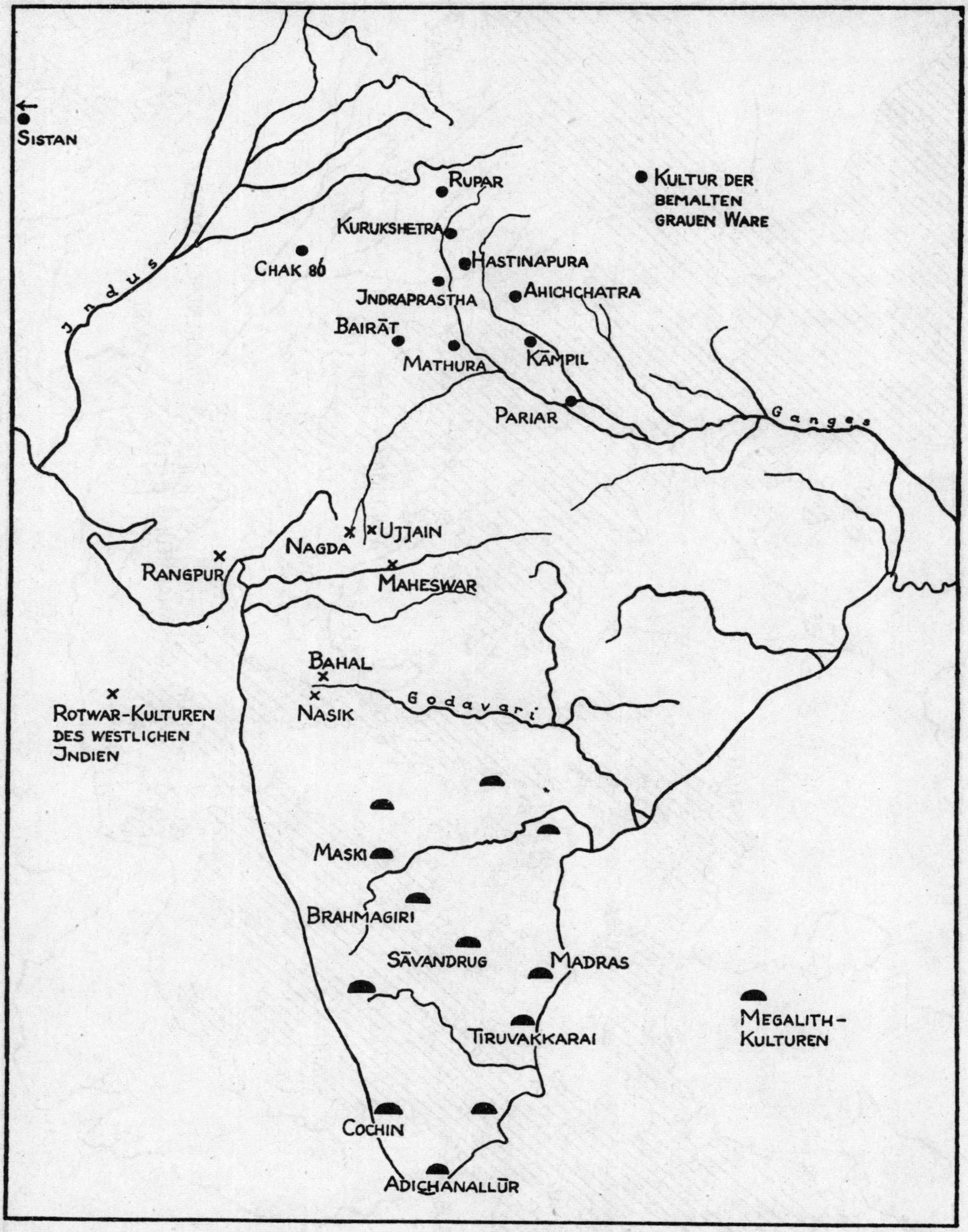

Kulturen der „dunklen" Jahrhunderte in Indien

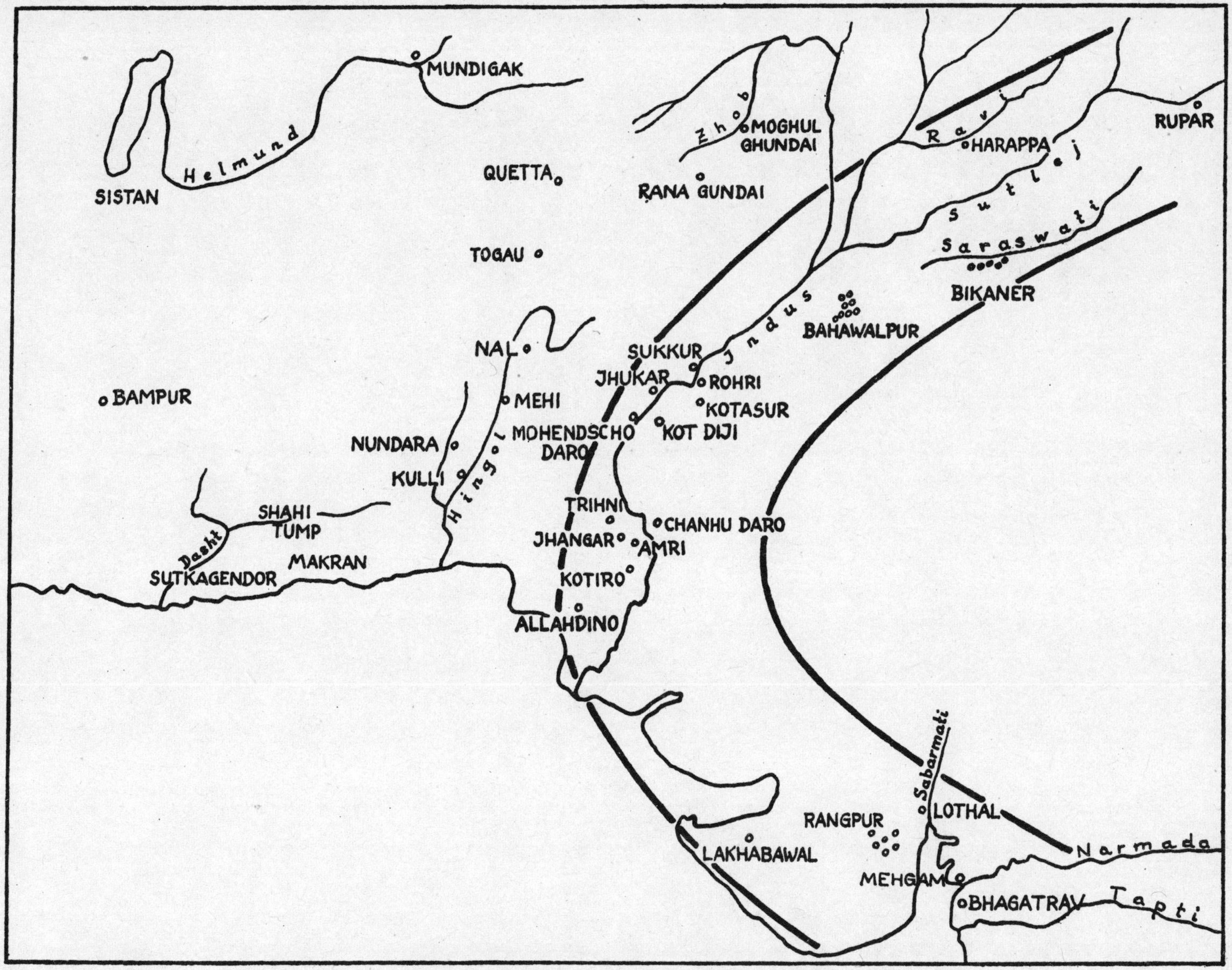

Fundorte der Harappakultur und benachbarter Kulturen

Erläuterungen zu Abb. 1–60

Abb. 1 Quetta Ware. Schwarze Bemalung auf lederfarbenem Überzug. Höhe 15,2 cm. – Nach Archaeology 1952, S. 103.

Abb. 2 Quetta Ware. Höhe ca. 24 cm. Schwarze Bemalung auf lederfarbenem Grund. – Nach Fairservis, Excavation in the Quetta Valley, S. 254, fig. 48.

Abb. 3 Rana Ghundai. Stier-Vase. Schwarze Bemalung auf lederfarbenem Grund. Rana Ghundai II. – Nach Journal of Near Eastern Studies, 1946, T XII.

Abb. 4 Tell Agrab, Diyala-Gebiet, Mesopotamien. Fragment einer Steinvase mit Darstellung eines indischen Buckelrindes. – Nach Illustrated London News, 12. 9. 1936.

Abb. 5 Mehi. Bemalte Gefäßscherbe. Angebundenes Buckelrind und Pipalbaum. Schwarze Bemalung. – Darstellung rekonstruiert nach Piggott, Prehistoric India, S. 103, Fig. 7..

Abb. 6/7 Nal-Gefäße bemalt mit Rapportmustern. Nach Piggott, Prehistoric India, S. 88.

Abb. 8 Harappa. Gefäßscherbe mit figürlicher Darstellung. Ein Fischer mit seinen Netzen. – Nach Archaeol. Survey of India, Annual Reports 1930/34, T. XXVII, b.

Abb. 9 Pfauendarstellung. Detail von einem Gefäß des Gräberfeldes H in Harappa. – Nach Vats, Harappa.

Abb. 10 Pfauendarstellung von einem Gefäß der Harappazeit aus Rangpur. – Nach Indian Archaeology, 1954/55, T. XII.

Abb. 11 Gefäßscherbe. Gräberfeld H, Harappa. Gereihte, wohl tanzende Figuren. – Nach Annual Reports, Arch. Survey India, 1930/34, T. 27.

Abb. 12 Dreiteiliges Gefäß der Jhangar-Stufe aus Chanhu Daro. – Nach Mackay, Chanhu Daro.

Abb. 13 Dreiteiliges Gefäß aus Shahi Tump. – Nach Archaeol. Survey of India, Memoir 43, T. XIII.

Abb. 14 Schwarz auf rot bemalte Tonware aus Jorwe. – Nach Ancient India Nr. 9, S. 99.

Abb. 15 Gefäße der schwarz auf rot bemalten Ware aus Nevasa. – Nach Indian Archaeology 1955/56, T. XVI.

Abb. 16 Tonstatuette einer Muttergöttin aus Periano Ghundai. – Nach Archaeol. Survey India, Memoir 37, T. IX.

Abb. 17 Muttergöttin-Statuette mit ausgeprägter Geschlechtssymbolik. Aus Periano Ghundai. – Nach Archaeol. Survey India, Memoir 37, T. IX.

Abb. 18 Muttergöttin. Tonfigur der Zhob-Kultur. Damb Sadaat. – Nach Archaeology 1952, S. 103.

Abb. 19 Damb Sadaat. Muttergöttin der Quetta-Kultur. – Nach Archaeology 1952, S. 103.

Abb. 20 Muttergöttin der Kulli/Mehri-Kultur. Aus Mehi. – Nach Archaeol. Survey India, Memoir 43, T. XXXI.

Abb. 21 Mohendscho Daro. Tonfigur einer Tänzerin vom Typus der Bronzefiguren. Höhe 10 cm. – Nach Mackay, Mohenjo Daro, 1938, T. LXXV, 5.

Abb. 22 Bronzespiegel der Kulli-Kultur. Das Gesicht der Griff-Figur ist zugleich das sich spiegelnde Gesicht des Benutzers, ca. 14 cm hoch. – Nach Piggott, Prehistoric India, S. 112.

Abb. 23 Doppelspiralnadel aus Chanhu Daro. Bronze. 10 cm. – Nach Mackay, Chanhu Daro, 1943, T. LXVIII.

Abb. 24 Harappa. Bronzestab mit figürlichem Aufsatz: Antilope und Hund. – Nach Vats, Harappa, 1940, Bd. II, T. CXXV.

Abb. 25 Schaftloch-Axt aus Chanhu Daro. Bronze. Vermutlich Jhukar-Periode, ca. 10 cm. Nach Mackay, Early Indus Civilizations, 1948, T. XXII, 1.

Abb. 26 Geschäftete Bronzeaxt aus Shahi Tump. – Nach Piggott, Prehistoric India, S. 219.

Abb. 55 Karte der Fundorte der Harappakultur und benachbarten Kulturen.

Abb. 56 Zitadelle und Wohnstadt von Mohendscho Daro. Schematische Skizze nach *Wheeler*. Dieser sowie der gegenüberstehende Stadtplan von Harappa zeigen die nahe Verwandtschaft der Stadtanlagen. Übereinstimmend sind Größe und westliche Lage der Zitadelle, abweichend der Standort der großen öffentlichen Bauten innerhalb bzw. außerhalb der Zitadelle. Die Ausgrabungen in Mohendscho Daro waren weit umfangreicher als die von Harappa, so daß die letztgenannte Stadt mit Ausnahme der Zitadelle, der nördlich dieser gelegenen Baulichkeiten und der südlich gelegenen Gräberfelder noch wenig bekannt ist. Die Anlagen beider Städte gehen auf die frühen Bauphasen, 1. Hälfte bis Mitte des dritten Jahrtausends v. u. Zt., zurück.

Abb. 57 Zitadelle und Wohnstadt von Harappa. Schematische Skizze nach *Wheeler*. Zur Stadtanlage s. Bemerkungen zu Abb. 56.

Abb. 58 Oben: Nashorn. Abdruck eines Specksteinsiegels aus Mohendscho Daro. 3,2 × 3,2 cm. Vor dem Nashorn befindet sich ein kleiner Futtertrog. – Foto: Püschel, nach Gipsabdruck, Archäologisches Museum, Universität Halle.

Unten: Mohendscho Daro. Siegelfragment mit Tigerdarstellung. 3,2 × ?? × 0,7 cm. Speckstein. – Foto: Püschel, nach Gipsabdruck, Archäologisches Museum, Universität Halle.

Abb. 59 Darstellungen des Einhorns auf Specksteinsiegeln aus Mohendscho Daro. Das untere Stück ist ausnahmsweise groß: 5,8 × 5,8 cm. – Fotos: Püschel, nach Gipsabdrücken im Archäologischen Museum, Universität Halle.

Abb. 60 Oben: Zweiköpfiges Mischwesen und Fisch. Mohendscho Daro. – Foto: Püschel, nach Gipsabdruck, Archäologisches Museum, Universität Halle.

Unten: Mohendscho Daro. Specksteinsiegel mit Wappendarstellung. 3 × 3 cm. Die Komposition ist streng symmetrisch aufgebaut und zeigt die Kombination eines Pipalbaumes und zweier „Einhorn"-Köpfe mit langen Hälsen. – Foto: Püschel, nach Gipsabdruck, Archäologisches Museum, Universität Halle.

Khajuraho

Khajuraho. 40 m hoher Turm (Sikhara) des Tempels Kandarija; links: Sikhara des Devi-Jagdamba-Tempels

Khajuraho. Kandarija-Tempel. SO-Seite

Khajuraho. Kandarija-Tempel. Nordseite Fassade

Khajuraho. Chitagrupta-Tempel. Dem Sonnengott Surja geweiht

Khajuraho. Lakshmana-Tempel. Aufgang (Vishnu)

Zwei Tonfiguren der frühindischen Muttergöttin

Zweirädriger Wagen aus Mohendscho Daro

Modell von Mohendscho Daro

Freigelegte Straße in Mohendscho Daro

Das große Bad von Mohendscho Daro

Ziegelgepflasterter Raum in Mohendscho Daro mit eingelassenen Ziegelbehältern

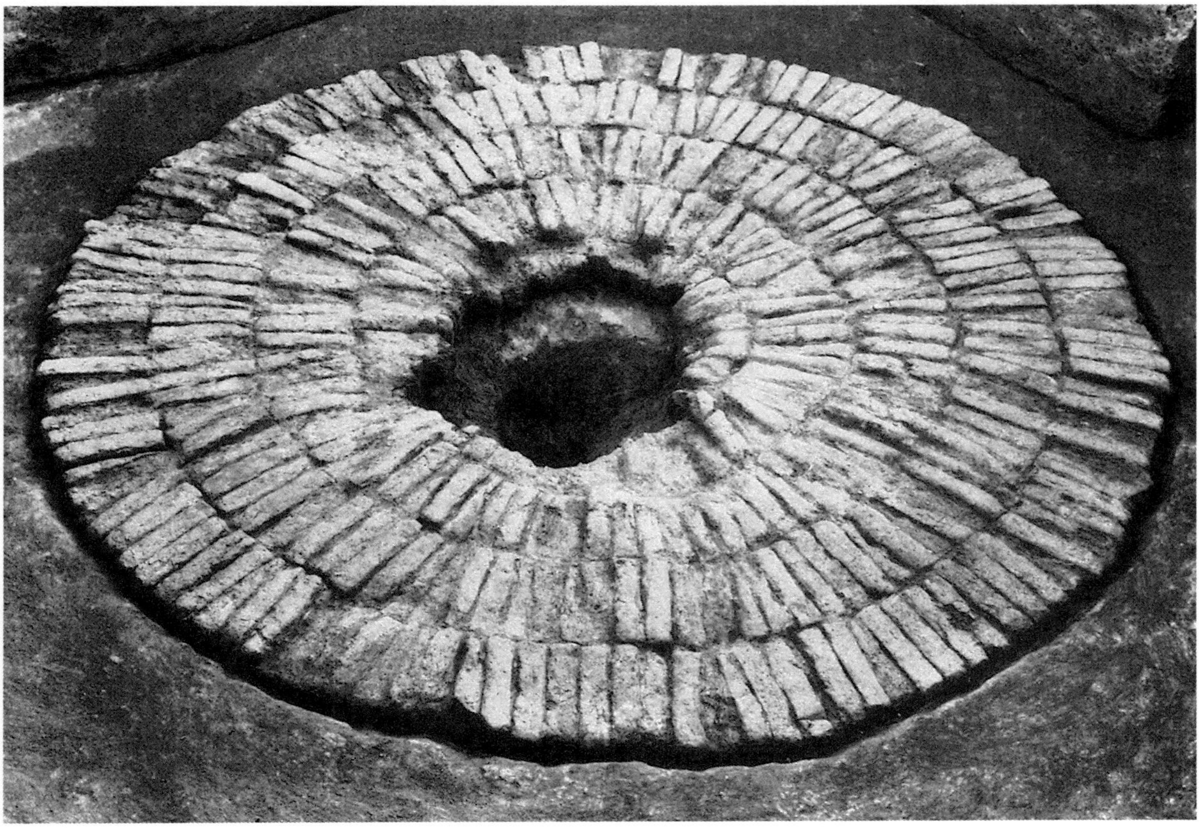

Runde Arbeitsplattform in Harappa

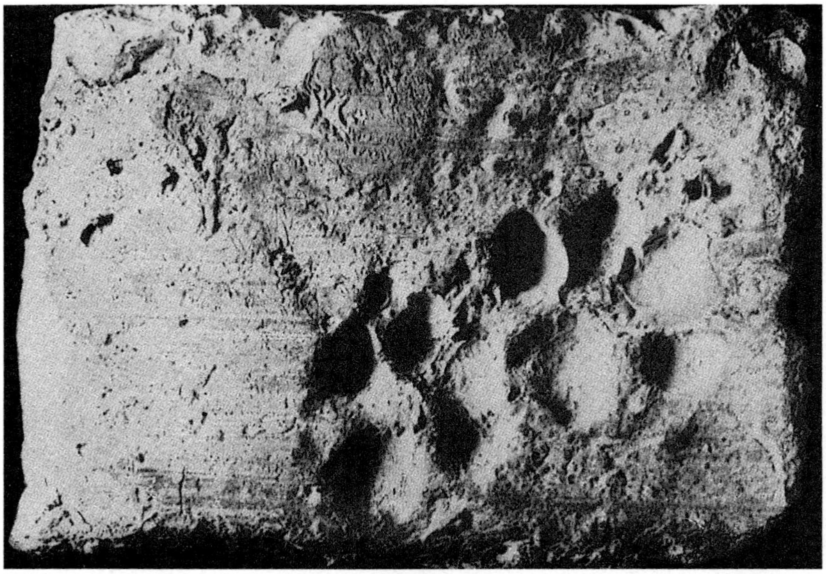

Ziegel aus Chanhu Daro mit Abdrücken von Tierpfoten

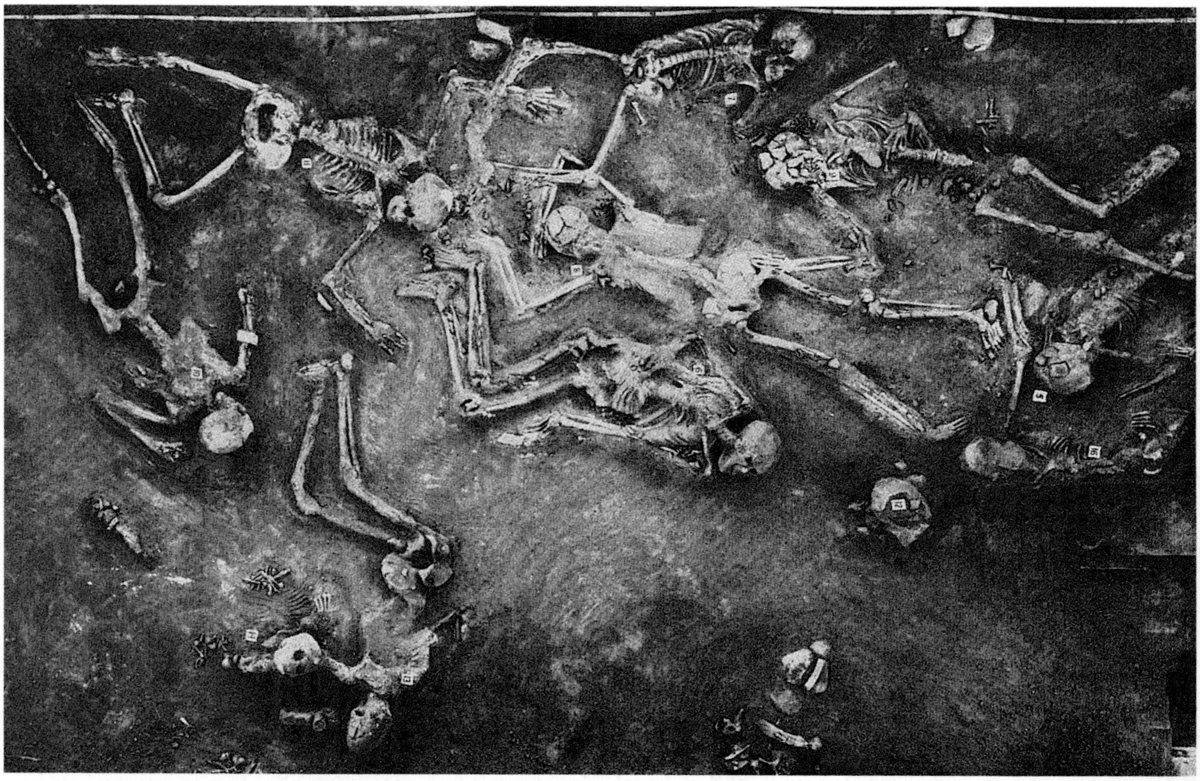

Skelette im Raum eines Hauses von Mohendscho Daro

Kot Diji. Steinfundamente der vorharappazeitlichen Zitadelle

Lothal. Ausgrabungsschnitt durch Lehmziegelplattformen

Kot Diji. Gesamtansicht des Fundhügels während der Ausgrabung

Aneinandergereihte kleine Lehmziegelhäuser in Lothal

Brunnen und ummauerte Abflußkanäle in Lothal

Khajuraho. Citagrupta-Tempel

Khajuraho. Citagrupta-Tempel. Seitenansicht

Khajuraho. Parswanatha-Tempel. Details. Weibliche Figur von Tempelfassade

Khajuraho. Visvanatha-Tempel

Khajuraho. Kali Devi-Tempel

Mahabalipuram. (Küsten-Tempel). Jalasayana-Tempel

Mahabalipuram. „Die Buße des Arjuna“

Mahabalipuram. Siehe T. 23

Lothal. Durch Gänge verbundene Lehmziegelsockel, vielleicht große Brennanlage

Mundigak. Das spätere Baumassiv

Mundigak. Die Palastfassade

Mundigak. Innenräume von Lehmziegelbauten des Tepe B

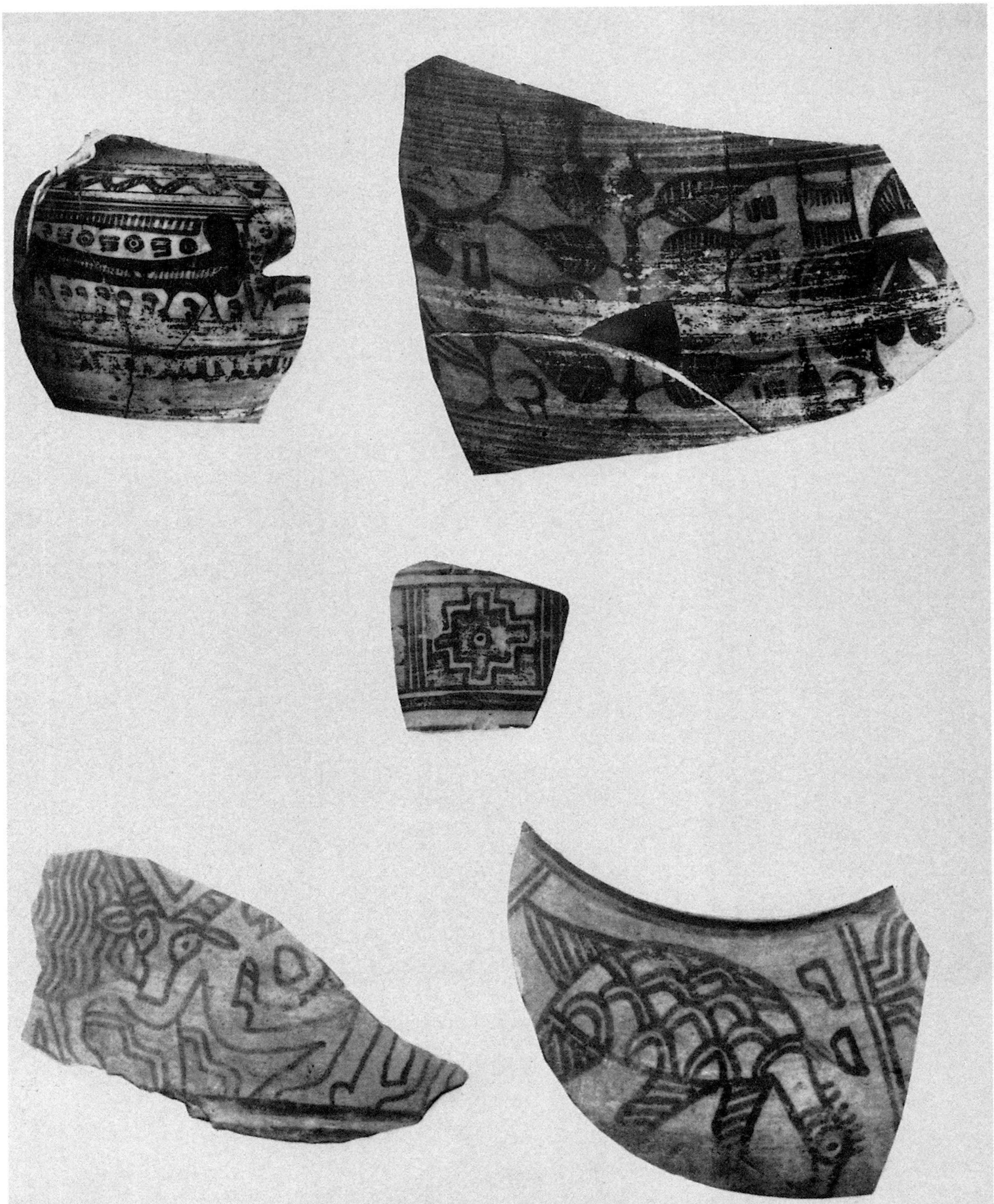

Oben: Buckelrinder und Pipalbaum auf Mehi-Scherben
Mitte und unten: Mit Stufenkreuz und Tieren bemalte Gefäßscherben der Nal-Kultur

Bemalte Harappavase

Kot Diji. Bruchstücke der älteren Tonwaren (Kot Diji-Kultur)

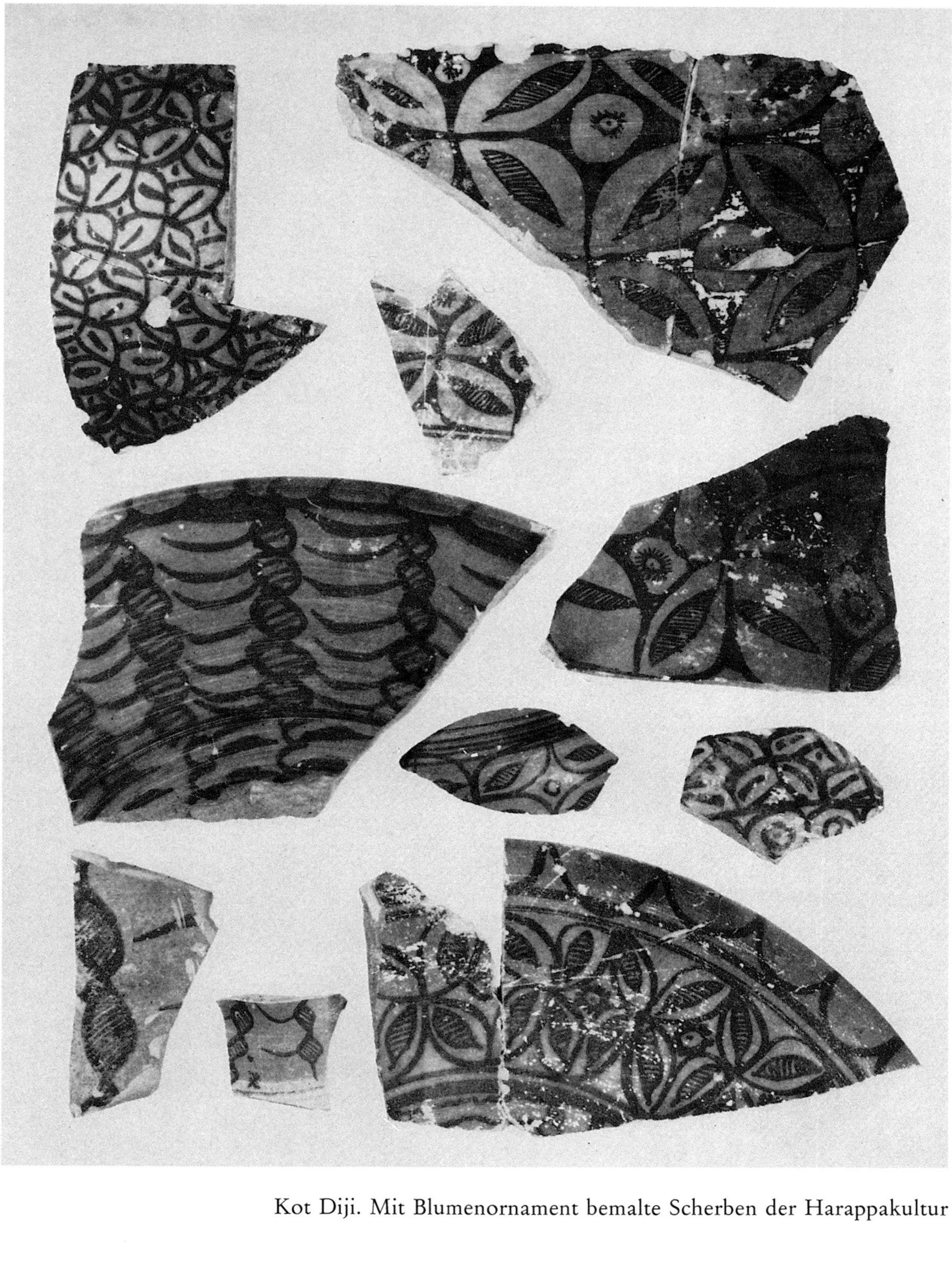

Kot Diji. Mit Blumenornament bemalte Scherben der Harappakultur

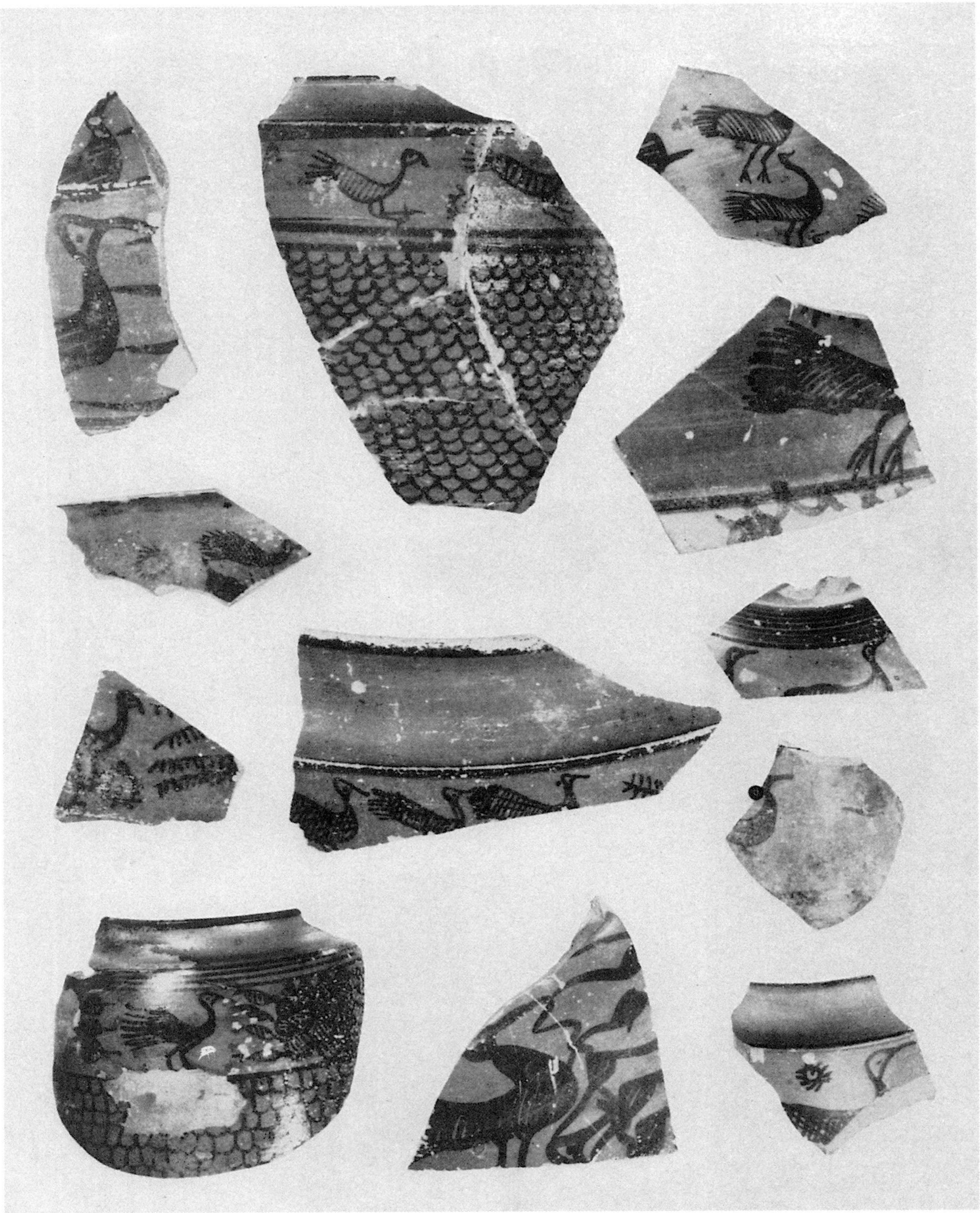

Kot Diji. Vogeldarstellungen auf Scherben der Harappakultur

Lothal. Miniaturgefäß mit Tierfries

Kot Diji. Große Vorratsgefäße der Harappazeit

Typische Gefäßscherben und Tongeräte aus Lothal

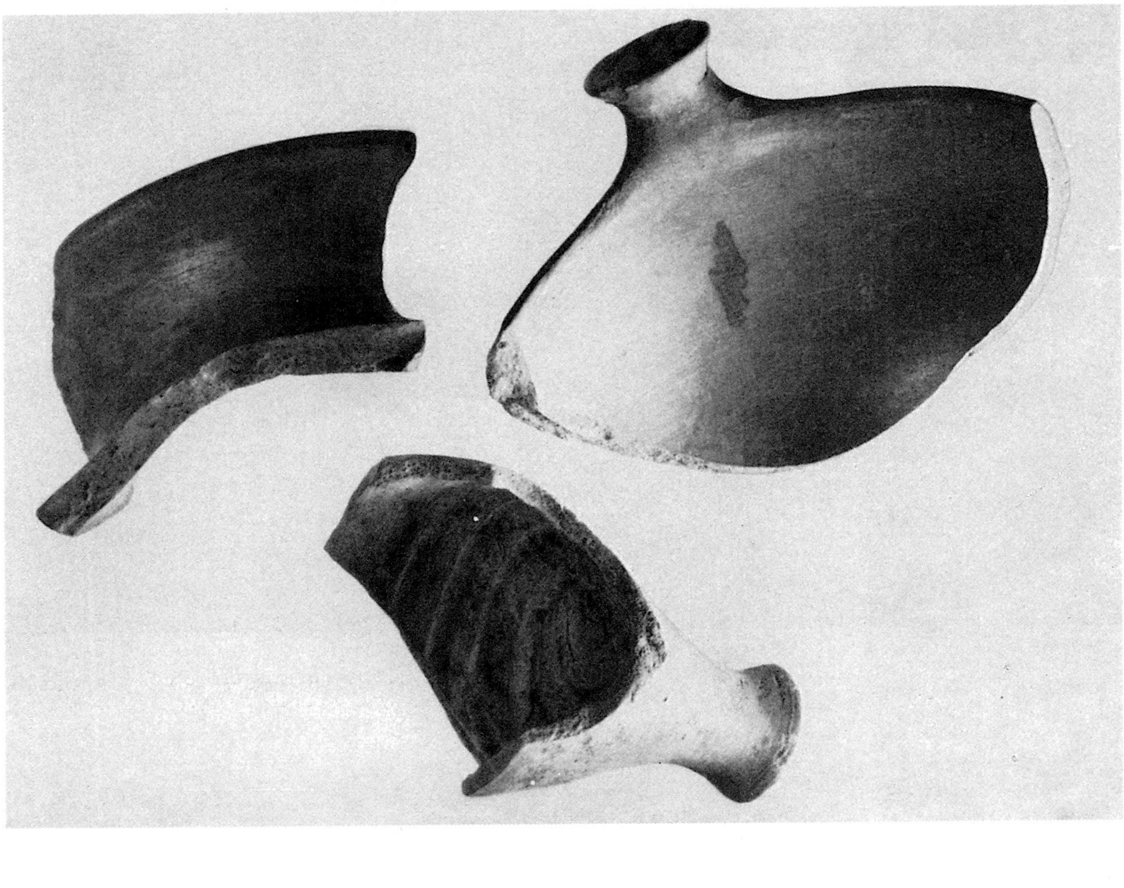

Mundigak. Mit Pipalblättern bemalte Tongefäße

Vögel, Schlangen und Bäume auf Scherben aus Lothal

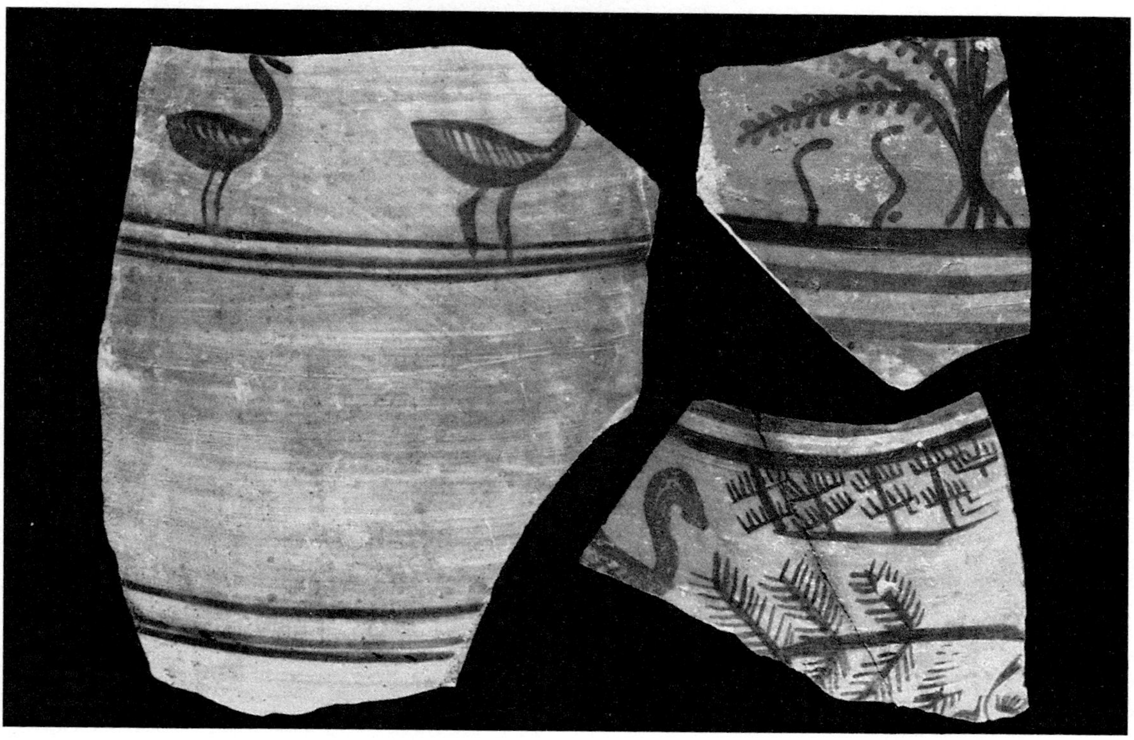

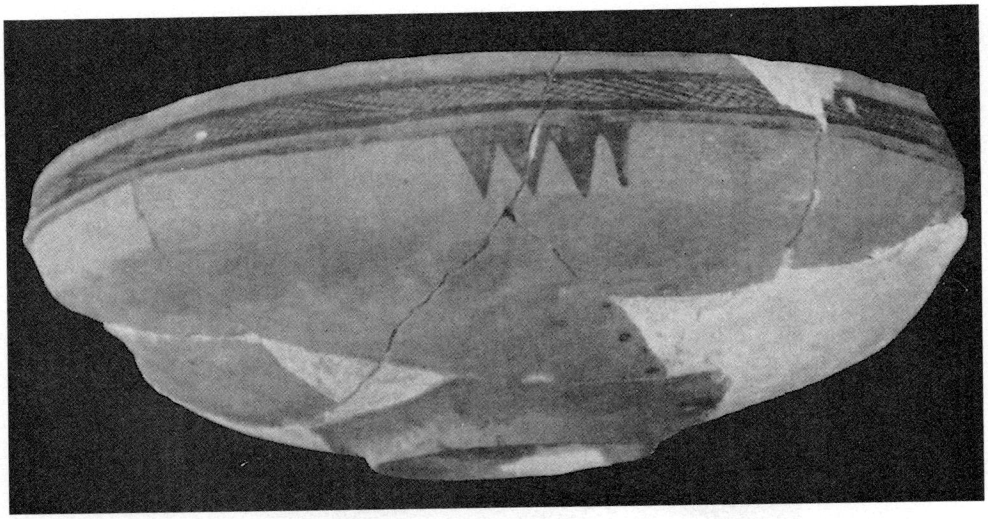

Mundigak. Ornamental verziertes Gefäß der Spätstufe

Bergziege vor Strauch, Gefäßbruchstück aus Mundigak

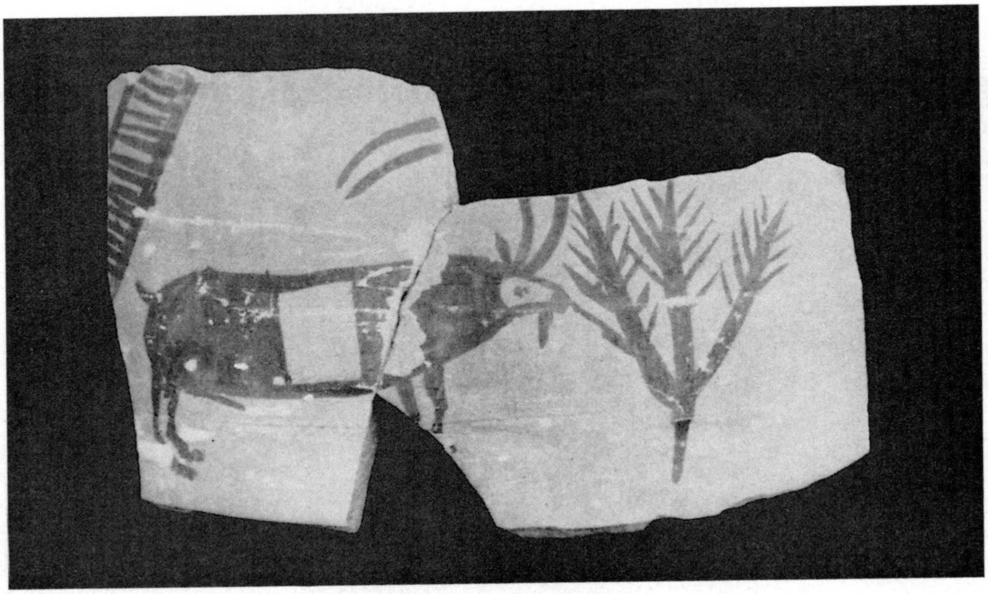

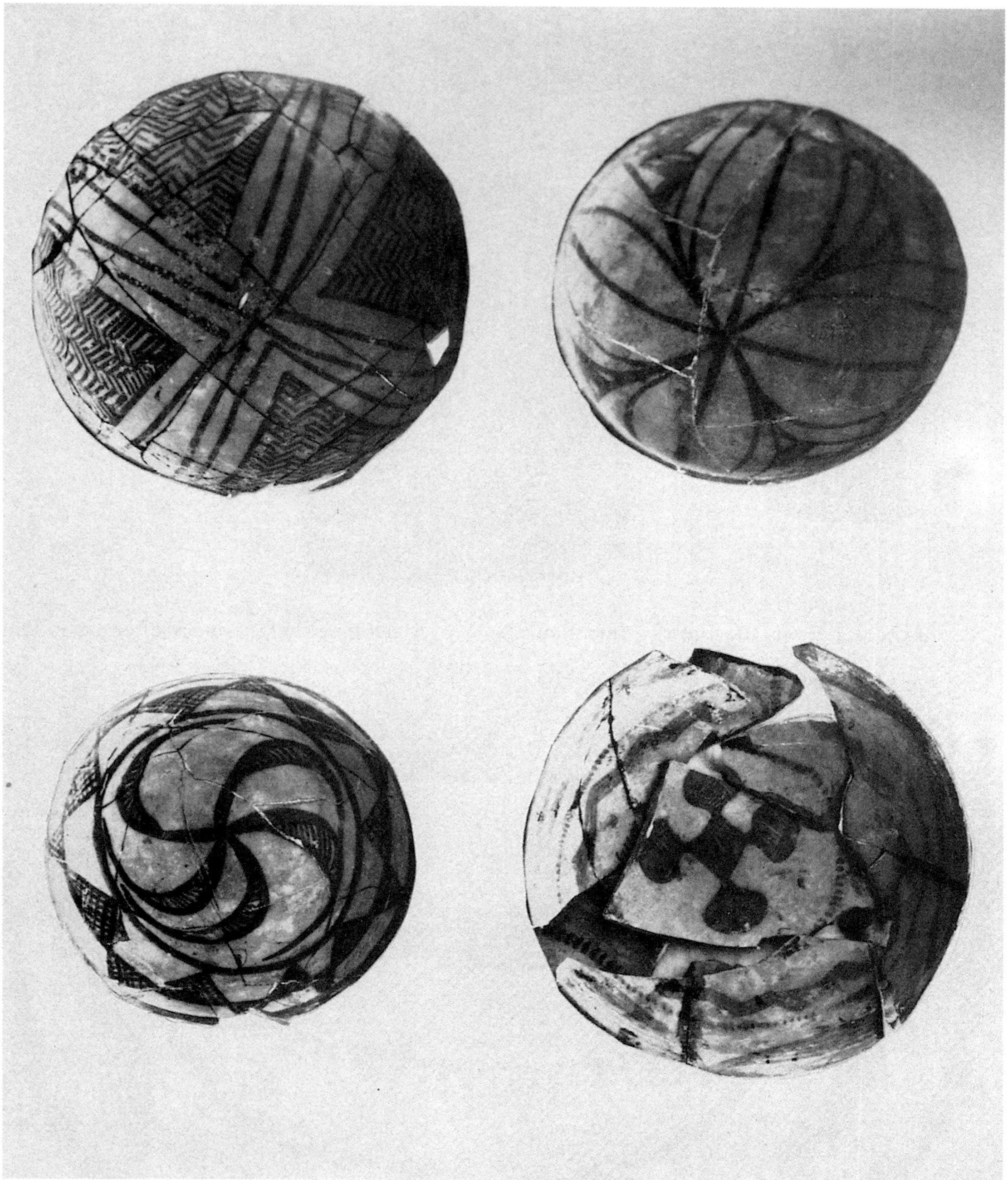

Bemalte Schalen aus Shahi Tump

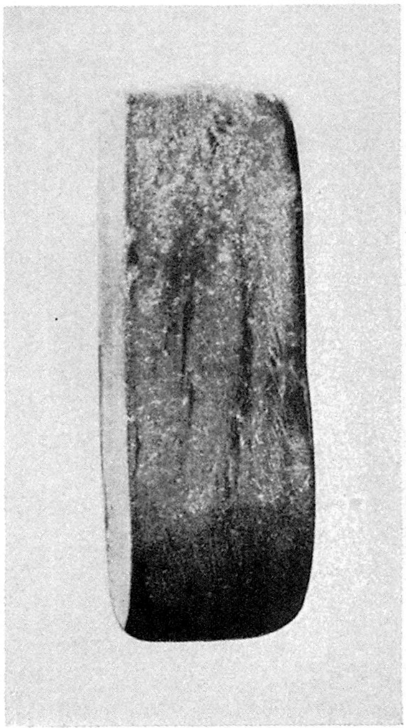

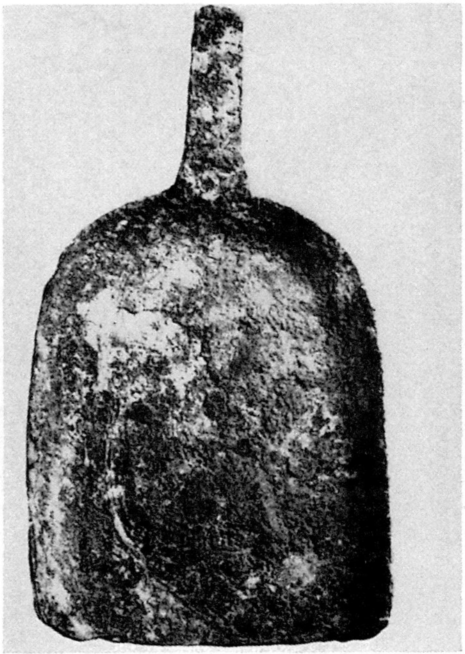

Chanhu Daro. Lippenstift und Kupferschaufel

Schmuckketten aus Mohendscho Daro

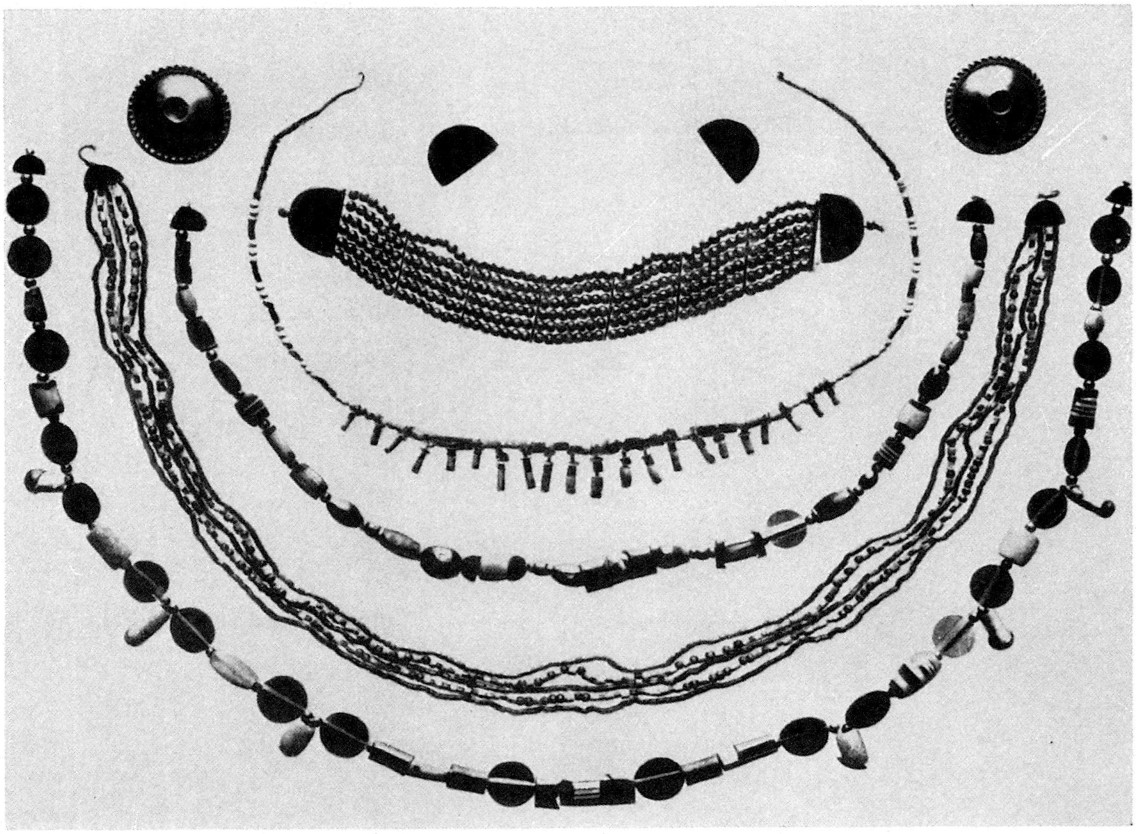

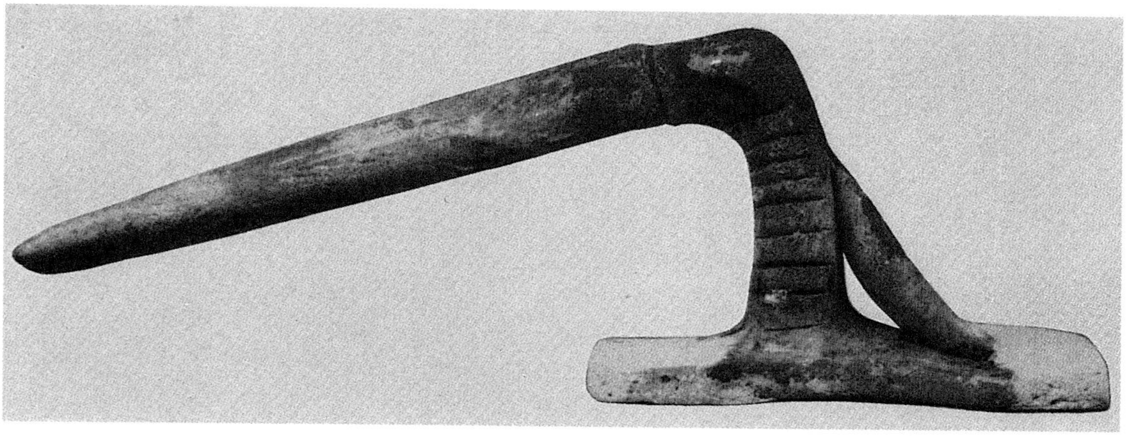

Tonmodell eines Pfluges (?) der Harappazeit

Spielsteine der Harappazeit

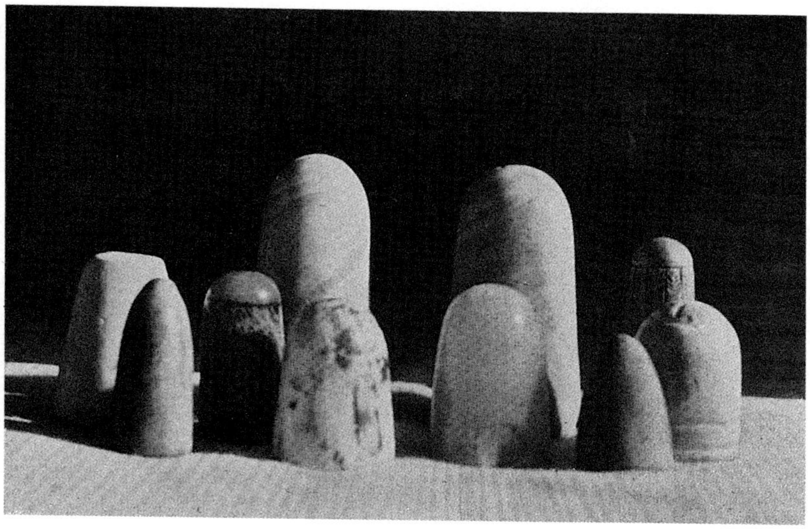

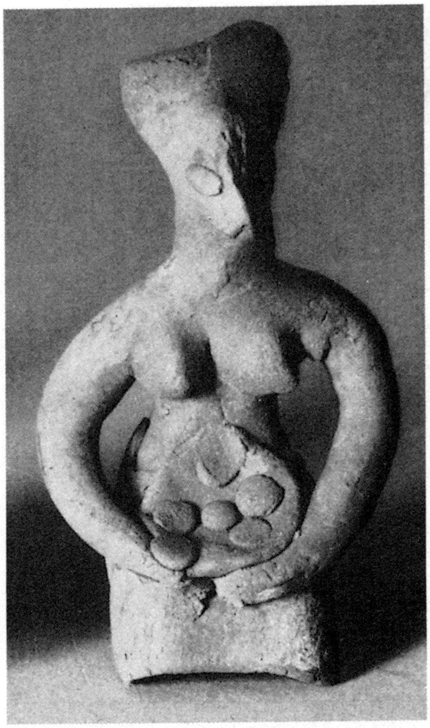

Tonfigur einer sitzenden Frau mit Brotkorb aus Mohendscho Daro

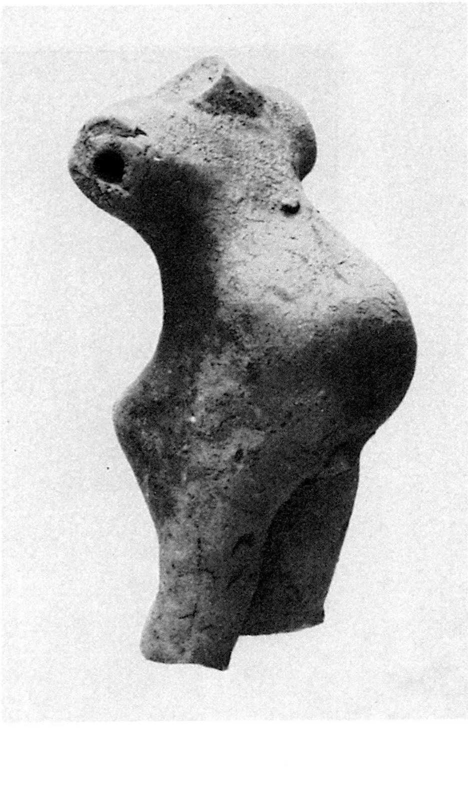

Chanhu Daro. Tonfigur eines Mannes

Belur. Chenna-Keshvara-Tempel

Belur. Chenna-Kehvara-Tempel. Elefantenfries

Belur. Chenna-Keshvara-Tempel

Belur. Chenna-Keshvara-Tempel

Belur. Chenna-Keshvara-Tempel

Belur. Hof des Chenna-Keshvara-Tempels

Belur. Vishnu-Tempel

Detail Gopuram

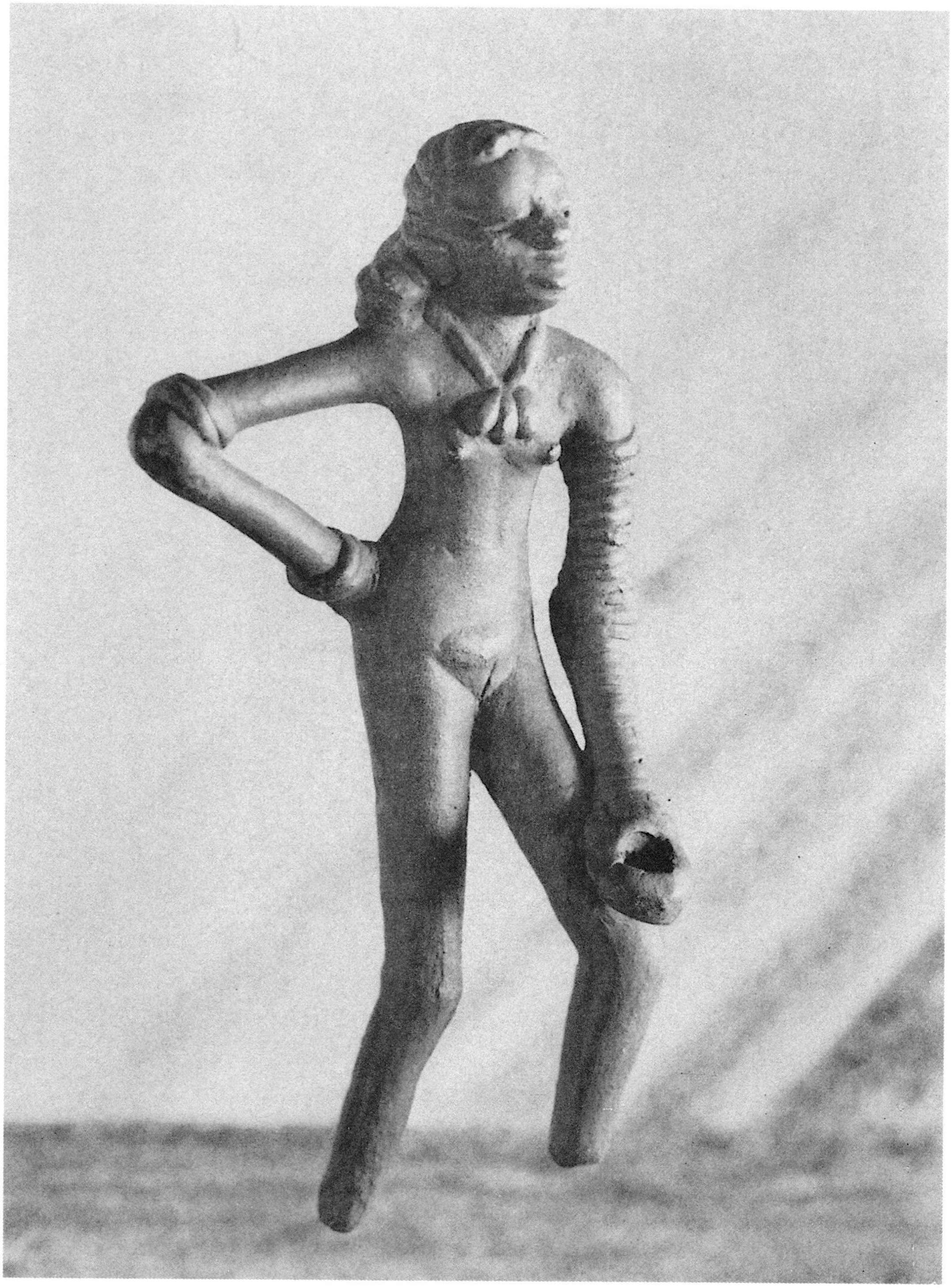

Bronzestatuette einer Tänzerin aus Mohendscho Daro

Specksteinbüste eines Mannes aus Mohendscho Daro

Harappa. Torso einer Statuette aus dunkelgrauem Schiefer (Rückenansicht)

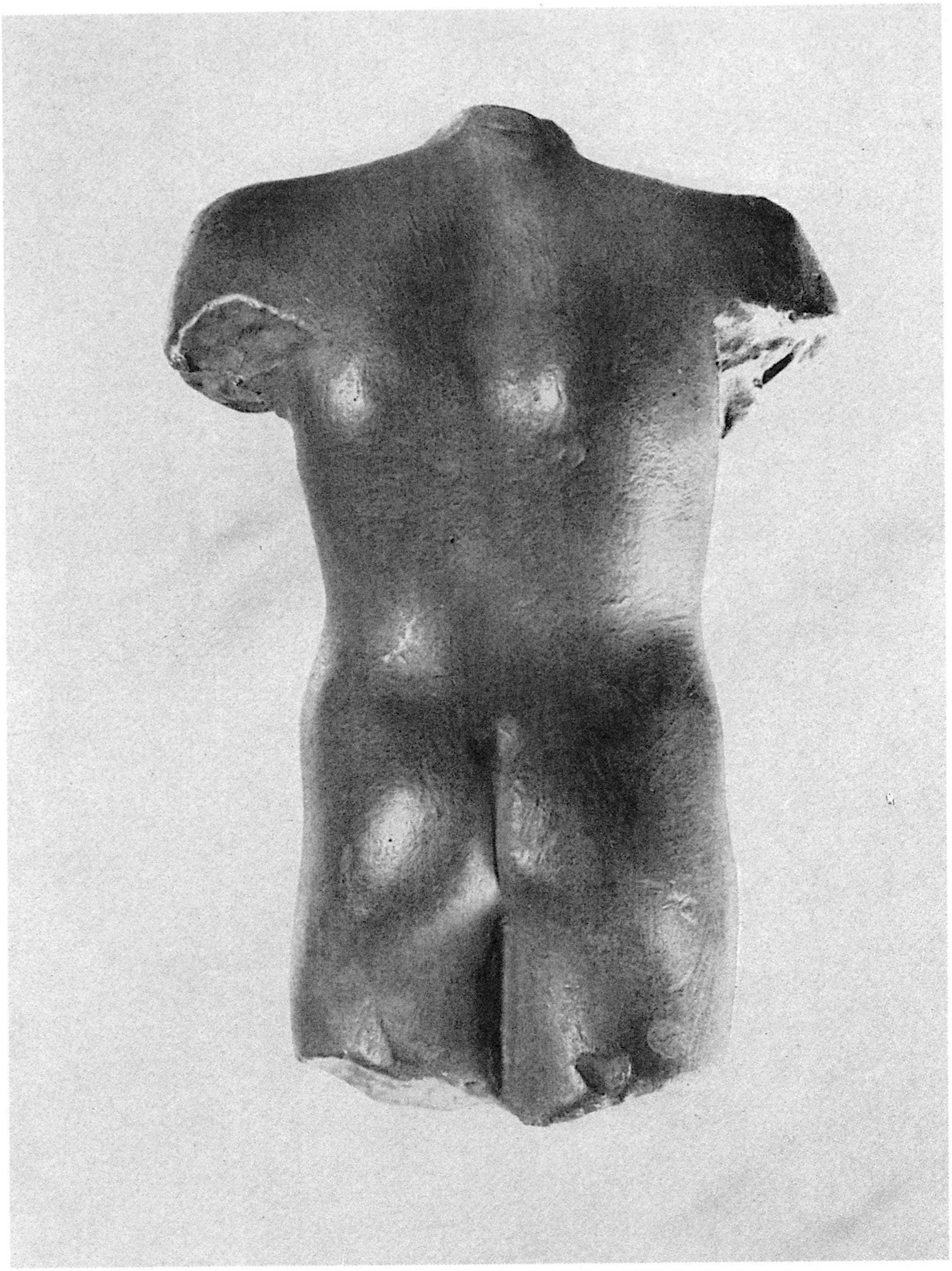

Harappa. Statuette eines nackten Mannes aus rotem Stein (Rückenansicht)

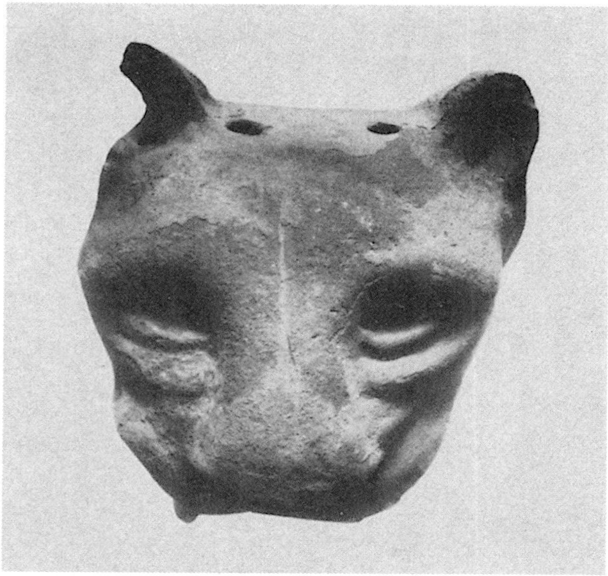

Raubtiermaske aus Mohendscho Daro

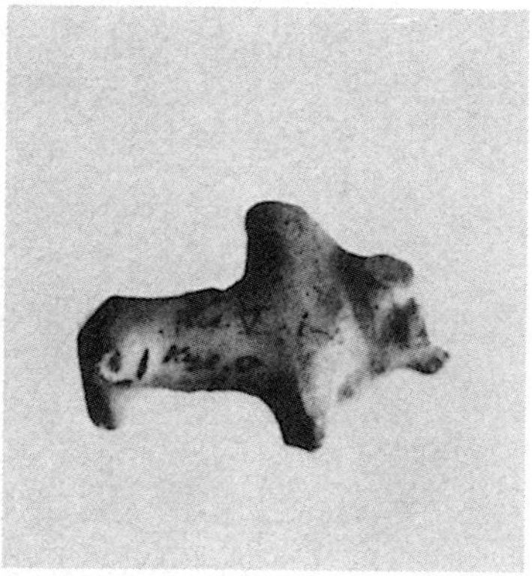

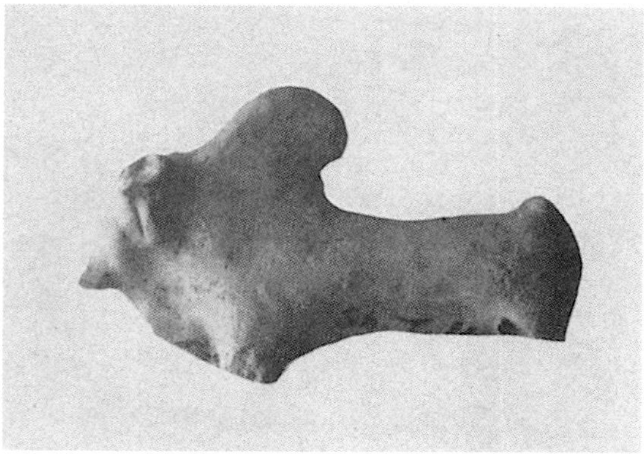

Buckelrinder aus Kulli und Shahi Tump

Büffel und kurzhörniges Rind, Tonfiguren aus Mohendscho Daro

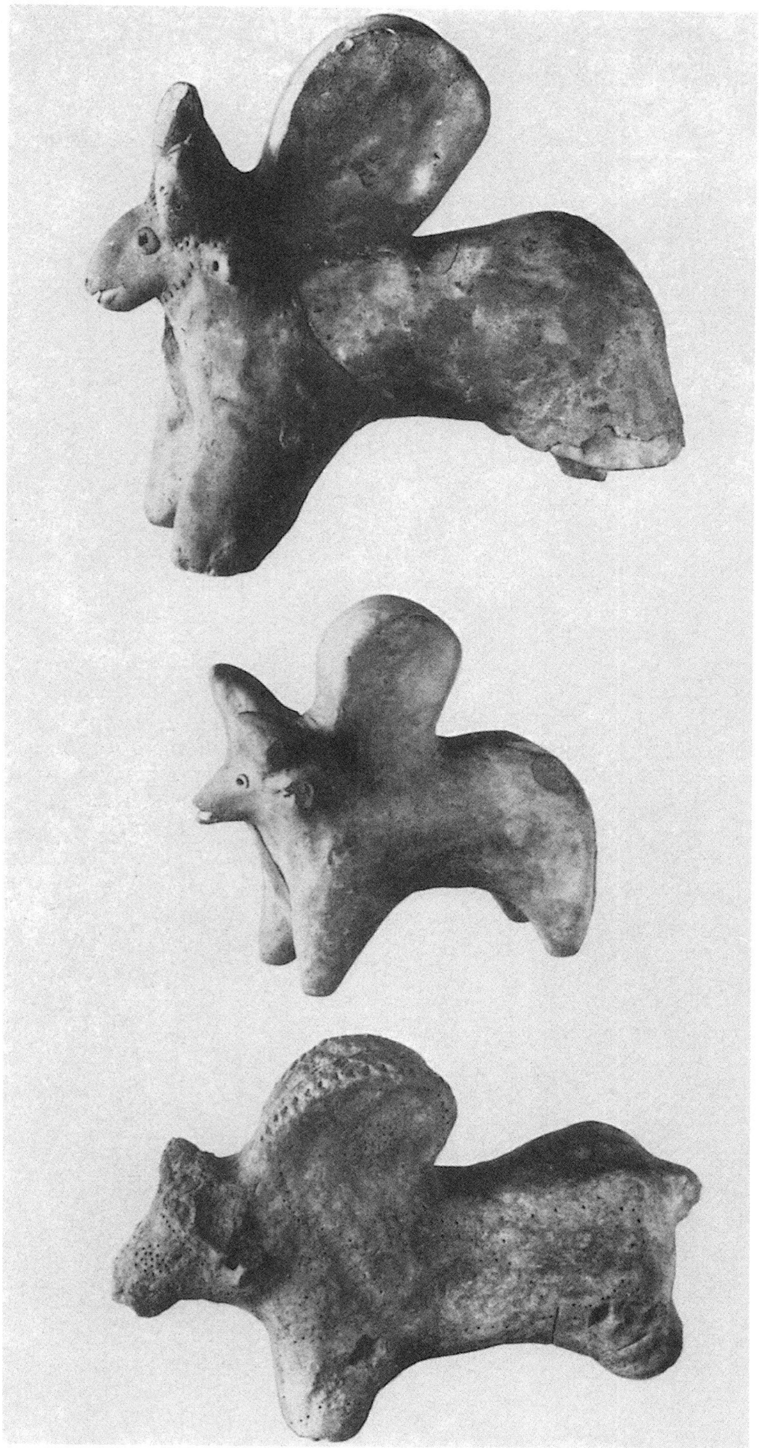

Mohendscho Daro. Tonfiguren von Buckelrindern

Hockendes Äffchen aus Mohendscho Daro

Fayencefigur einer Äffin mit Jungem aus Mohendscho Daro

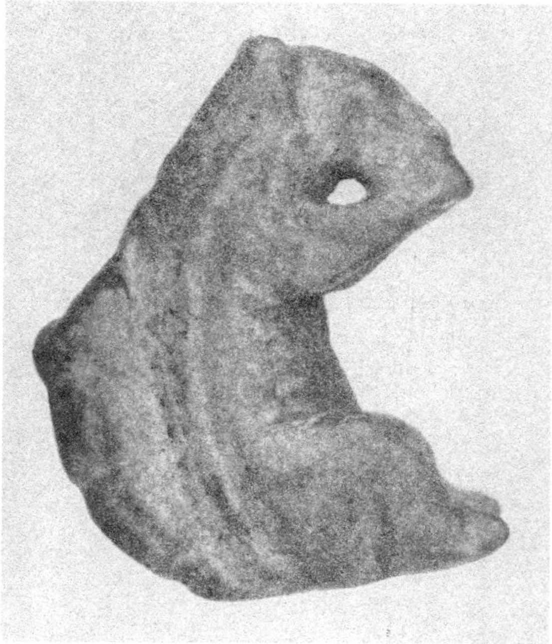

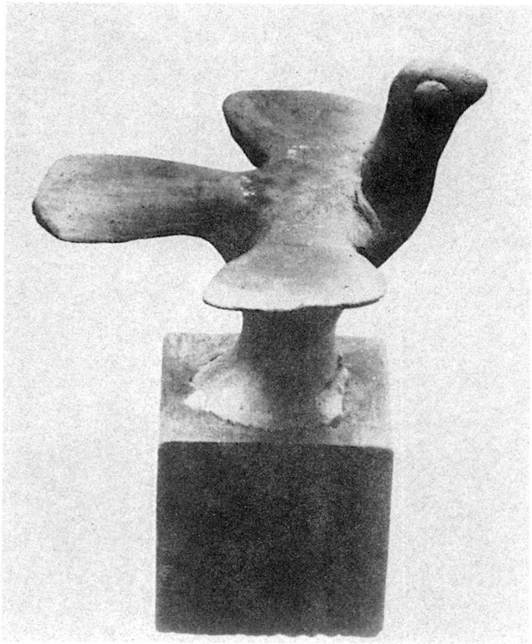

Fayence-Eichhörnchen und fliegende Taube auf Sockel, Mohendscho Daro

Taubenwägelchen

Bronze-Büffel aus Mohendscho Daro

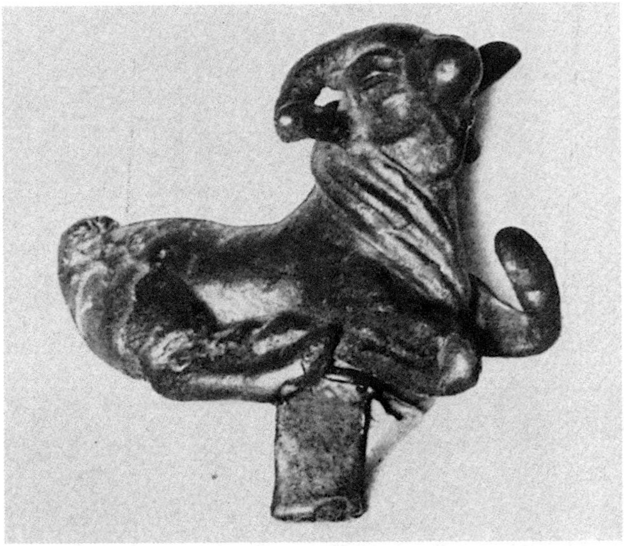

Bronzefigur einer Ziege, Mohendscho Daro

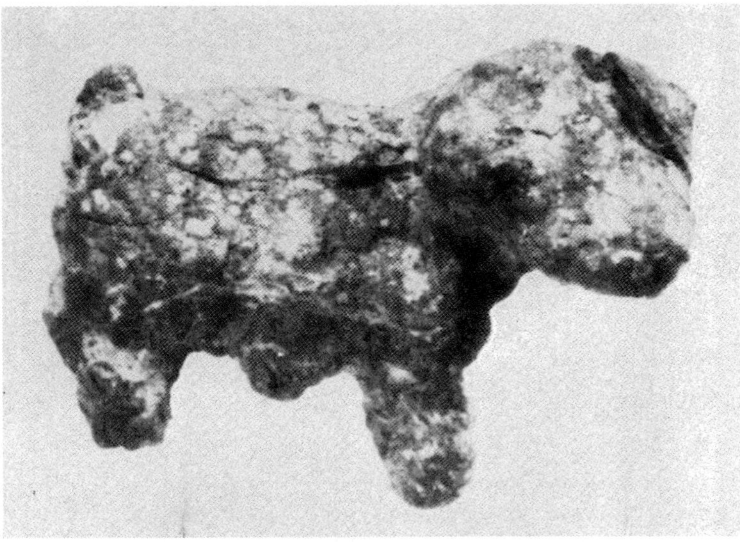

Lothal. Hund aus Kupfer

Specksteinsiegel mit Elefant, Mohendscho Daro

Abrollung eines Siegels aus Ur mit indischen Motiven

Abdrücke von Stempelsiegeln aus Ur. Kurzhörnige Stiere und Harappa-Schriftzeichen

Abdrücke von Stempelsiegeln aus Ur

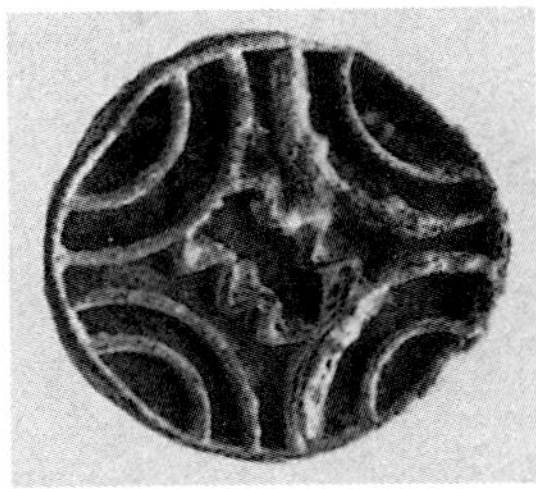

Marmorsiegel aus Mohendscho Daro, Jhukar-Periode

Siegel aus Shahi Tump und Chanhu Daro

Chanhu Daro. Gefäße der Jhangar-Stufe

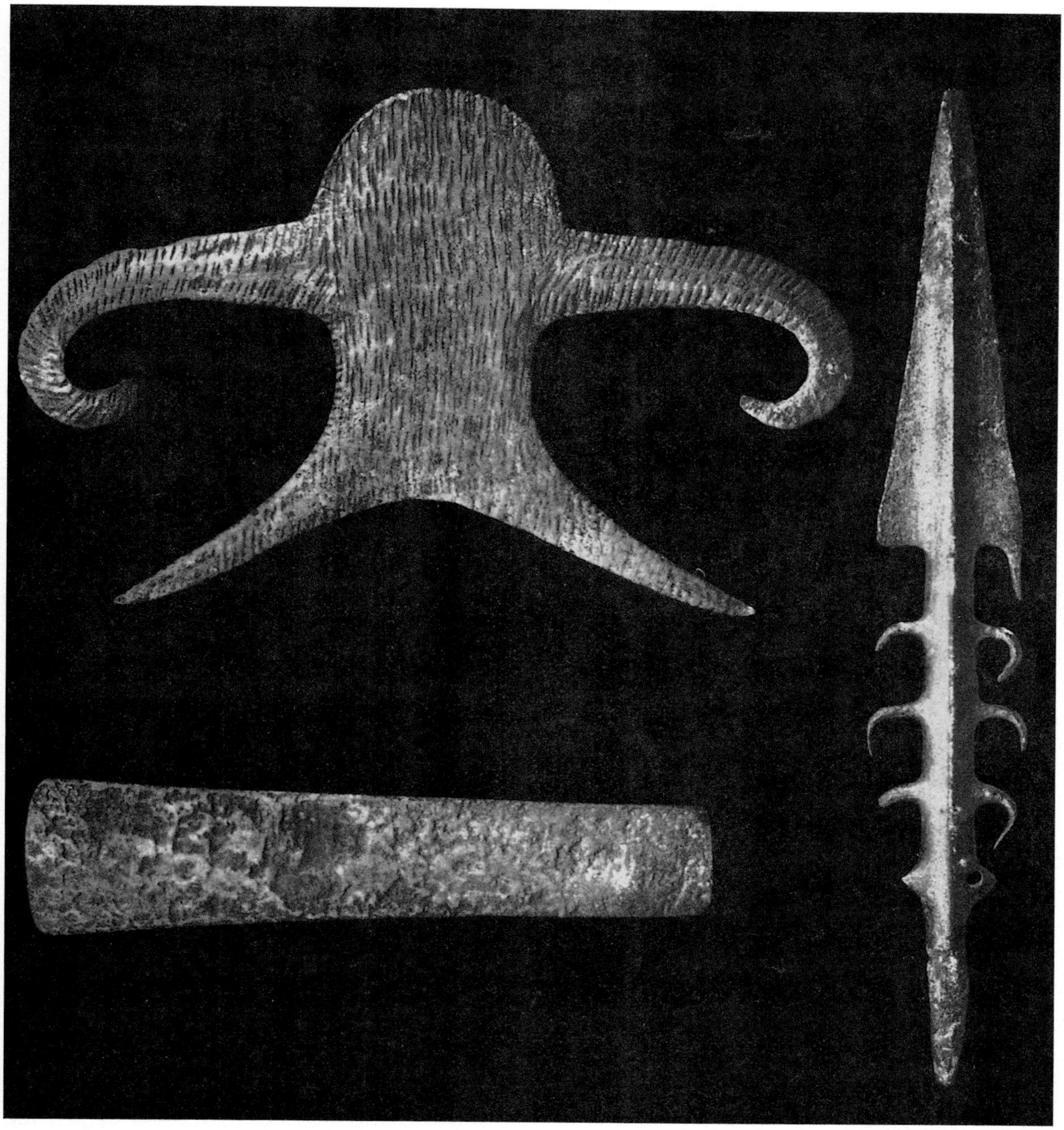

Bisauli. Idol, Harpune und Flachbeil aus Kupfer

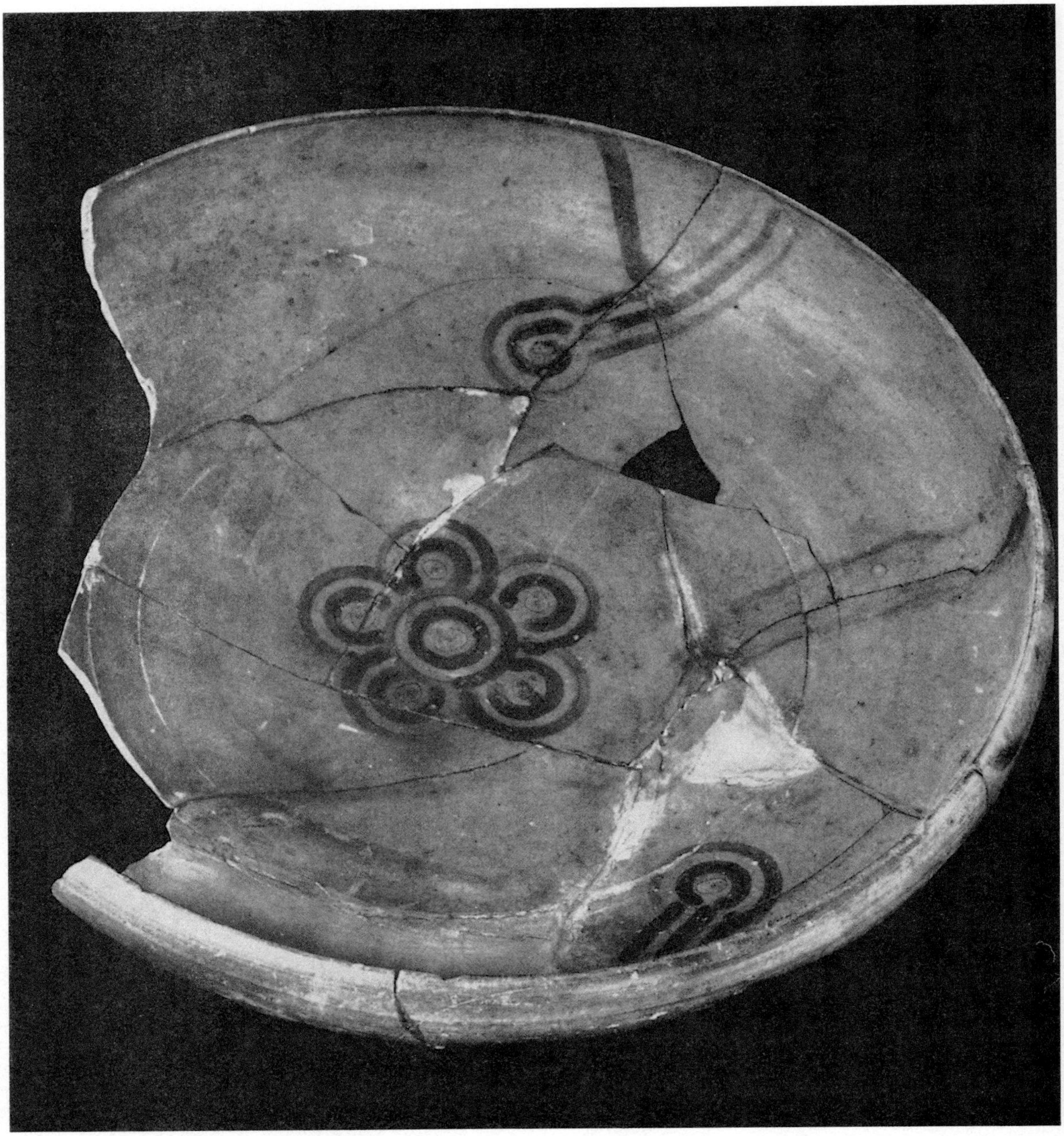

Ahichhatra. Bemalte graue Ware

Hastinapura. Scherben der bemalten grauen Ware

Nagda. Bronzefigur eines Leoparden auf Rädern

Rajgir. Teile der alten Befestigung

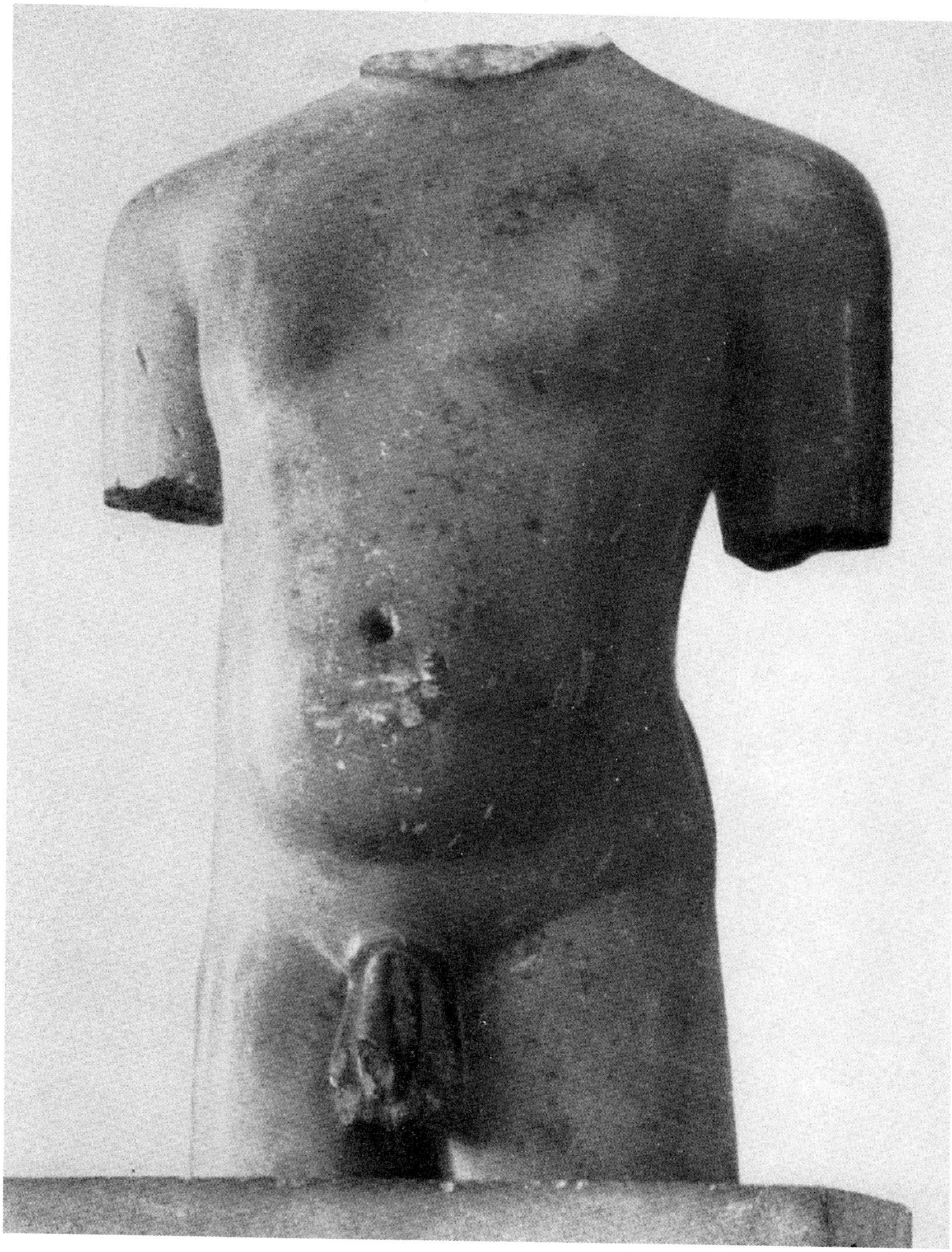

Lohanipur. Torso eines nackten Mannes

Parkham. Yaksha

Buckelrind und Elefant vom Aschoka-Kapitell in Sarnath

Statuette einer Muttergöttin. Mathura?

Rupar. Asket und Muttergöttin. Fragment eines Steinreliefs

Wedelträgerin von Didarganj

Links: Obstpflückerin. Reliefpfeiler. Mathura
Rechts: Yakshifigur auf einem Reliefpfeiler. Mathura

Erläuterungen und Quellennachweise der Abbildungen

An dieser Stelle möchte der Verfasser seinen Dank aussprechen für die Unterstützung, die er bei einigen Fachkollegen gefunden hat. Besonderer Dank gebührt dem Director General of Archaeology in India, Shri A. Ghosh, der den Besuch der neuen Ausgrabungsstätte in Lothal ermöglichte, sowie dem Leiter dieser Ausgrabungen Shri S. R. Rao. Für Abbildungen und Schriftenvermittlung besonderer Dank den Herren P. Aab, J. M. Casal, Walter A. Fairservis jr., G. Franz, Mainz, Shalil Ghosh und Subodh Chandra, Bombay, den Direktoren der Archäologischen Abteilungen in Afghanistan und Pakistan, den Direktoren der Museen in Bombay, Boston, British Museum London, Madras, Mathura, New Delhi und Patna. Für einige Aufnahmen dankt der Verfasser der Fotografin Eva Püschel und für die Zeichnungen Dr. G. Rühlmann, beide in Halle.

T. 1 Khajuraho. Aufnahme P. Aab/SVS Archiv 1984.

T. 2 Khajuraho. 40 m. hoher Turm (Sikhara) des Tempels Kandarija. links: Sikhara des Devi-Jagdamba-Tempels. Aufnahme P. Aab/SVS Archiv 1984.

T. 3 Khajuraho. Kandarija-Tempel. SO-Seite. Details, Aufnahme P. Aab/SVS Archiv 1984.

T. 4 Khajuraho. Kandarija-Tempel. Nordseite Fassade. Details. Aufnahme P. Aab/SVS Archiv 1984.

T. 5 Khajuraho. Chitagrupta-Tempel. Dem Sonnengott Surja geweiht. Aufnahme P. Aab/SVS Archiv 1984.

T. 6 Khajuraho. Lakshmana-Tempel. Aufgang (Vishnu). Aufnahme P. Aab/SVS Archiv 1984.

T. 7 Zwei Muttergöttinnen-Figuren, Prince of Wales Museum. Die beiden, vermutlich aus Mohendscho Daro stammenden Bildwerke sind stark ergänzt, original und wesentlich nur die Kopf- und bei der rechten Figur auch die Brustpartie. Beachtenswert ist der mächtige, fächerartige Kopfschmuck. Der Befestigung desselben dienende, um den Hinterkopf geschlungene Bänder bilden seitlich kleine Behälter. Beide Statuetten sind typisch für die in den Häusern der Industädte so zahlreichen Muttergöttin-Figuren, bei denen es sich, trotz der groben Ausführung, um Weihe- oder Kultbilder, nicht etwa um Kinderspielzeug handelt. Die Figur links ist etwa 19 cm hoch. – Foto: Subodh Chandra, Bombay/SVS Archiv 1982.

T. 8 Zweirädriger Wagen aus Mohendscho Daro. Die Holzteile dieses Tonmodells im Prince of Wales Museum, Bombay, sind ergänzt. Das speichenlose Scheibenrad ist noch heute in Sind gebräuchlich wie auch der Typus des zweirädrigen Wagens. – Foto: Subodh Chandra, Bombay/SVS Archiv 1982.

T. 9 Oben: Modell von Mohendscho Daro im Prince of Wales Museum, Bombay. Deutlich wird links im Bild die Anlage des Großen Bades mit dem Blick nach Norden, zum Flußbett hin. Rechts einige größere Häuser des Stupa-Bezirks. Rekonstruktion der Aufbauten ist hier nicht versucht worden. – Foto: Subodh Chandra, Bombay.

Unten: Freigelegte Straße in Mohendscho Daro. Das Bild zeigt die „Erste Straße" im DK-Bezirk von Norden her aufgenommen. Die lang andauernde Besiedlung der Stadt zeigt sich in den übereinanderliegenden Niveaus der Straßen besonders deutlich. Auch die zusätzlichen Aufbauten an den Häusermauern werden sichtbar. Hier handelt es sich um das Niveau Intermediate II. – Foto: Department of Archaeology, Government of India./Abb. T. 9,10: SVS Archiv 1982.

T. 10 Das große Bad. Mohendscho Daro. Oben: Vor der Wiederherstellung. – Foto: Department of Archaelogy, Government of Pakistan. Unten: Heutiger Zustand. – Prof. Dr. Franz, Mainz. – Dieses imposante Bauwerk hat eine Länge von ca. 53 m und eine Breite von 32,5 m. Um das zentrale Bad sind Fluchten von kleineren Räumen angelegt, teils Aufenthalts- und separate Baderäume. Mehrmals führen Treppen zu einem zweiten, nicht erhaltenen Stockwerk. In einem Raum im Osten befindet sich ein Brunnen, westlich des Bades führt ein fast 2 m hoher gewölbter Ziegelgang das Wasser den westlichen Zitadellenhang hinab. Das Bad selbst ist ca. 12 × 7 m groß und ca. 2,50 m tief. Die Wasserundurchlässigkeit des Bades war gesichert durch eine doppelte Lehmziegelmauerung mit einer 2,5 cm dicken Bitumen-Zwischenschicht. Diese Badeanlage aus dem 3. Jahrtausend v. u. Zt. ist ohne Parallelen. An technischer Perfektion findet sich ähnliches erst in römischer Zeit.

T. 11 Oben: Ziegelgepflasterter Raum in Mohendscho Daro mit eingelassenen Ziegelbehältern. Der Raum hat im ganzen 5 kegelförmige, mit keilartig geformten Ziegeln ausgelegte Vertiefungen. Hier konnten große Gefäße aufgestellt werden, und man hat diesen Raum daher als Restaurant, aber auch als Färberei erklärt. Die Ziegelpflasterung besteht aus hochkant gestellten Ziegeln. – Foto: Department of Archaeology, Government of Pakistan.

Unten: Runde Arbeitsplattform in Harappa. 18 solcher Plattformen sind nördlich der Zitadelle von Harappa freigelegt worden. Vier konzentrische Kreise von hochgekanteten Ziegeln lassen in der Mitte Raum frei für einen hölzernen Mörser, in dem das Getreide gestampft wurde. In einer dieser Öffnungen sind noch Reste von verbranntem Weizen und Gerstespreu gefunden worden. Der Durchmesser der Arbeitsplattformen betrug etwa 3,30 m. – Foto: Department of Archaeology, Government of India.

T. 12 Oben: Ziegel aus Chanhu Daro mit Abdrücken von Tierpfoten. Hund und Katze einander verfolgend. Die ungebrannten Ziegel wurden zum Trocknen ausgelegt, und es konnte vorkommen, daß Tiere über sie hinwegliefen und Abdrücke der Pfoten hinterließen. – Nach Mackay, Chanhu Daro, T. LXXXVI, b, 11.
Unten: Skelette im Raum eines Hauses der südlichen Wohnstadt von Mohendscho Daro. Hier sind in unbestatteter Lage die Skelette von 13 Erwachsenen, Männern und Frauen, und einem Kind gefunden worden. Vermutlich handelte es sich um eine Niedermetzelung der Hausbewohner in der spätesten Siedlungsphase der Stadt. *Wheeler* spricht von dem „letzten Massaker". – Foto: Department of Archaeology, Government of Pakistan.

T. 13 Oben: Kot Diji. Stein-Fundamente der älteren Zitadelle der Kot-Diji-Kultur sowie über diese hinwegführende Lehmziegelmauer. Der Steinsockel der alten Befestigung ist über 3 m hoch. – Foto: Department of Archaeology, Government of Pakistan.
Unten: Lothal. Ansicht der Plattformen. Der Ausgrabungsschnitt läßt zwischen den stehengebliebenen Erdwänden und Stegen das alte Lehmziegelmauerwerk erkennen. Die großen Lehmziegel-Plattformen von Lothal dienten nach Auffassung des Ausgräbers *S. R. Rao* dem Schutz vor Überschwemmungen. – Foto: Department of Archaeology, Baroda.

T. 14 u. T. 15 Kot Diji. Fundhügel während der Ausgrabung. Der Ruinenhügel hat eine Höhe von ca. 13 m und eine Länge von nicht ganz 200 m. Der Ausgräber hat etwa 20 Siedlungsphasen unterschieden, die wenigstens zwei unterschiedliche Kulturen repräsentieren, von denen die obere der Harappa-Kultur entspricht, die untere nach dem Fundort als Kot-Diji-Kultur bezeichnet wurde. – Foto: Department of Archaeology, Government of Pakistan.

T. 16 Oben: Lothal. Eine Reihe einfacher Lehmziegelhäuser. In den meisten Häusern, die an Größe denen von Mohendscho Daro weit nachstehen, fanden sich rund oder rechteckig gemauerte Feuerstätten, in denen Asche und dreieckige Tonkuchen gefunden wurden. Jedes Haus besaß ein Bad und eine Abzugsöffnung, außerhalb derer sich als Abschluß einer Kanalisation der tönerne Abfallkübel befand. Beachtenswert ist auch die gradlinige Reihung der Häuser, die hier, wie in Mohendscho Daro und Harappa, auf sorgfältige Planung und kommunale Kontrolle hinweist. – Foto: Department of Archaeology, Baroda.
Unten: Lothal. Brunnen und ummauerte Abflußkanäle. Der runde Brunnen rechts hat eine Tiefe von beinahe 8 m. – Foto: Department of Archaeology, Baroda.

T. 17 Khajuraho. Citagrupta-Tempel. Aufnahme P. Aab/SVS Archiv 1984.

T. 18 Khajuraho. Citagrupta-Tempel. Seitenansicht. Aufnahme P. Aab/SVS Archiv 1984.

T. 19 Khajuraho. Parswanatha-Tempel. Details. Weibliche Figur von Tempelfassade. Ein Ausschnitt aus einer Teilansicht. An den Hindu-Tempeln von Khajuraho (Mittelalter) befinden sich Tausende von Skulpturen. Die Kontinuität indischen Kunstempfindens, insbesondere in bezug auf die Darstellung der Frau, wird somit aufgezeigt. Vgl. T. 1, 2, 3, 4. 5, 6, 17, 18, 20, 21. Aufnahme P. Aab/SVS Archiv 1984.

T. 20 Khajuraho. Visvanatha-Tempel. Aufnahme P. Aab/SVS Archiv 1984.

T. 21 Khajuraho. Kali Devi-Tempel. Frühes 11. Jahrhundert. S. T. 19. Aufnahme P. Aab/SVS Archiv 1984.

T. 22 Mahabalipuram. (Küsten-Tempel). Jalasayana-Tempel. 7. Jahrhundert. Aufnahme P. Aab/SVS Archiv 1984.

T. 23 Mahabalipuram. „Die Buße des Arjuna". 7. Jahrhundert. Herabkunft des Ganges vom Himmel. 27,4 × 9,1 m. Aufnahme P. Aab/SVS Archiv 1984.

T. 24 Mahabalipuram. Siehe T. 23. Aufnahme P. Aab/SVS Archiv 1984.

T. 25 Lothal. Große Anlage von Lehmziegelsockeln, vielleicht Brennöfen. Zwölf Lehmziegelsockel sind in vier Reihen zu je drei Sockeln angeordnet. Die Gänge sind gemauert und ca. 80 cm breit. Die durch Brand verursachte rote Färbung der Gänge und der Sockeloberfläche, ebenso wie die Funde von Holzasche und gebrannten Tonklumpen, haben die angeführte Deutung verursacht. – Foto: Department of Archaeology, Baroda/SVS Archiv 1982.

T. 26 Oben: Mundigak. Das Baumassiv vom Westen gesehen. Der Fundhügel Mundigak (wörtlich „die kleine Anhöhe") erhebt sich etwa 20 m über die Ebene. – Foto: Mission Archéologique des Indes./T. 26 – 41/SVS Archiv 1982.
Unten: Mundigak. Der Palast von Norden gesehen. Die Halbsäulen der Nordfront dieses mächtigen Gebäudes haben sich nur in ihrem westlichen Flügel erhalten. Auf der Ostseite befinden sich nur noch einige Sockel. Die Gesamtfassade ist in ihrem heutigen Zustand noch etwa 35 m breit. – Foto: Mission Archéologique des Indes.

T. 27 Mundigak. Ziegelarchitektur vom Tépé B. Neben dem Hauptfundhügel A befinden sich noch andere, kleinere Hügel, von denen der Tépé B bauliche Reste ergab. Die aus ungebrannten Ziegeln erbauten Häuser bezeugen eine kontinuierliche Benutzung, die nach dem Ausweis der Tonwaren etwa gleichzeitig mit der des Palastes war. – Foto: Mission Archéologique des Indes.

T. 28 Oben: Mehi-Scherben. Die schwarz auf rot bemalten Scherben zeigen an der Außenwand des Gefäßes an einen Pfosten angebundene Buckelrinder. Typisch sind die kreisrunde Bildung des Auges und die Binnenschraffur des

Körpers. Vor dem einen Tier befindet sich ein Pipalbaum. Die Malfläche ist mit Füllmotiven übersät. Unter dem Bauch des Zebus sind weit kleiner gestaltete Bergziegen zu erkennen. – Foto: Department of Archaeology, Government of India.

Mitte: Stufenkreuz auf Scherbe aus Siah Damb, Nundara. Typisch für die Ornamentik der Nal-Nundara-Kultur. – Foto: Department of Archaeology, Government of India.

Unten: Scherben aus Nal. Charakteristisch für die figürliche Verzierung der Nalware sind Tierfiguren in Metopenfeldern (Vögel, Ziegen, Löwen, Fische u. a.). Auch hier ist die dekorative und sorgfältige Binnenzeichnung der Körper zu beachten. – Foto: Department of Archaeology, Government of India.

T. 29 Bemalte Harappavase vom Gräberfeld R 37. Ca. 51 cm hoch. Schwarze Bemalung auf rotem Überzug. Als Motive finden sich Pipalblätter, Pfauen, die sich überschneidenden Kreise u. a. Formen und Verzierungsmotive dieser Grabkeramik finden sich auch in der städtischen Tonware von Harappa und Mohendscho Daro. – Foto: Department of Archaeology, Government of India.

T. 30 Kot Diji. Scherben der Kot-Diji-Tonwaren. Beachtenswert ist die sparsame Dekoration der roten, gelegentlich auch lederfarbenen Tonware. Charakteristisch ist die Wellenlinie am unteren Rand der Streifenverzierung. – Foto: Department of Archaeology, Government of Pakistan.

T. 31 Kot Diji. Scherben aus den oberen Schichten. Die Scherben weisen die typische Verzierung der Harappa-Tonwaren auf: Blattmuster, sich überschneidende Kreise, die Rosettenmuster bilden. – Foto: Department of Archaeology, Government of Pakistan.

T. 32 Kot Diji. Figürlich bemalte Scherben der oberen Schichten. Die Darstellung von Pfauen in schwarzer Bemalung auf rotem Grund findet sich auch auf Gefäßen von Mohendscho Daro und Harappa. Ebenso typisch ist das Schuppenmuster. – Foto: Department of Archaeology, Government of Pakistan.

T. 33 Oben: Lothal. Mit Tierfiguren bemaltes Miniaturgefäß. Zwischen Bändern reihen sich in großfigurlicher Darstellung eine Antilope mit zurückgedrehtem Kopf und ein Vogel. Bäume und ein hügelartiges Gebilde mit eingefügten Schriftzeichen (?) dienen als Bildtrenner. Die Antilope findet sich ganz ähnlich dargestellt mit der charakteristischen Binnenschraffur auf Kupfertäfelchen aus Mohendscho Daro (vgl. etwa Marshall, Moh. Daro, Tf. CXVII). – Foto: Department of Archaeology, Baroda.

Unten: Kot Diji. Große Vorratsgefäße in den oberen Schichten. Das linke Gefäß ist in den Boden eingelassen. Das flachbodige Gefäß rechts zeigt das typische Harappamuster der sich überschneidenden Kreise. – Foto: Department of Archaeology, Government of Pakistan.

T. 34 Oben: Lothal. Scherben und Tonkuchen. Für die Harappa-Kultur typisch sind die perforierten Gefäße, die vermutlich als Räucher- oder Heizgefäße dienten. Charakteristisch ist auch der dreieckige Tonkuchen mit abgerundeten Ecken, der nach einer geistreichen Vermutung evtl. als Vorläufer unseres Toilettenpapiers anzusehen wäre. – Foto: Püschel, nach Originalen in der archäologischen Sammlung, Universität Halle.

Unten: Lothal. Fragmente von Tongefäßen und Tonlöffel. Die schlanke, unbemalte Vase zeigt eine angenehme Ausgewogenheit der Proportionen. Das Fragment aus gebranntem Ton mit dem Knopfgriff könnte als Küchenutensil, etwa zum Aufnehmen kleinerer Mengen Körner oder Getreide, gedient haben. – Foto: Püschel, nach Originalen in der archäologischen Sammlung, Universität Halle.

T. 35 Oben: Mundigak. Tongefäße in Form von Branntweingläsern. Auf den hellen Gefäßgrund sind in dekorativer Anordnung purpurfarbene Pipalblätter aufgemalt, ein Motiv, das auch in der Harappakunst außerordentlich beliebt ist. Zeitlich gehören diese Gefäße in die Epoche des Palastbauwerks mit den Halbsäulen. – Foto: Mission Archéologique des Indes.

Unten: Scherben der Harappazeit, mit Tierfiguren bemalt. Hochbeinige Vögel und Pflanzen sind auf diesen Gefäßen dargestellt. Besonders bemerkenswert sind die beiden sich aufrichtenden Schlangen vor einem Baum, da Schlangendarstellungen in der Harappakultur nicht allzu häufig sind. – Foto: Department of Archaeology, Baroda.

T. 36 Oben: Mundigak. Schale mit violetter Bemalung. Derartige rote Gefäße mit geometrischer Verzierung in violetter Farbe gehören der Schicht an, die unmittelbar auf den Pfeilerbau folgte. – Foto: Mission Archéologique des Indes.

Unten: Mundigak. Bergziege vor Strauch. Schwarze Bemalung auf rotem Grund. Die Scherbe gehört in die Zeit zwischen den Palast- und dem Massivbau. – Foto: Mission Archéologique des Indes.

T. 37 Bemalte Schalen aus Shahi Tump. Typisch offene flachbodige Schalen der Gräberkeramik, meist 25 cm im Durchmesser und 9 – 11 cm hoch. Die Innenseiten der Schalen sind mit Kreuz-, Blatt- oder Wirbelmotiven bemalt. Der Scherben ist meist von hellgrauer Farbe, sehr dünn und zerbrechlich, die Bemalung oft flüchtig. – Foto: Department of Archaeology, Government of India.

T. 38 Oben links: Der kleine, 3,5 cm lange Stift aus rotem Oxyd aus Chanhu Daro diente vermutlich als Lippenstift. – Foto: Museum of Fine Arts, Boston.

Oben rechts: Kupferschaufel aus Mohendscho Daro. Die Schaufel ist 41,5 cm lang und 21,2 cm breit. – Nach Mackay, Chanhu Daro, Tf. LXXIV, 13.
Unten: Schmuckketten aus Mohendscho Daro. Das obere sechsreihige Armband ist aus kleinen Goldperlen zusammengesetzt. Das darunter befindliche Halsband besteht aus Goldperlen in kugliger oder Zylinderform, gemischt mit ursprünglich blau glasierten Specksteinperlen. Auch die anderen Ketten verbinden Gold- und Steinbzw. Edelsteinperlen. Die Ketten sind Teil eines Sammelfundes in einem Hause der Wohnstadt von Mohendscho Daro. – Foto: Department of Archaeology, Government of Pakistan.

T. 39 Oben: Tonmodell eines Pfluges (?) der Harappazeit. Dieses etwa 18 cm lange Tonmodell der Harappazeit wird von manchen Forschern als Pflug angesehen. Kosambi, Study of Indian History, bezweifelt diese Deutung (S. 67, Note). Die Bestimmung als Modell eines Stuhles (Mackay) bereitet jedoch noch größere Schwierigkeiten. – Foto: Prince of Wales Museum, Bombay.
Unten: Spielsteine der Harappazeit. Derartige 2,5 – 5 cm hohe Steine sind in verschiedenartigem Material (Fayence, Ton, Muschel, Marmor, Speckstein, Schiefer und Agat) angefertigt worden. Auffallend ist bei einigen Stücken die Phallusform. Sie wiederholt sich bei den größeren und weit schwereren Steinen, die offensichtlich als Kultsymbole dienten. Letzteres kann daher auch bei wenigen der kleineren Steine der Fall gewesen sein. – Foto: Professor Dr. Franz, Mainz.

T. 40 Oben: Tonfigur einer sitzenden Frau mit Brotkorb. Mohendscho Daro. Ca. 8 cm hoch. Der Kopf verbreitert sich nach oben, womit vermutlich der fächerförmige Kopfputz angedeutet werden soll. Der Beschreibung als „Kinderarbeit" wird man in diesem Falle kaum beipflichten können. – Foto: Department of Archaeology, Government of India.
Unten: Chanhu Daro. Tonfigur eines Mannes. Vermutlich ein Spielzeug mit eingesetzten, beweglichen Armen. Höhe 7,6 cm. Die Tonfigur ist mit einem cremefarbenen Überzug versehen. Am Hals finden sich Spuren eines rot aufgemalten Halsbandes. – Foto: Museum of Fine Arts, Boston.

T. 41 Belur. Chenna-Keshvara-Tempel. Detail der Fassade. Aufnahme P. Aab/SVS Archiv 1984.

T. 42 Belur. Chenna-Keshvara-Tempel. Elefantenfries. Aufnahme P. Aab/SVS Archiv 1984.

T. 43 } Belur. Eingang zum Chenna-Keshvara-Tempel. 12 Jahrhundert.
T. 44 } Aufnahme P. Aab/SVS Archiv 1984.

T. 45 Belur. Chenna-Keshvara-Tempel. Detail. Aufnahme P. Aab/SVS Archiv 1984.

T. 46 Belur. Hof des Chenna-Keshvara-Tempels. Siehe T. 42, 43, 44, 45, 46. Aufnahme P. Aab/SVS Archiv 1984.

T. 47 Belur. Vishnu-Tempel.

T. 48 Detail Gopuram. Aufnahmen P. Aab/SVS Archiv 1984.

T. 49 Mohendscho Daro. Bronzefigur einer Tänzerin. Höhe 10,5 cm. Bronzeguß. Die Bronzefigur wurde im Zimmer eines Hauses, etwa 2 m unter der Erdoberfläche, geborgen. – Fotos: Püschel, nach Gipsabguß im Archäologischen Museum, Universität Halle.

T. 50 Mohendscho Daro. Büste eines Mannes. Die etwa 18 cm hohe Büste ist aus Speckstein geschnitten und mit einer harten weißen Paste überzogen. Der Mann ist in einen mit Dreipaßmustern geschmückten Umhang gekleidet, der die rechte Schulter unbedeckt läßt. Die gleiche Art der Gewandung, nur ohne Verzierung, finden wir etwa zweitausend Jahre später bei indischen Darstellungen des Buddha. Die dreiblattförmigen Ornamente sind mit roter Farbe ausgefüllt. – Fotos: Püschel, nach Gipsabguß im Archäologischen Museum, Universität Halle.

T. 51 Harappa. Torso einer Statuette aus dunkelgrauem Schiefer. Höhe 10 cm. – Foto: Püschel, nach Gipsabdruck im Archäologischen Museum, Universität Halle.

T. 52 Harappa. Statuette eines nackten Mannes aus rotem Stein. Höhe 9 cm. – Foto: Püschel, nach Gipsabdruck im Archäologischen Museum, Universität Halle.

T. 53 Oben: Mohendscho Daro. Hohle, in der Form gefertigte Tonmaske eines pantherartigen Raubtieres. Höhe ca. 5 cm. – Foto: Department of Archaeology, Government of India.
Unten: Tonfiguren von Buckelrindern aus Kulli und Shahi Tump. – Fotos: Department of Archaelogy, Government of India.

T. 54 Kurzhörniges Rind und Büffel. Sehr sorgfältig modellierte Tonfiguren aus Mohendscho Daro. Ca. 11,5 cm lang. – Foto: Department of Archaeology, Government of Pakistan.

T. 55 Mohendscho Daro. Tonfiguren von Buckelrindern. Im Gegensatz zu den sorgfältig modellierten Rindern von T. 48 sind diese Figuren unter starker Übertreibung des charakteristischen Buckels und Vergröberung der übrigen Formen gebildet. – Foto: Department od Archaeology, Government of India.

T. 56 Oben: Hockendes Äffchen aus Mohendscho Daro. Höhe 5,4 cm. Grob, aber recht ausdrucksvoll modelliertes Figürchen mit parallelen Ritzungen, die wohl das Fell charakterisieren sollen. – Foto: Department of Archaeology, Government of India.
Unten: Fayencefigur einer Äffin mit ihren Jungen. Mohendscho Daro. Höhe 7,2 cm. Die Arbeit blieb unvollen-

det. Es fehlt die Glasur. Dennoch ist die Gruppe sehr ausdrucksstark und zeigt auch die Tendenz der rundplastischen Formung, die den Blick entlang den Kompositionslinien rund um die Figur gleiten läßt. Das Motiv ist durch einen Fund in Pasewa, am Chambal-Fluß, aus der Nach-Harappazeit bekanntgeworden (vgl. Indian Archaeology 1957/58, S. 30). – Foto: Department of Archaeology, Government of India.

T. 57 Oben links: Eichhörnchen. Mohendscho Daro. Fayence. Höhe 2,7 cm. Es gibt noch andere Darstellungen dieses Tieres, so auch auf einer Tonscherbe aus Chanhu Daro. – Foto: Department of Archaeology, Government of Pakistan.

Oben rechts: Fliegende Taube aus Mohendscho Daro. Gebrannter Ton. Höhe 6,5 cm. Mit einem cremefarbenen Überzug versehen. Ein Loch in der Basis läßt vermuten, daß die Figur aufgesteckt war. – Foto: Department of Archaeology, Government of India.

Unten: Taubenwägelchen. Prince of Wales Museum, Bombay. Einfach modelliertes, aber reizendes Spielzeug, vermutlich aus Mohendscho Daro. – Foto: Subodh Chandra, Bombay.

T. 58 Oben: Bronzebüffel aus Mohendscho Daro. Länge 6,4 cm. Nach Ansicht *Mackays* eines der bestausgeführten Metallbildwerke der Harappazeit. Das Tier ist in charakteristischer Pose, Gefahr witternd, sorgfältig beobachtet und dargestellt. – Foto: Department of Archaeology, Government of India.

Mitte: Mohendscho Daro. Bronzefigur einer Ziege. Gefunden in einer Kupfervase mit anderen Bronzegegenständen. Länge 5,4 cm. Bronzeguß aus verlorener Form. Das Tier ist mit einem breiten Band an einen Pflock gebunden. – Foto: Department of Archaeology, Government of Pakistan.

Unten: Lothal. Kupferhund. Die Oberfläche dieses Figürchens ist stark angegriffen. An Qualität reiht sich dieses Werk würdig den Bronzen aus Mohendscho Daro an. – Foto: Department of Archaeology, Baroda.

T. 59 Mohendscho Daro. Specksteinsiegel mit Darstellung eines Elefanten. 3 × 2,9 × 0,4 cm. – Foto: Agence Rapho, Paris.

T. 60 Oben: Abrollung eines Siegels aus Ur mit indischen Motiven. Aus einem Grab der Larsazeit (ca. 1800 v. u. Z.). Zylinder aus weißem Stein. Höhe 2,6 cm, Durchmesser 1,6 cm. Das Zebu hat die runden Augen der Kulli-Darstellungen. Das Gebilde vor dem Tier vielleicht der auf indischen Siegeln übliche Trog? Ferner sind dargestellt ein Palmbaum, zwei Schlangen, ein Skorpion und ein Männchen in horizontaler Lage. – Foto: British Museum, London.

Unten: Abdrücke von Stempelsiegeln indischen Typs aus Ur. Das linke Stück, unten beschädigt, Durchmesser 2,6 cm. Material ist der indische Speckstein mit der typischen weißen Oberfläche. Das rechte Siegel fand sich in einer Schicht der vorsargonidischen Zeit (2400 v. u. Z. oder etwas früher). Durchmesser 2,2 cm. Bei beiden Siegeln ist die Rundform gegenüber den in Indien gefundenen meist rechteckigen Exemplaren ungewöhnlich. – Foto: British Museum, London.

T. 61 Abdrücke von Stempelsiegeln aus Ur. Links oben: Durchmesser 2,2 cm. Grünlicher Speckstein. 4 nackte sitzende Figuren, wirbelförmig angeordnet. Rechts oben: Skorpion. Durchmesser 1,7 cm. Speckstein. Mitte links: Hellgrauer Speckstein. Durchmesser 2 cm. Zwei Figuren mit Gefäß und Ziege. Mitte rechts: Gefäßträger. Durchmesser 2,6 cm. Evtl. in kassitischem Fundzusammenhang (ca. 1800 v. u. Zt.). Unten links: Dieses Siegel stammt aus dem Kunsthandel. Stierbegattung und Schriftzeichen ähnlich dem Harappatypus. Durchmesser 3,2 cm. Schwarzer Speckstein. Unten rechts: Thronende Gottheit und Stiermenschen. Darunter Stierfigur. Durchmesser 2,6 cm. Original im Univ.-Museum, Pennsylvania. –

Die ganze Gruppe der Siegel aus Ur ist durch die äußere Form, insbesondere den durchbohrten Griffbuckel bzw. die vier Kreise der Griffseite, gekennzeichnet.

T. 62 Oben links: Mohendscho Daro. Siegel mit Tierdarstellung in Tête-bêche-Anordnung. Cremefarbiger weißer Marmor. 1,5 × 1,5 × 0,3 cm. Das ungewöhnliche Material und die Besonderheit der Darstellung lassen dieses Siegel als fremdartig erkennen, obwohl es in den tieferen Schichten der Wohnstadt von Mohendscho Daro gefunden wurde. Wahrscheinlich gehört es zu den Siegeln der Jhukar-Stufe, die häufig in Chanhu Daro vertreten sind. – Foto: Department of Archaeology, Government of India.

Oben rechts: Kupfersiegel aus Shahi Tump. – Foto: Department of Archaeology, Government of India. – Stempelsiegel aus Chanhu Daro. – Foto: Museum of Fine Arts, Boston.

Unten: Chanhu Daro. Gefäße der Jhangar-Stufe. Dunkelgraue, leicht geglättete und mit einfachen Ritzmustern verzierte Tonware. – Foto: Museum of Fine Arts, Boston.

T. 63 Bisaulí. Idol (?), Harpune oder Flachbeil. Kupfer mit geringem Nickelzusatz. Idol: Höhe 22,7 cm, Breite 34,2 cm; Harpune: ca. 43 cm lang; Beil: Länge 29,1 cm, gr. Breite 7 cm. Die Deutung des anthropomorphen Gegenstandes ist umstritten. Die Außenränder sind durch Hämmern des Metalls verdünnt und geschärft, so daß *Gordon* die Vermutung aufstellte, es könne sich um eine Wurfwaffe handeln. Für Metallidole dieser Form fehlen außerhalb Indiens jegliche Vergleichsstücke. In Indien sind im ganzen sieben solcher Stücke bekanntgeworden, dabei zwei weitere noch aus Bisaulí. In Bisaulí ist auch die ockerbemalte Tonware gefunden worden, die, älter als die bemalte graue Ware, vielleicht auch den Schlüssel für die zeitliche Stellung der Kupferhortfunde bietet. – Foto: Department of Archaeology, Government of India.

T. 64 Ahichchhatra. Grau bemalte Ware. Durchmesser ca. 40 cm. Die schwarze Bemalung auf der leider stark zerstörten Schale ist sehr sorgfältig. – Foto: Department of Archaeology, Government of India.

T. 65 Hastinapura. Scherben der bemalten grauen Ware. 3/4 natürlicher Größe. – Foto: Department of Archaeology, Government of India.

T. 66 Oben: Nagda. Bronzefigur eines Leoparden. Länge ca. 18 cm. In einer Schicht mit der sog. nördlichen schwarzglänzenden Ware gefunden, ca. 2 Jhdt. v. u. Z. Die Tigerfigur ist auf Räder gestellt. – Foto: Department of Archaeology, Government of India.

Unten: Rajagriha (Rajgir). Teile der alten Befestigung. Einer der vier alten Wachttürme am nördlichen Eingang von Rajagriha. – Foto: aus Sammlung des Verfassers.

T. 67 Lohanipur, nahe Patna. Torso eines nackten Mannes, des Jina. Lebensgroß. Chunar-Sandstein, dessen Oberfläche glänzend poliert ist. Diese Technik wurde bisher allgemein als charakteristisch für die Mauryaepoche angesehen, doch ist ein etwas späteres Datum dieser Statue möglich. Aufgestellt im Patna-Museum. – Foto: nach eigener Aufnahme des Verfassers.

T. 68 Parkham. Überlebensgroße Sandstein-Skulptur des Yaksha Manibhadra. Höhe 2,63 m. Reste der Politur noch erkennbar. Diese früher etwa um 200 v. u. Zt. datierte Skulptur wird jetzt um etwa 200 Jahre später angesetzt. Die Figur ist stark mitgenommen, das Gesicht und die Arme wohl absichtlich zerstört. Dennoch bleibt sie eines der eindrucksvollsten Kunstwerke Indiens. Der Bildhauer ist nach Aussage der Signatur: Gomitaka, Schüler des Kunika. Der letztere Meister scheint auch in Mathurá gearbeitet zu haben. Statue im Mathurá-Museum. – Foto: Department of Archaeology, Government of India.

T. 69 Buckelrind und Elefant vom Aschoka-Kapitell in Sarnath. Datiert ist die Aschoka-Zeit, 273 – 236 v. u. Zt. Polierter Chunar-Sandstein. – Nach L. Bachhofer, Frühindische Plastik, München.

T. 70 Oben: Statuette einer Muttergöttin. Mathura. Diese wohl bestbekannte Statuette der Muttergöttin aus der Mauryazeit (nach manchen sogar früher) trägt noch den Hüftgürtel der Harappazeit. Museum of Fine Arts, Boston.

Unten: Rupar. Fragment einer reliefverzierten Steinscheibe. Länge des Fragments ca. 12,5 cm. Derartige reliefverzierte Scheiben sind auch in Taxila, Patna und andernorts gefunden worden. Sie gehören, worauf die starke Politur hinweist, etwa in die Mauryazeit. Typisch ist die Figur einer frontal dargestellten nackten Frau, vermutlich die Fruchtbarkeits- oder Erdgöttin Adití. Links von ihr ein Asket vor seiner aus Blättern gefertigten Hütte, rechts ein Anbeter im kurzen Rock, eine für Indien ungewöhnliche, nach Vorderasien weisende Figur. Im inneren Ring der Scheibe ist die nackte Göttin noch einmal dargestellt. Gefunden in der Schicht III in Rupar, zusammen mit der nördlichen schwarzglänzenden Tonware. – Foto: Department of Archaeology, Government of India.

T. 71 Dídarganj. Lebensgroße Steinfigur einer Wedelträgerin. Yakshí. Höhe 1,60 m, Patna-Museum. Diese Skulptur gehört in der freien, lebensvollen Behandlung des Körpers zu den stilistisch entwickeltsten Stücken der Reihe von Yaksha- und Yakshí-Figuren. Auch sie wird heute nicht mehr in die späte Mauryazeit, sondern etwa zwei bis drei Jahrhunderte später angesetzt. Polierter Sandstein. – Foto: Department of Archaeology, Government of India./T. 50 – 71; SVS-Archiv, 1982.

T. 72 Links: Obstpflückerin. Relief auf dem Posten eines Steinzaunes. Mathurá-Museum. Kompositionell sehr gewagte, aber reizvolle Darstellung der Kushana-Zeit. – Foto des Verfassers.

Rechts: Yakshífigur auf einem Reliefpfeiler. Mathurá-Museum. Der Schmuck dieser sonst nackt erscheinenden Figur, die bewegte Haltung, erinnern an die Frauendarstellungen der Harappa-Zeit. – Foto des Verfassers./T. 72 SVS Archiv 1982.

Literaturhinweise

ALLGEMEINES

Basham, A. L.: The Wonder that was India, London 1957

Coomaraswamy, A. K.: History of Indian and Indonesian Art, Leipzig 1927 (auch deutsch)

Dikshit, S. K.: An Introduction to Archaeology, Bombay/Calcutta 1955

Fürer-Haimendorf, Chr. v.: Altindien, in Historia Mundi, Bd. 2, München 1953

Goetz, H.: Indien. Fünf Jahrtausende Indischer Kunst, Baden-Baden 1959

Gordon, D. H.: The Prehistoric Background of Indian Culture, Bombay 1958

Kosambi, D. Dh.: An Introduction of the Study of Indian History, Bombay 1956

Kramrisch, St.: Indian Sculpture, Calcutta/London 1933

– *Indische Kunst, London 1955*

Lal, B. B.: Exploration and Excavations, The Prehistoric and Protohistoric Period, in Archaeology in India, Dehli 1950

Law, B. C.: Early Indian Culture, Calcutta 1948

Piggott, S.: Prehistoric India to 1000 B. C. Harmondsworth 1950, 2. Aufl. 1953

– Some Ancient Cities of India, Oxford 1945

Rau, H.: Die Kunst Indiens, Stuttgart 1958

Sahni, M. R.: Man in Evolution, Calcutta 1952

Sircar, D. C.: The age of Imperial Unity, Bombay 1953 (2. Aufl.)

Subharao, B.: Personality of India, Baroda 1956

Wheeler, Sir R. E. M.: Five Thousand Years of Pakistan, London 1950

–Archaeology and the transmission of Ideas, in Antiquity XXVI, 1952, 180

Zimmer, H.: The Art of Indian Asia, New York 1955

BÄUERLICHE FRÜHKULTUREN

Alcock, L.: The Oldest Baluchistan, in Pakistan Quarterly 1951, I, 6

– Exploring Pakistan's Past, in Pakistan Quarterly 1952, II, 1

De Cardi, B.: A New Prehistoric Ware from Baluchistan, in Iraq XIII, 2, 1951

Casal, J. M.: Quatres Campagnes de Fouilles à Mundigak, in Arts Asiatiques 1954, I, 3

– L'Afghanistan et les Problèmes de l'Archéologie Indienne, in Artibus Asiae XIX, 1956

Childe, V. G.: Note on Some Indian and East Iranian Pottery, in Ancient Egypt and the East 1933, Pt. I, 15

Fairservis, W. A.: Prehistoric Archaeology of the Afghan-Baluchi Areas, in Americ. Museum Novitates Nr. 1587, 12. 9. 1952

– Excavations in the Quetta Valley, New York 1956

Hargreaves, H.: Excavations in Baluchistan, Memoirs Ind. Arch. Surv. 35, 1929

McCown, D. E.: The Relative Stratigraphy and Chronology of Iran, in Relative Chronologies in Old World Archaeology ed. by Ehrich, Chicago 1954

Ross, E. J.: Chalcolithic Site in N Baluchistan, in Journ. of Near East. Stud. 1946, 5, 4

Stein, Sir A.: An Archaeological Tour in Waziristan and Northern Baluchistan, Memoir Arch. Surv. India Nr. 37, 1929

– An Archaeological Tour in Gedrosia, Memoir ASI 43, 1931

– Archaeological Reconnaissances, London 1937

STÄDTISCHE KULTUR IM FRÜHEN INDIEN: AUSGRABUNGEN UND FUNDE

Braun, W. N.: Beginnings of Indian Civilization, in Journ. Americ. Orient. Soc. 1939, Suppl. Papers

Chakravarti, S. N.: The First Native Indian Civilization, in Bull. of the Prince of Wales Museum, Bombay 1953/54, Nr. 4

Childe, V. G.: Indian Civilization in the Third Millenium B. C., in New Light on the Most Ancient East, London 1954, rev. ed.

Dani, A. H.: Hariyupiya in the Rigveda, in Varendra Research Society Monogr. VIII, 1950, 17

Deva, K. (and McCown, D. E.): Further Explorations in Sind, 1938, in Ancient India 5, 1949

Dikshit, K. N.: Prehistoric Civilization in the Indus Valley, Madras 1939

Dikshit, M. G.: Excavations at Rangpur 1947, in Bull. Deccan College, Research Inst. XI, 1950/51

Ghosh, A.: Prehistoric Exploration in India, in Ind. Hist. Quarterly XXIV, 1948, 1

– The Rajputana Desert – its Archaeological Aspect, in Bull. Nat. Inst. of Science in India, 1, 1952, 37

– Exploration in Bikaner, in East & West IV, 1953, 1

Khan, F. A.: Before Mohenjo Daro: Kot Diji, in Ill. Lond. News, 24. 5. 1958

Maas, W.: Neues von der Indus-Kultur, in Zeitschr. f. Ethnol. 78, 1953, 142

Mackay, E.: The Indus Civilization, London 1935, Franz. Ausg. Paris 1936; Deutsche Ausg. Leipzig 1938; rev. ed. by D. Mackay, London 1948
- Further Excavations at Mohenjo Daro, 2 Bde., Delhi 1938
- Chanhu Daro Excavations, Connecticut 1943

Majumdar, N. G.: Explorations in Sind, Memoir Arch. Surv. India 48, 1934
Mariwalla, C. L.: Mohen-jo-Daro, Bombay 1957
Marshall, Sir J.: Mohenjo Daro and the Indus Civilization, 3 Bde., London 1931
Mode, H.: Indische Frühkulturen und ihre Beziehungen zum Westen, Basel 1944 (mit ausführlicher Bibliographie älterer Werke)
Puri, K. N.: La Civilisation de Mohenjo Daro, 1938
Rao, S. R.: The Excavations at Lothal, in Lalit Kalá, Nr. 3/4, 1956/57
Sankarananda, Swami: The Rgvedic Culture of the Prehistoric Indus, 2 Bde., Calcutta 1943/44
Vats, M. S.: Report on Chak Purbane Siyal, in Arch. Surv. India, Ann. Rep. 1930/34
- Prehistoric Site of Rangpur, Ann. Bibl. Ind. Art & Arch. 1935, 1
- Excavations at Harappa, 2 Bde., Delhi 1940

Wheeler, Sir R. E. M.: Harappa 1946, in Ancient India Nr. 3, 1947
- The Indus Civilization, Cambridge 1953

DIE SCHRIFT UND IHRE ENTZIFFERUNG

Barton, G. A.: Sumero-Indian Seals, in Annual Americ. School Orient. Research VIII, 1926/27
Barua, B. M.: The Indus Script and the Tantric Code, Indo-Iranica, I, 1946
Braunholtz, H. J.: Mohenjo Daro and Easter Island, in Man XLVII, 1947, 92
Bongard-Levin, G. M.: Neue Materialien z. Alten Geschichte Indiens, russ. Vestnik Drevnei Istorii Nr. 2, 1957, 188
- Zur Indusschrift, russ. Sowjetskoie Wostokowedenie Nr. 6, 1957, 119

Heine-Geldern, R. v.: Die Osterinselschrift, in Anthropos XXXIII, 1938, 815
Heras, H.: Studies in Proto-Indo-Mediterranean Culture, Vol. I, Bombay 1953
Hevesy, G. de: The Easter Island and the Indus Valley Scripts, in Anthropos XXXIII, 5/6, 1938
Hrozny, B.: Die Älteste Geschichte Vorderasiens und Indiens, 2. Aufl., Prag 1943
Hunter, C. R.: The Script of Harappa and Mohenjo Daro, London 1934
Jeffreys, M. D. W.: Mohenjo Daro and the Easter Island, in Man XLVII, 1947, 67
Lahovary, N.: Substrat Linguistique Méditerranéen, Basque et Dravidien. Firenze 1954
Métraux, A.: Mohenjo Daro and Easter Island Again, in Man XLVI, 1946, 70
Piccola, G.: Indus Signs and Etruscan Script, in Ind. Ant. 1938
Pran Nath: The Decipherment of the Inscriptions of Harappa and Mohenjo Daro, Benares 1946
Ross, A. C. S.: The Numeral Signs of Mohenjo Daro Script, Memoir Arch. Surv. India Nr. 57, 1938
- The Direction of the Mohenjo Daro Script, Ross Vol 1939, 302

Vives, J. Q.: Aportaciones a la Interpretacion de la Escritura Proto-Indica, Madrid-Barcelona 1946
Wadell, L. A.: Indo Sumerian Seals Deciphered, London 1925

CHRONOLOGIE UND ETHNOGRAPHIE

Chatterji, S. K.: The Indian Synthesis and Cultural and Racial Intermixture in India, in The Indo-Asian Culture 1954, 329
Dikshit, M. G.: Etched Beads in India, Poona 1949
Eltz, A.: Nomadic Tradition in the Prehistoric Near East, in Bull. Americ. Inst. f. Iran. Art. & Arch. V, 2, 1927
Field, H.: Steatite Vases from Kish, in Antiquity 1933, 84
Iyengar, S.: Did the Dravidians of India obtain their Culture from the Aryan Immigrants? in Anthropos IX, 1914
Kirfel, W.: Die Vorgeschichtliche Besiedlung Indiens, in Saeculum 6, 2, 1955
Koppers, W.: Zum Rassen- und Sprachproblem in Indien, in Die Sprache, Bd. I, Wien 1949
Mankad, D. R.: Date of Harappa, in Journ. Orient. Inst. Baroda I, 1951/52, 174
Pusalkar, A. D.: Pre-Aryan and Non-Aryan in the Indus Valley, in Proceed. Ind. Hist. Congress VI, 1943, 130
Semper, M.: Das Alter der Induskultur, in Orient. Lit. Z. 1938, 273
Sengupta, P. C.: The Danavas in the Mahabharata, in Journ. Asiat. Soc. XVII, 1951
Stone, J. F. S.: A Second Fixed Point in the Chronology of the Harappan Culture in Antiquity XXIII, 1949, 201

GESELLSCHAFT UND MATERIELLE KULTUR

Bandyopadhyaya, N. M.: Economic Life and Progress in Ancient India, Vol. I, Calcutta 1945
Chaudhury, N. C.: Mohenjo Daro Civilisation in Reference to Agriculture, Calcutta 1937
Chowdhury, K. A., and Ghosh, S. S.: Plant Remains from Harappa 1946, in Ancient India 7, 1951
Ehrenfels, O. R. v.: Motherright in India, 1941
Filliozat, J.: La Médecine Sociale dans l'Inde Ancienne, Rev. d'Ass. Medic., Paris 1935
Forbes, R. J.: Bitumen and Petroleum in Antiquity, 1936
Hora, S. L.: Angling in Ancient India, in Ancient India 10/11, 1954/55
Lohuizen de Leeuw, J. v.: Note sur un Groupe de Constructions se trouvant dans la Zone HR de Mohenjodaro, in Arts Asiat. 1955, Vol. II, 155
Nellesteyn, F. J.: Mohenjo Daro Bitumen, in Chemish Weekblad XXXI, 37, 543
Prasad, B.: Animal Remains from Harappa, Memoirs Arch. Surv. India 51, 1936
Randhava, M. S.: Progressive Desiccation of Northern India in Historical Times, in Journ. Bombay Natur. Hist. Soc. XLV, 4, 1945
Sarkar, H.: Disposal of the Dead at the Indus Valley etc., in Man in India XXXI, 1951
– The Granaries at Harappa, in Man in India XXXIII, 1953, 137
– Artefacts of Fishing and Navigation from the Indus Valley, in Man in India XXXIV, 1954
Stanislawski, D.: The Origin and Spread of the Grid-Pattern Town, in The Geograph. Review., New York XXXVI, 1, 1946

RELIGION UND KUNST

Chaudhuri, N. M.: Prehistoric Tree Cult, in Proceed. 29th Indian Science Congr. Baroda, Pt. III, Sect. IX, 1942
– The Indus People and Indus Religion, in Calcutta Review, Vol. 123, 1952, 159; 124, 1952, 75
Corbiau, S.: Le Culte de la Double-Hache dans l'Inde, Actes XX. Congr. d. Orientalistes, Bruxelles 1940, 187
Fleet, J. F.: Seals from Harappa, in Journ. of Roy. Asiat. Soc. 1912, S. 699
Ganguli, K. K.: The Harappa Hoard of Jewellery, in Indian Culture VI, 1939/40
Höltker, G.: Das Herz- und Nierenförmige Ornament auf einer Vase aus Mohenjo Daro, in Ethnos 1946, Vol. 9
Karmarkar, A. P.: Human Sacrifice in Proto-India, in An. Bhandarkar Inst. XXV, 1944
Kirfel, W.: Die Dreiköpfige Gottheit, Bonn 1948
– Aśvamedha, in Schubring Festschrift, Hamburg 1952
Koppers, W.: Zentralindische Fruchtbarkeitsriten und ihre Beziehungen zur Induskultur, in Geographica Helvetica, Bern, I, 1946
Mode, H.: Tracing Folktale Motives from Earliest Indian Sources, in Indian Folklore, Vol. II, 1, 1959
Oldenberg, Religionen des Veda, 1983
Puri, B. N.: Nana, the Mother Goddess in India and Western Asia, in Indian Culture VII, 1940/41
Rawson, P. S.: The Surface Treatment of Early Indian Pottery, in Man LIII, 1953
Roy, C. R.: "Unicorn" in the Seals of Mohenjo Daro and its Relation in the Region of the Indus Valley Civilization, in Journ. Sind Hist. Soc. VIII, 1946/47
Sastri, S. S.: Proto-Indian Religion, Bombay 1942
Starr, R. F. S.: Indus Valley Painted Pottery, Princeton 1941
Tiwari, A. R. G.: Shiva-Lingam and Phallus Worship in Indus Valley Civilization, in Journ. of the Sri Venkatesvara Orient. Inst., 14, 1953

FRÜHINDISCHE BEZIEHUNGEN ZUM WESTEN

Arayamutham, J. G.: A Link between India and Crete, in Man XXXIX, 190
Corbiau, S.: Seal de Clerq 26, in Iraq III, 100
Ehrenfels, O. R.: The Indus Cicilization and Ethnographic Research in the Mediterranean Basin, in Journ. Sind Hist. Soc. IV, 96
Fabri, L. C.: Cretan Bull Grappling Sports and the Bull-Sacrifice in the Indus Valley Civilization, Arch. Surv. Ind. Ann. Rep. 1934/35, 93
– Babylonian Inscription discovered at Mohenjo Daro, in Indian Culture 1937, III
Frankfort, H.: Indus Civilizations and the Near East, in Ann. Bibl. Ind. Art & Arch., 1932, 1
– Cylinder Seals, London 1939
Gadd, C. J.: Seals of Ancient Indian Style found at Ur, in Proceed. of the British Acad. XVIII, London 1932
Glob, P. V.: Bahrain, Saetryk af KUML, Arbog for Jysk Arkaeologisk Selskab 1954, 92
Gordon, D. H., & Gordon, M. E.: Survivals of the Indus Cult Lore, in Journ. of the Royal Asiat. Soc. of Bengal, 6, 1940, Letters
Lévi-Strauss, Cl.: Sur Certain Objets en Poterie d'Usage Douteux, Provenant de la Syrie et de l'Inde, in Syria 27, 1950
Mayrhofer, M.: Die Induskulturen und ihre westlichen Beziehungen, in Saeculum 2, 1, 1951
Oppenheim, A. L.: The Seafaring Merchants of Ur, in Journ. Am. Orient. Soc. 74, 1954

Piggott, St.: Notes on Certain Pins and a Mace Head from Harappa, in Ancient India Nr. 4, 1947/48
Schefold, K.: Orient, Hellas und Rom, Bern 1949
Schrader, F. O.: Indische Beziehungen eines Nordischen Fundes, in Zeitschr. d. Deutsch. Morg.-Ges. 1934, 185

DIE ZEIT DER WANDERUNGEN

Bissing, W. v.: Prähistorische Töpfe aus Indien und Ägypten, in Ber. Bayer. Akad. d. Wiss. München 1911
Brandstein, W.: Die Alten Inder in Vorderasien und die Chronologie des Rigveda, in Frühgesch. u. Sprachwiss., Wien 1948
Dani, A. H.: The Prehistory & Protohistory of Eastern India, Madras Univ. Thesis 1955
Dikshitar, V. R. R.: Pre-historic South India, Madras 1951
Ehrenfels, U. R.: Ancient South India and her Culture Contacts, in Journ. Annamalai Univ. XVII, 1952
Fürer-Haimendorf, Ch. v.: The Problem of Megalithic Cultures in Middle India, in Man in India XXV, 1945
Ghosh, A., & Panigrahi, K. C.: The Pottery of Ahichchhatra, in Ancient India 1, 1946
Krása, M.: Excavations in Rupar, in Nový Orient, Prag XI, 8 (Tschech.)
Lal, B. B.: Protohistoric Investigation, in Ancient India Nr. 9, 1953
– The Painted Grey Ware of the Upper Gangetic Basin, in Journ. Roy. Asiat. Soc. Bengal 16, 1950 (Letters)
– Further Cooper Hoards from the Gangetic Basin and a Review of the Problem, in Ancient India Nr. 7, 1951
– Excavations at Hastinapura & other Explorations 1950/1952, in Ancient India 10/11, 1954/55
Piggott, St.: Prehistoric Copper Hoards in the Ganges Basin, in Antiquity XVIII, 1944
Sankalia, H. D.: Investigations into Prehistoric Archaeology of Gujarat, Baroda 1942
Sankalia, H. D., & Deo, S. B.: Report of the Excavations at Nasik and Jorwe 1950/51, Poona 1955
Shafer, R.: Ethnography of Ancient India, Wiesbaden 1954
Sharma, Y. D.: Past Patterns in Living as unfolded by Excavations at Rupar, in Lalit Kala 1/2, 1955/56
Thapar, B. K.: Maski 1954. A. Chalcolithic Site of the Southern Deccan, in Ancient India Nr. 13, 1957

NACHLEBEN DER FRÜHINDISCHEN KULTUREN IM SPÄTEREN INDIEN

Aravamuthan, T. G.: Some Survivals of the Harappan Culture, in New Indian Antiquary Iv, 1941/42
Banerjee, J. N.: Early Indus Civilization and Two Brahmanical Cults, in Calcutta Review, April 1950
Chanda, R. P.: Survival of the Prehistoric Civilization in the Indus Valley, Memoir Arch. Surv. India Nr. 41, 1929
Fabri, L. C.: The Punch-Marked Coins, a Survival of the Indus Civilization, in Journ. Roy. Asiat. Soc. 1935, 307
Gunasinghe, S.: La Forme Féminine dans la Sculpture Pré-Gupta, in Arts Asiat. III, 1956
Naster, P.: Des Sceaux de Mohenjo-daro aux Monnaies Indo-Grecques, une Survivance, in Le Muséon, LVII, 1944
Pusalkar, A. D.: Mohenjo Daro and Rgveda, in Bharata Kaumudi II, 1947 (Studies in Honour of Dr. Radha Kumud Mookerji, Allahabad)

Register
(in alphabetischer Folge)

Register

(in alphabetischer Folge)